2026年度版

秋田県の

社会科

参 考 書

協同教育研究会 編

協同出版

はじめに～「参考書」シリーズ利用に際して～

　教育を取り巻く環境は変化しつつあり，日本の公教育そのものも，教員免許更新制の廃止や GIGA スクール構想の実現などの改革が進められています。また，現行の学習指導要領では「主体的・対話的で深い学び」を実現するため，指導方法や指導体制の工夫改善により，「個に応じた指導」の充実を図るとともに，コンピュータや情報通信ネットワーク等の情報手段を活用するために必要な環境を整えることが示されています。

　一方で，いじめや体罰，不登校，暴力行為など，教育現場の問題もあいかわらず取り沙汰されており，教員に求められるスキルは，今後さらに高いものになっていくことが予想されます。

　本書は，教員採用試験を受験する人が，より効率よく学習できるように構成されています。本書の基本構成としては，各自治体の過去問を徹底分析した上で，巻頭に，各自治体の出題傾向と学習法，出題例，類題等を作成・掲載しております。第 1 章以降では，各自治体の出題傾向に基づいて，頻出の項目を精選して掲載しております。ページ数やその他編集上の都合により，掲載しきれず，割愛している内容もありますので，あらかじめご了承ください。なお本書は，2024 年度（2023 年夏実施）の試験を基に編集しています。最新の情報につきましては，各自治体が公表している募集要項や Web サイト等をよくご確認ください。

　最後に，この「参考書」シリーズは，「過去問」シリーズとの併用を前提に編集されております。参考書で要点整理を行い，過去問で実力試しを行う，セットでの活用をおすすめいたします。

　みなさまが，この書籍を徹底的に活用し，難関試験である教員採用試験の合格を勝ち取って，教壇に立っていただければ，それはわたくしたちにとって最上の喜びです。

協同教育研究会

教員採用試験「参考書」シリーズ

秋田県の社会科 参考書

CONTENTS

秋田県の社会科
出題傾向と学習法

効率よく試験対策を進めるために

1 ポイントを確実に理解して例題を解く

　教員採用試験の専門教養の筆記試験対策として最重要なのは，受験する自治体の出題形式や傾向に合った学習法を知ることである。本書は過去問を分析し，頻出分野を中心に構成されている。各節の冒頭で学習のポイントを示し，例題を解きながら知識を身につけるようになっている。したがって，まず，各節のポイントを確実に理解するようにしよう。

　専門教養とはいえ，学習指導要領の内容から大きく離れた「難問」が出題されることはほとんどない。志望する学校種の問題レベルを把握し，十分に対応できるまでの知識を身につけることが求められる。試験対策としては，苦手な分野や触れたことのない内容を残さないようにすることも大切だが，まずは本書の例題や過去問などに積極的に取り組んで，頻出分野の知識を身につけてほしい。

2 出題傾向から効率よい学習法を導き出す

　過去問を見ると，頻出分野だけでなく，解答形式にも特徴がうかがえる。

　解答方法については記述式がほとんどで，語句で答えるものだけではなく，長めの論述問題が多いのが最大の特徴である。このため，通り一遍の暗記学習のようなやり方では対応できない。それぞれの事柄について本質を理解し，論述問題に対応できるよう準備することが必要である。

　中学社会の頻出分野は「地図」「国家・民族」「世界の地誌(南北アメリカ)」「環境問題」(地理)，「古代の文化」「近代」(歴史)，「国際政治」(公民)など。一方，高校地理は「地形」「産業・資源(鉱工業)」，高校日本史は「古代(平安時代)」「近世(江戸時代)」「現代」，高校世界史は「中国史」「西アジア史」「ヨーロッパ史(中世～近代)」「南北アメリカ史」「現代史」などとなっている。

　なお，中学社会の各分野では，「指導法」「学習指導要領」がほぼ毎年度出題されている。特に，指導法については高等学校でも出題が目立っ

ており，十分な対策が必要となる。

　いわば，これらの分野・内容が秋田県社会科の特徴といえる。これらの分野・内容については本書で学習し，過去問等から類題を解き，確実に得点できるようにしよう。

　ここでは，実際に出題された問題をいくつか示す(出題例参照)。

　中学社会で頻出の「学習指導要領」に対する対策としては，新学習指導要領解説を含めて繰り返し読み込み，重要事項についてはノートに整理してまとめておくなど，地道な学習が必要である。また，過去問等で空欄補充問題や論述問題にも慣れておこう。

　中学地理では，地図についての基本的な事柄(経度や緯度等)はもちろん，地図投影法についての特徴などを含めて学習しておくこと。地形図については，等高線や地図記号などの情報から，正確に地形や現象を読み取る能力が求められる。日本の地誌については，各地域の自然・地形・気候・人口・交通・産業・歴史・文化などの特徴について正確に把握しておきたい。

　中学歴史では，古代の日本の歴史や文化に関する問題の比重が大きいのが近年の傾向である。また，世界史分野の出題が少ない傾向もあったが，2024年度には学習指導要領と関連付けて，ギリシア・ローマの文明，元寇がユーラシア大陸の国家に与えた影響について出題された。今後も，年表や史料に目を通して準備しておきたい。また，歴史用語については，記述問題に対応できるようにしておくこと。

　中学公民に関して，2024年度は憲法や司法に関する出題が多かった。さらに，ここ数年は，秋田県教育委員会による「学校教育の指針」に関する出題が見られ，2024年度は秋田県における「公立高等学校一般選抜学力検査問題」を基にした出題があった。県のホームページなどで内容を確認しておく必要がある。歴史や地理に比べて難易度は高くないが，基礎的知識を確認するだけでなく，ニュースや新聞報道にアンテナを張っておく必要がある。

　高校地理では，地図などの系統地理の問題が多く出題されている。難易度の高い問題もあり，深い理解が必要である。2024年度は図表の読み取りと地形図，南アメリカの雨温図で構成されていた。特に注意したい

ことは，東北地方との関連が問われることが多いことである。

　高校日本史については，古代から現代までそれぞれ史資料からの出題がある。ここでも字数指定の記述問題は頻出であり，年代史的な流れを正確に把握しておかないと，指定の字数で時間内に解答することは難しい。

　高校世界史については，2024年度は18世紀に始まった産業革命と19世紀の第2次産業革命を，補助資料を用いて比較しつつ，前者では石炭に焦点を当てイギリスやインドの歴史，後者では石油に焦点を当てヨーロッパからアメリカの歴史，さらに第一次世界大戦後のイスラーム諸国の動向について出題された。こうした特定のテーマに着目した学習は，グローバルヒストリー研究の進展に伴う昨今の教育的潮流でもあり，歴史を捉える視野を広げる点からしても知見を深めておきたい領域である。時間に余裕があれば，学術書などを読んでおきたい。

　高等学校の学習指導要領についてはここ最近出題されていないが，指導法についての問題は頻繁に出題されている。この傾向は今後も続くと考えられることから，実際の授業を想定した十分な準備をしておきたい。

　なお，秋田県の社会科では，記述式の問題について公開解答のないケースが大部分を占める。このため，本書だけでなく過去問の解答例を参考に学習を進めてほしい。

3　過去問題集との併用等で実践力をつける

　以上のように，本書の使い方としては，効率的に試験対策を進めるために頻出分野のポイントを押さえ，例題を通して解法を理解していくことになる。本試験でその学習成果が発揮できるかどうかは，実践的な問題をどれだけ解いているかが重要である。その対策として，一通り基礎の確認ができたら時間を計って各年度の過去問を解くこと，模試などを活用するといったことが考えられる。そこで不正解だった問題については，本書の該当箇所を参照し，繰り返し学んでほしい。そうすることで，出題傾向に合わせた実践的な力が身につくはずである。

まずは出題例を見ていこう！

東南アジアについて，以下の問いに答えよ。

地図

(1) 次のア〜エの雨温図は，地図中のA〜Dの都市のいずれかの雨温図である。地図中のDの都市に該当する雨温図を次のア〜エから一つ選んで記号を書け。

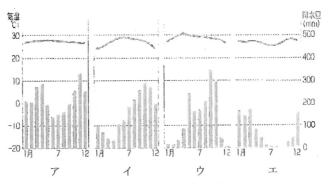

(2) 地図中のXの地域は，写真にあるような多くの奇岩がみられる景勝地で世界自然遺産に登録されている。Xの地域にみられる地形について述べた以下の文章の空欄（ E ）〜（ G ）に適語を記せ。なお，（ F ）には都市名を記せ。

写真

　　炭酸カルシウムからなる石灰岩は，酸性の水に溶けやすく，溶食を受ける。そのため石灰岩は，（　E　）地形とよばれる特異な地形をつくることが多い。溶食が進むと中国南部の（　F　）のように，タワー（　E　）とよばれる塔状の小山や奇岩が多数そびえることもある。また，石灰岩は（　G　）の原料になるため，石灰岩の分布する地域には（　G　）工場が立地しやすい。

(3)　次の表は，東南アジア諸国の概況を示したものである。表中の空欄（　H　）〜（　K　）に当てはまる国名を記せ。

表

国　名	旧宗主国（独立年）	おもな宗教	ASEAN加盟年	1人当たりのGNI（2018年）
（　H　）	フランス（1945年）	大乗仏教	1995年	2,440ドル
（　I　）	イギリス（1957年）	イスラーム	1967年	10,968ドル
（　J　）	なし　（独立国）	上座仏教	1967年	6,925ドル
（　K　）	スペイン→アメリカ（1946年）	キリスト教（カトリック）	1967年	3,723ドル
インドネシア	オランダ（1945年）	イスラーム	1967年	3,773ドル

（「世界年鑑」などによる）

　　解答：(1)　エ　　(2)　E　カルスト　　F　桂林(コイリン)
　　　　　　G　セメント　　(3)　H　ベトナム　　I　マレーシア
　　　　　　J　タイ　　K　フィリピン

10

本自治体の出題例：始めにチャレンジ！② (2023年度実施問題改)

「学習指導要領」〔地理的分野〕2内容C(2)「日本の地域的特色と地域区分」に関する問題である。(1)～(3)の問いに答えよ。

資料　生徒がまとめたイメージマップ

(1) 下線部aの理由として，ある生徒がまとめた次の文の[X]，[Y]に当てはまる語句をそれぞれ書け。

> 太平洋の沖合いには，暖流の[X]と，寒流の[Y]とがぶつかる潮境があり，豊かな漁場となっているから。

(2) 下線部bについて，秋田県に当てはまるものを，表のア～エから一つ選んで記号を書け。

表　2018年度の東北地方6県の食料自給率(%)

ア	イ	ウ	エ	青森県	福島県
106	74	190	135	120	78

(「データで見る県勢2021年版」から作成)

(3) 下線部cの課題について，授業で取り扱う際に考えられる活動の例を，「解説」を踏まえて書け。

解答：(1)　X　黒潮(日本海流)　　Y　親潮(千島海流)　　(2)　ウ
　　　(3)　(解答例)　国内の人口分布を地図に表す。村落・都市における過疎・過密の状況を学ぶ。

本自治体の出題例：始めにチャレンジ！③ (2024年度実施問題改)

「中学校学習指導要領(平成29年3月告示)　第2章　第2節　社会」〔歴史的分野〕2内容B(2)「中世の日本」に関して，(1)～(3)の問いに答えよ。

資料1　(生徒のまとめ)

> ・13世紀初め，チンギス・ハンがモンゴル帝国を築き，その子孫らとともに領土を拡大した。5代皇帝フビライ・ハンは_a国号を元と称した。
>
> ・モンゴル帝国は，各地の文化や宗教を認め，陸・海上の交通路を整えたため，_b東西の貿易や交流が盛んになった。

(1)　資料1は，元寇について学習する前の授業についての生徒のまとめである。

　①　下線部aの後，元に滅ぼされた中国の王朝名を書け。

　②　下線部bに関して，フビライ・ハンに仕え，日本の様子をヨーロッパに伝えた人物名を書け。

(2)　内容B(2)(ア)のねらいである「元寇がユーラシアの変化の中で起こったことを理解する」上で，資料1，資料2を基に気付かせたい「ユーラシアの変化」とは何か，　A　に当てはまる語句を，「解説」を踏まえて書け。

資料2

> モンゴル帝国の拡大によるユーラシアの　A

(3) 元寇の後に出された資料3の法令の名称を書け。

資料3

> 領地の質入れや売買は，御家人の生活が苦しくなるもとなので，今後は禁止する。…御家人以外の武士や庶民が御家人から買った土地については，売買後の年数に関わらず返さなければならない。(部分要約)

解答：(1)　①　南宋　　②　マルコ・ポーロ　　(2)　結び付き
　　　(3)　永仁の徳政令

本自治体の出題例：始めにチャレンジ！④ (2024年度実施問題改)

　18世紀に始まった産業革命を学習する際に，次の補助資料を用いて生徒の理解を深めようと考えた。これを読んで，以下の問いに答えよ。

<補助資料>

　①18世紀のイギリスで始まった産業革命では，動力源として石炭が重要な役割を果たしていました。石炭は，現在，世界の中で中国とインドがその生産の上位を占めていますが，もともと世界中で産出されており，各地で古くから利用されてきました。中国では紀元前4世紀から紀元後3世紀にかけて書かれたといわれる『山海経』や，②北魏の酈道元が著した『水経注』にもその記述が見られます。また紀元前4世紀にギリシア人が記した文献には石炭を燃焼し鍛冶に使っていたと書かれています。

　(中略) 製鉄業での利用以外にも，森林資源の減少により薪の代わりに廉価な石炭が家庭の暖房などの燃料として普及したため石炭の需要は高まりましたが，石炭には採掘が難しいという欠点がありました。炭鉱は地下で掘る場合が多く，石炭とともに大量の地下水が湧いてくるため，炭坑内の排水が問題だったのです。これを解決するために③蒸気機関が開発・実用化され，蒸気の力で排水ポンプを動かすこと

で，石炭増産が可能になりました。さらに蒸気機関は木綿工業の発展や交通革命に大きく貢献したのでした。

(1) 下線部①に関連して，18世紀のイギリスで産業革命が始まった背景について，次の語句を用いて100字以内で説明せよ。

　　　大西洋三角貿易　　　農業革命　　　キャラコ

(2) 下線部②に関連して，5世紀後半に北魏を治めた孝文帝の国内政策について，次の語句を用いて100字以内で説明せよ。

　　　村落制度　　　平城　　　漢化政策　　　隋・唐

(3) 下線部③に関連して，蒸気機関の開発・実用化に貢献したイギリス人の人物名あ・い と，補助資料から読み取れる事柄X・Yとの組合せとして正しいものを，以下のア～エから一つ選んで記号を書け。

【人物名】

　　あ　ニューコメン　　い　クロンプトン

【補助資料から読み取れる事柄】

　　X　石炭は世界中で産出される資源だが，古代ギリシア人たちはプトレマイオス朝が滅亡するまでその利用方法を知らなかった。

　　Y　イギリスでは木炭確保が困難になったことの他に，石炭加工技術が向上したことも石炭の利用促進につながった。

　　ア　あ－X　　イ　あ－Y　　ウ　い－X　　エ　い－Y

解答：(1) (解答例)大西洋三角貿易でキャラコの需要が高まり，イギリスに莫大な富をもたらし，資本の蓄積を可能にした。さらに，第二次囲い込みによる農業革命によってヨーマンが土地を追われ，賃金労働者となり，労働力が形成された。(100字)

(2) (解答例)平城から洛陽に都を移し，漢化政策を行った。その中で，胡語・胡服を禁止し，人民に等しく土地を分け与える均田制を行った。この制度は隋・唐にも継承された。さらに，徴税のための村落制度として三長制を行った。(99字)　　(3)　イ

本自治体の出題例：始めにチャレンジ！⑤ (2023年度実施問題改)

次は，「これからの人権保障」の授業の板書の一部である。(1)～(4) の問いに答えよ。

学習課題　社会の変化によって，どのような人権の保障が求められているのだろうか。

＜予想＞産業や科学技術の発展にともなって，日本国憲法には直接的に規定されていない権利が主張されるようになったのではないか。

「新しい人権」とは…主に日本国憲法第(a)条に定められている「生命，自由及び幸福追求に対する国民の権利」に基づいて主張されている。

写真1

写真2

資料

◇生徒Aの疑問
　写真1のように、㋐上部を階段状に設計しているのはなぜだろう。

◇生徒Bの考え
　写真2のように、防犯カメラがいたる所に設置されれば、㋑私たちの安全を守ることができます。

◇生徒Cが調べたこと
　資料のカードで、自分の死後の臓器移植についての意思を表明することができます。これは、新しい人権の一つである（ b ）を尊重するものです。

15

(1) （　a　）に当てはまる数字を書け。

(2) 下線部㋐の理由を，新しい人権の視点を踏まえて書け。

(3) 下線部㋑と対立する考えを，新しい人権の名称を用いて書け。

(4) （　b　）に当てはまる語句を，一つ選んで記号を書け。

　ア　名誉権　　イ　自己決定権　　ウ　知る権利

　エ　忘れられる権利

解答：(1)　13　　(2)　(解答例)　新しい人権の一つに，環境権がある。きれいな空気や十分な日照など良い環境の中で暮らすことを，一種の人権と捉える。高層建物に対して一定の日照を確保する権利が，日照権である。周囲の日照を確保するため建物の高さに法律上の制限があり，建物上部は狭く，階段状に設計されている。　　(3)　(解答例)　防犯カメラがいたる所に設置されているということは，自分は意図しないのにカメラに録画される可能性が高いということである。いつ，どこで，誰と，何をしていたのか，録画を見た第三者に個人情報を知られることになってしまう。これはプライバシーの権利の侵害にあたるため，防犯カメラの設置は危険を孕んでいる。　　(4)　イ

過去3カ年の出題傾向分析

　ここでは，過去3カ年で出題された科目と分類を表にまとめている。学習する前に，大まかな傾向をつかんでおこう。

年度	科目	分類
2024年度	中学地理	地図，産業・資源(農牧業)，国家・民族，世界の地誌(南北アメリカ)，日本の地誌，環境問題，指導法，学習指導要領
	中学歴史	中世，近代，先史・四大文明，古代地中海世界，中国史，指導法，学習指導要領

年度	科目	分類
	中学公民	日本国憲法, 日本の政治機構, 国際政治, 現代社会の特質と課題, 指導法, 学習指導要領
	高校地理	地図, 地形, 気候, 産業・資源(農牧業), 産業・資源(鉱工業), 村落・都市, 世界の地誌(南北アメリカ), 環境問題, 指導法, 学習指導要領
	高校日本史	中世(鎌倉時代), 近世(江戸時代), 近世の文化, 近代(大正時代), 近代(昭和戦前期), 近代の文化, 現代, 指導法, 学習指導要領
	高校世界史	先史・四大文明, 中国史(周〜唐), 南アジア史, 西アジア史, 東西交渉史, ヨーロッパ史(中世・近世), ヨーロッパ史(近代), 南北アメリカ史, 二度の大戦, 現代史
	高校政経	政治の基本原理, 日本国憲法, 日本の政治制度, 戦後政治史, 国民経済, 戦後の日本経済, 国際経済, その他, 学習指導要領
	高校現社	
	高校倫理	哲学と宗教, 古代ギリシアの思想, 中国の思想, ヨーロッパの思想(〜近代), 日本人の思考様式, 日本の仏教思想, 日本の思想(近世), 日本の思想(近代), 学習指導要領
	高校公共	青年期の意義と課題, 現代社会の特質, 食糧問題, 環境問題, 指導法
2023年度	中学地理	地図, 地形, 人口, 貿易, 国家・民族, 世界の地誌(アフリカ), 日本の地誌, 環境問題, 指導法, 学習指導要領
	中学歴史	原始, 古代の文化, 近世, 現代, 学習指導要領
	中学公民	日本国憲法, 日本の政治機構, 日本の政治制度, その他, 指導法, 学習指導要領
	高校地理	地図, 地形, 気候, 産業・資源(鉱工業), 産業・資源(第3次産業), 世界の地誌(アジア), 環境問題
	高校日本史	古代(平安時代), 中世(室町時代), 中世の文化, 近世(江戸時代), 近世の文化, 近代(大正時代), 現代の経済
	高校世界史	中国史(五代〜元), 中国史(明・清・中華民国), 西アジア史, ヨーロッパ史(中世・近世), ヨーロッパ史(近代), 南北アメリカ史, 現代史
	高校政経	
	高校現社	

年度	科目	分類
2022年度	高校倫理	
	高校公共	
	中学地理	地図, 人口, 産業・資源(農牧業), 産業・資源(鉱工業), 国家・民族, 世界の地誌(南北アメリカ), 環境問題, 指導法, 学習指導要領
	中学歴史	古代, 古代の文化, 近代, 中国史, ヨーロッパ史, 現代史, 指導法, 学習指導要領
	中学公民	日本の政治制度, 貨幣・金融, その他, 指導法, 学習指導要領
	高校地理	地図, 地形, 産業・資源(鉱工業), 国家・民族, 世界の地誌(オセアニア・南極), 日本の地誌, 環境問題, その他, 指導法
	高校日本史	古代(飛鳥時代), 古代(奈良時代), 古代(平安時代), 中世(室町時代), 近世(江戸時代), 近代(明治時代), 近代の文化, 現代, 現代の経済, 指導法
	高校世界史	古代地中海世界, 中国史(周〜唐), 東南アジア史, 東西交渉史, ヨーロッパ史(中世・近世), ヨーロッパ史(近代), 南北アメリカ史, 二度の大戦, その他の地域の歴史, 宗教史, 指導法
	高校政経	
	高校現社	
	高校倫理	
	高校公共	

※「科目」「分類」は, 過去問シリーズに掲載されている出題傾向分析に該当する。

　次に, ここで紹介した分類の類題を掲載しておくので, 学習の第一歩としてほしい。

類題を解いてみよう!

類題で問題演習の幅を広げよう!①

　19世紀以降における世界史上の「金」の役割に関する次の問いに答えよ。

1　次の文中の空欄(　)に適する国名を答えよ。

> アメリカ合衆国が(　)との戦争に勝利して獲得したカリフォルニアでは，1848年に金鉱が発見され，移民が殺到した。

2　金本位制を採用していた国に関する次の各問いに答えよ。

　(1)　1917年から1920年代半ばにかけてのアメリカ合衆国の外交の変化について，次の語句を用いて説明せよ。

　　ドーズ案　　国際連盟

　(2)　フランスは，1936年に金本位制を停止した。この当時，フランスの人民戦線内閣首相であった社会党の人物は誰か，答えよ。

解答：1　メキシコ　　2　(1)　第一次世界大戦開戦後，アメリカは中立を保っていたが，ドイツが無制限潜水艦作戦を宣言すると，ドイツに宣戦し，またウィルソン大統領は，国際連盟の設立を提唱した。戦後は，孤立主義が強まり国際連盟には参加しなかったが，ドーズ案を提案し，ドイツの復興に寄与するなど国際協調の役割を果たした。　　(2)　ブルム

類題で問題演習の幅を広げよう!②

日本の産業革命に関する文章を読んで，以下の問いに答えよ。

> 　1880年代前半，大蔵卿となった(　1　)によるデフレ政策は深刻な不況を招いたが，貿易の輸出超過と銀本位制により景気が持ち直した。そのため，鉄道・紡績を中心に(　2　)が起き，産業革命が始まった。政府は，日清戦争の賠償金をもとに，①金融・貿易の制度を整備し，産業界に資金を投入できる体制をつくった。②紡績業では綿糸生産高が大幅に増加し，製糸業については，輸出量が世界

> 最大となった。

問1　（　1　），（　2　）にあてはまる最も適当な語句を答えよ。

問2　①に関して，1880年に貿易金融を目的に設立された銀行を答えよ。

問3　②に関して，日本の製糸業は外貨を獲得できる産業として成長
　　したが，紡績業や綿織物業などの綿業の場合，輸出は増加したもの
　　の，輸入超過になる傾向があった。表を参考にして，綿業貿易で輸
　　入超過が生じた原因を，製糸業と比較しながら説明せよ。

表

日本の主要輸出入品（単位：千円）					
日本の主要輸出品	1900(明治33)年		1910(明治43)年		1920(大正9)年
1位	生糸	44,657	生糸	130,182	生糸 382,222
2位	絹糸	20,589	絹糸	45,347	綿織物 335,226
3位	石炭	5,724	絹織物	32,707	絹織物 152,394
日本の主要輸入品	1900(明治33)年		1910(明治43)年		1920(大正9)年
1位	綿花	59,472	綿花	159,222	綿花 721,437
2位	砂糖	26,607	鉄類	32,349	鉄類 259,504
3位	鉄類	21,559	石油	16,443	羊毛 121,629

『数字でみる日本の100年』より作成

解答：問1　1　松方正義　　2　企業勃興　　問2　横浜正金銀行
　　　問3　製糸業は国産の繭を原料としているが，綿業は原料の綿
　　　花を中国やインド・アメリカなどからの輸入に依存していたた
　　　め。

類題で問題演習の幅を広げよう！③

それぞれ指定した字数で問いに答えよ。

(1)　墾田永年私財法(743年)について，この内容と目的，影響を100
　　字以内で説明せよ。

(2)　寛政異学の禁について，この内容と政策が出された目的を120字
　　以内で説明せよ。

解答：(1)　開墾した田地を永年にわたって保障するもので，政府が輸
　　　　租田である墾田を掌握し，土地支配の強化を目的とした政策。
　　　　貴族・寺院や地方豪族の大規模な開墾により私有地拡大が進み，
　　　　初期荘園が広まるきっかけとなった。(100字)　　(2)　朱子

学を正学とし，1790(寛政2)年には湯島聖堂の学問所で朱子学以外(異学)の講義や研究を禁じ，学術試験を行って人材登用につなげた。上下の秩序を重んじる朱子学を正学として重視することで，低下した幕府の権威を高めることを目的とした。(116字)

類題で問題演習の幅を広げよう！④

中世のヨーロッパについて，次の (1)，(2) の問いに答えよ。

(1)　11～12世紀のヨーロッパでは，あつい石壁に堅牢な柱，柱頭・扉口の浮彫装飾がつくる厳粛な礼拝空間を特徴とした建築様式が生み出されました。イタリアのピサ大聖堂に代表されるこの様式の名前を書きなさい。

(2)　11世紀の出来事にあてはまらないものを，次のア～エから一つ選び，その記号を書きなさい。

ア　ローマ教皇ウルバヌス2世は，クレルモン公会議で聖地奪回のための十字軍を提唱し，第1回十字軍がイェルサレムを占領し，イェルサレム王国を建国した。

イ　教義・典礼上の問題をきっかけに対立が深まっていたことにより，キリスト教会がローマ＝カトリック教会とギリシア正教会に分かれた。

ウ　神聖ローマ皇帝ハインリヒ4世は，ローマ教皇と叙任権闘争を行い，破門された皇帝はイタリアのカノッサで教皇に謝罪した。

エ　ミラノの修道院食堂に「最後の晩餐」を描いたレオナルド＝ダ＝ヴィンチや，システィーナ礼拝堂の壁面に祭壇画「最後の審判」を描いたミケランジェロといったルネサンスの巨匠が現れた。

解答：(1)　ロマネスク様式　　(2)　エ

類題で問題演習の幅を広げよう！⑤

　次の表は，科目「政治・経済」の経済分野における単元構成の例を示したものである。②に関連して，問いに答えなさい。

表

①経済活動の意義と経済体制
②現代経済のしくみ
③現代経済と福祉の向上

(1)　資料Ⅰは，国民経済をフローの側面からみた場合について，各指標の関係を示している。(a)は漢字六字，(b)，(c)は漢字三字で，それぞれあてはまる最も適切な語句を答えなさい。

資料Ⅰ

(2)　兌換紙幣と不換紙幣の違いについて，具体的に説明しなさい。

(3)　基礎的財政収支(プライマリーバランス)とは何か，具体的に説明しなさい。

解答：(1)　a　固定資本減耗　　b　間接税　　c　補助金　　(2)　兌換紙幣は金と交換できるが，不換紙幣はできない。　　(3)　歳入・歳出のうち，公債に関わる部分を除いた収支。

第 1 章

中学社会

中学地理　地域の構成と調査

ポイント

　社会科は，中学地理も含め，概ね高等学校までの学習内容から出題されており，大学受験とほぼ同様のレベルが要求されるものとなっている。かつ，これは教員採用試験なので，教職教養，特に学習指導要領に関する出題もなされており，このことは全分野にわたって留意しておきたい。都道府県や政令指定都市などの地方自治体が実施する教員採用試験では，その地方色を反映した出題も往々にして見られるので，自分が受験する予定の地方自治体の地理や歴史，産業などの予習もしておこう。

　「地域の構成と調査」では，地図に関する問題が頻出である。地図の種類や用途などの基本的な知識はもちろん，経度や緯度，縮尺や時差を問う設問にも対応できるようにすることが必要である。また，国土地理院が発行する地形図を使いこなせるようにすることも欠かせない。教師という職務上，授業や実習で生徒に説明ができるよう，地図記号の種類，地形や土地利用の読み方，距離や傾斜の判断くらいは最低限会得しておきたい。他には地図の一部を補ったり，自分で全部を描いたりすることを求める設問もあった。これも板書などで教師に求められる資質であろう。白紙に大まかな世界地図や日本地図を描けるようには暗記をしておきたい。大地形に関する出題も多い。世界や日本の造山帯や山脈，平野や河川などの主要なものは，地図で位置を確認しながら把握しておこう。

　気候関連の設問もまた頻出である。特に表やグラフなど統計データを絡めて出題されることが多い。雨温図やクライモグラフ，ハイサーグラフをきちんと読み取り，どの気候区分に属するものか判断できるようにしたい。それぞれの気候区分の基準条件・特徴・植生・土壌・分布などを学習しておくことも必要である。

　人口に関する出題も多く見られる。これは時事的な内容を含むも

のが多く，日頃から人口問題のニュースや統計の発表に注意を払っておこう。そういう意味では労働力の移動や難民の動向も関係し，また出題もなされているので，注意を怠らないようにするべきである。

□**経線**　地球を縦に切ったと仮定した場合の，北極点と南極点を結ぶ線のこと。イギリスのロンドン郊外の旧グリニッジ天文台付近を通過する線を**0度(本初子午線)**として，東と西へ，0度から180度までの経度で表される。東経180度と西経180度は同じであり，太平洋上を通る。

□**緯線**　地球を横に切ったと仮定した場合の，赤道と平行に引かれた線のこと。北と南へ，0度から90度までの緯度で表される。北緯90度は北極点，南緯90度は南極点とも呼ばれる。

□**標準時**　世界標準時としてロンドン郊外の旧グリニッジ天文台を通る子午線を基準としたグリニッジ標準時(GMT)が使われてきた。現在では協定世界時（UTC）を用いる。世界の国々や地域もそれぞれ基準となる経線を定めて，自国の標準時を一つまたは複数設定している。日本の場合は，兵庫県明石市を通る**東経135度**を標準時子午線と定めている。

□**日付変更線**　太平洋上を経度180度線にほぼ沿って南北に走る線。国境の関係で，経度180度線と完全には一致していないことに注意。この線を東から西へ越えるときは日付を1日早め，西から東へ越えるときは日付を1日遅らせる。

□**時差** 地球の各地点でそれぞれ用いられる標準時の相互間の差。地球は東の方角へ自転しているので，日付変更線を考慮しなければ，**東側にある方が時間が早く，西側にある方が時間が遅い。経度15度ごとに1時間の時差が生じる。**日本の標準時は世界標準時に対して，9時間の時差がある。

□**時差の計算**

> 日本が1月1日午前0時のときのカイロ(エジプト)の日時

　日本(標準時子午線＝東経135度)とカイロ(標準時子午線＝東経30度)の経度差は105度であるから，105÷15＝7より7時間の時差となる。カイロは日本より西にあるので，日本の時刻から7時間遅れていることになり，カイロの日時は，12月31日午後5時となる。

> 日本を1月1日午前0時に出発し，12時間かけてニューヨーク(アメリカ合衆国)に到着したときのニューヨークの日時

　日本(標準時子午線＝東経135度)とニューヨーク(標準時子午線＝西経75度)の経度差は，135＋75より210度，210÷15で，14時間の時差があることになる。12時間をかけてニューヨークに到着したときの日本の時刻は1月1日午後0時。ニューヨークは<u>日付変更線を挟んだ東側にあるため</u>，日本より時間が遅くなる。従って，ここから14時間遅らせればよく，到着時のニューヨークの日時は，12月31日午後10時となる。

□**地形図** 地表の事象を詳しく表現した地図。日本の地形図は，国土交通省の**国土地理院**が発行しており，1万分の1(都市部のみ)，2万5千分の1，5万分の1の三種類の縮尺で作成され，**ユニバーサル横メルカトル図法**(ＵＴＭ図法)という地図投影法が採用されている。この中では，2万5千分の1地形図のみが実測図で，その他は編集図。

□**縮尺** 縮尺の分母が小さければ小さいほど実際のものに近く，詳しく表されている。地図から実際の距離を求めるには，次の関係で考える。

> 実際の距離＝地図上の長さ×縮尺の分母

□**高度** 地形図における高さは，**三角点△や水準点⊡**で判断ができる。三角点は三角測量を行う際の位置を決める基準点で，見晴らしの良い山頂や丘陵に置かれることが多い。水準点は水準測量を行う際の高さを決める基準点で，**主要道路沿いにほぼ2kmの間隔で設置されている。**

□**等高線** 同じ高度の点を結ぶ線のことで，土地を水平面で切った切り口にあたる。等高線同士が交わることはない。

等 高 線	線	5 万 分 の 1	2万5千分の1
計 曲 線	———	100mごと	50mごと
主 曲 線	———	20mごと	10mごと
補 助 曲 線	- - - -	10mごと	5mか2.5mごと
	- - - - - -	5mごと	

※2.5mの補助曲線には必ず等高線の数値が入る。

□**傾斜**

等高線の間隔 → 広い＝傾斜が緩やか／狭い＝傾斜が急
等高線の形状 → 低い方へ凸＝尾根／高い方へ凸＝谷
尾根・谷

□ケッペンの気候区分　ドイツの気候学者ケッペンが考えた気候区分。
植生分布の地域差に注目し，植物に大きな影響を与える気温と降水量
を基準にして分類したもの。

熱　帯		
熱帯雨林気候Af	熱帯モンスーン気候Am	サバナ気候Aw
・年中高温多雨 ・午後にスコール ・ジャングル(常緑広葉樹林の密林)	・年中高温 ・雨季と弱い乾季 ・雨緑林。下草類が繁茂	・年中高温 ・雨季と乾季がはっきり ・サバナ(長草草原と疎林)
乾燥帯		温帯
砂漠気候BW	ステップ気候BS	温暖湿潤気候Cfa
・降雨はほとんどなし ・蒸発量が多く，岩石砂漠や砂砂漠が広がる ・オアシスが点在	・長い乾季と雨季 ・砂漠の周辺に分布 ・ステップ(短草草原)の一部では遊牧や牧畜	・季節風の影響で夏は高温多雨，冬は低温乾燥 ・四季の変化が明瞭 ・大陸東岸に分布
温帯		
西岸海洋性気候Cfb	温暖冬季少雨気候Cw	地中海性気候Cs
・偏西風と暖流の影響を受け，夏涼しく冬温暖。安定した降水量 ・大陸西岸に分布	・夏は高温多雨，冬は温暖少雨 ・降水量の年較差が大 ・温帯夏雨気候ともいう	・夏は高温乾燥，冬は温暖湿潤 ・夏の乾燥に耐える硬葉樹や果樹の栽培が盛ん
冷帯(亜寒帯)	寒帯	
冷帯湿潤気候Df	ツンドラ気候ET	氷雪気候EF
・夏は短いが比較的高温となり，冬は長く低温 ・タイガ(針葉樹の純林)が分布 ・冷帯多雨気候，亜寒帯湿潤気候ともいう	・最暖月でも10℃以下 ・地面は永久凍土におおわれている ・短い夏の間だけ地表が溶け，地衣類や蘚苔類が生育	・年中氷雪に閉ざされ，最暖月でも0℃未満 ・植物は全く育たず ・ほとんどが人間の非居住地域(アネクメーネ)

※この他にも，冷帯冬季少雨気候(冷帯夏雨気候，亜寒帯冬季少雨気候)
　Dwや高山気候Hなどの分類がある。
※冷帯は南半球には存在しない。

□**世界の人口**　2022年でおよそ**79億7500万人**。今後も増加すると予想
されている。先進国では出生率・死亡率がともに低い。開発途上国は
死亡率が低くなったが，出生率は高いので**人口爆発**が起こっている。

□**日本の人口**　2022年でおよそ**1億2495万人**。世界第11位。

□**合計特殊出生率**　1人の女性が生涯に産む子供の数の平均。日本の場合
は，2022年で**1.26**。長期的に人口を維持できる数値(人口置換水準)を
下回っているので，人口減少が懸念されている。

□**人口ピラミッド**　年齢別・性別の人口構成を表したグラフ。どのよう
な形状になっているかで，人口動態を判断することができる。

各種の人口ピラミッド

□**様々な人口・都市問題**

　過疎　農村部から都市部などへ人口が流出し，地域の活力が衰退した
状態。高齢化が進んで社会生活の維持が困難になった所を**限界集落**と
いい，廃村に至る場合もある。

　過密　都市部などに人口が過度に集中した状態。住宅不足，慢性的な
渋滞，大気汚染などの環境の悪化を引き起こす。

　ドーナツ化現象　地価高騰や住環境悪化などのために都心部の人口が
減少し，郊外に流出する現象。

　インナーシティ　ドーナツ化現象のために夜間人口が減ったことで，
治安・衛生環境が危うくなるような都心部。スラムが形成されること
もあり，再開発が必要となる。

　スプロール現象　住宅や工場が無秩序(虫食い状)に郊外へ広がってい
く現象。都市計画の妨げになったり，住宅と工場が隣接するために居
住環境が悪化したりする。

□日本の世界遺産(2024年3月現在)

明治日本の産業革命遺産－
製鉄・製鋼、造船、石炭産業
(2015)
※山口県・福岡県・佐賀県・長崎
県・熊本県・鹿児島県・岩手県
・静岡県の8県に点在する。

白神山地
(1993)

知床 (2005)

北海道・北東北の
縄文遺跡群 (2021)

白川郷・五箇山の
合掌造り集落
(1995)

平泉－仏国土（浄土）を
表す建築・庭園及び考古
学的遺跡群 (2011)

日光の社寺
(1999)

石見銀山遺跡と
その文化的景観
(2007)

百舌鳥・古市
古墳群
(2019)

富岡製糸場と絹産業遺産群
(2014)

原爆ドーム
(1996)

ル・コルビュジエの建築作品
－近代建築運動への顕著な貢
献－（国立西洋美術館本館,
※他6カ国） (2016)

厳島神社
(1996)

富士山－信仰の対象と芸術の源泉
(2013)

「神宿る島」
宗像・沖ノ島と
関連遺産群
(2017)

姫路城
(1993)

古都奈良の
文化財 (1998)

古都京都の文化財 (1994)

法隆寺地域の
仏教建造物
(1993)

紀伊山地の霊場と
参詣道 (2004)

屋久島 (1993)

長崎と天草地方の潜伏
キリシタン関連遺産
(2018)

小笠原諸島
(2011)

琉球王国のグスク及び
関連遺産群 (2000)

奄美大島，徳之島，沖縄島
北部及び西表島 (2021)

(　) は登録年

例題1

次の(1)，(2)に答えよ。

(1) あとの文章は次の写真を説明したものである。文章中の①～③の
(　　)の中からあてはまることばをそれぞれ1つ選び，記せ。

菊の電照栽培を盛んに行っている①(渥美，知多)半島では，温室内で人工的に電灯の光をあて，菊を正月，早春に出荷できるようにしている。このように，植物の生長を②(早め，遅らせ)る栽培方法を③(促成，抑制)栽培という。

(2) 次の地形図は，2027年以降に開通する予定のリニア中央新幹線のルートの一部を示している。地形図中のA～B間の断面図を下の図に描き入れよ。

(2万5千分の1地形図「石和」より作成)

解答 (1) ① 渥美 ② 遅らせ ③ 抑制

(2)

31

解説 (1) 写真は電照菊のビニールハウスである。菊には日照時間が短くなると開花する性質があるので，夜間に照明をあてて開花の時期を遅らせ，秋から冬に出荷している。温暖な気候の渥美半島で行われており，開花を遅らせるので抑制栽培である。 (2) 2万5千分の1地形図における計曲線は50mおき，主曲線は10mおきである。B地点は標高700m，A地点は550mと読み取れる。あとは等高線とルートの破線のポイントを図に合わせて書き入れる。

例題2

次の文を読み，(1)～(5)の問いに答えよ。

ケッペンの気候区分による<u>a温帯は，冷帯や寒帯気候に比べ温暖であり，農業が盛んな気候でもある。</u>ケッペンは温帯を，気温と降水量の季節的相違などから4つの気候に分類した。<u>b温暖湿潤気候</u>，<u>c西岸海洋性気候</u>，<u>d温暖冬季少雨気候(温帯夏雨気候)</u>，<u>e地中海性気候</u>である。

(1) 下線部aについて，次の①～④の問いに答えよ。

① 次の文中の[ア][イ]にあてはまる数値を書け。

温帯とは，最寒月平均気温で見ると，[ア]度以上[イ]度未満である。

② 全陸地の約何％を占めるか。次のa～eから選び，記号で答えよ。

a 15.4 b 17.1 c 19.9 d 21.3 e 26.3

③ 次の図において，日本などに分布する成帯土壌Aの名称を書け。

【気候帯】　【成帯土壌帯】

④ ハンガリーの温帯草原の名称を書け。

(2) 下線部bについて，次の①，②の問いに答えよ。

　① ケッペンの気候区分の記号では「Cfa」で表されるが，この場合の「f」「a」の記号の意味について，それぞれ説明せよ。

　② 季節風の影響もあり日本は冬にも降水があるが，冬に北西季節風が吹く要因となる気団名を書け。

(3) 下線部cについて，この気候は北アメリカ大陸では，高緯度まで分布するが，その要因の一つとなる暖流名を書け。

(4) 下線部dについて，次の①，②の問いに答えよ。

標高：64m　年平均気温：23.2℃
年降水量：2359.3mm

　① この気候に最も適する農作物を次のa〜dから選び，その記号を書け。
　　a 天然ゴム　　b カカオ
　　c 大豆　　　　d 茶

　② 右のグラフは，この気候に属するある都市の気温と降水量をあらわしたものである。ある都市とはどこか。次のa〜dから選び，その記号を書け。
　　a ケープタウン　b ニューヨーク
　　c ベルリン　　　d ホンコン

(5) 下線部eについて，次の①，②の問いに答えよ。

　① この気候では，夏季に乾燥がみられるが，この原因に関係する気圧帯の名称を書け。

　② この気候では，オレンジ，オリーブなどの作物が栽培されるが，2021年のヨーロッパ連合(EU)加盟国におけるオレンジ類の生産量が第1位の国名を書け。

解答 (1) ① ア　−3　イ　18　② a　③ 褐色森林土
④ プスタ　(2) ① fは年間を通じての降雨，aは最暖月の平均気温が22℃以上，をそれぞれ意味している。　② シベリア気団　(3) メキシコ湾流，アラスカ海流　(4) ① d
② d　(5) ① 中緯度高圧帯　② スペイン

解説 (1) ウラジミール・ケッペンはドイツの気候学者である。彼の区

分した，温帯・熱帯・冷帯・寒帯・乾燥帯のうち，温帯は全陸地に占める割合が最も低い。Cwが7.5%，Csが1.7%，Cfが6.2%を占める。一方，全陸地に占める割合が最も高いのが乾燥帯(26.3%)である。　(2)　シベリア気団は，日本海側の大雪の原因である。(3)　メキシコ湾流はヨーロッパにも，緯度に比して温暖な気候をもたらしている。アラスカ海流はカナダ太平洋岸からアラスカ湾岸にかけて流れる暖流である。　(4)　天然ゴムやカカオは，熱帯での栽培に適した作物である。　(5)　ヨーロッパ連合域内におけるオレンジ類の生産量は，1位がスペイン(561.4万トン)，2位がイタリア(259.7万トン)であり，この2国が他を大きく引き離している。

例題3

中・南アメリカに関する(1)〜(3)の問いに答えよ。

(1)　地図中の緯線で，ア〜エの中の1つが赤道を表している。地図の国の中で，赤道が首都のほぼ真上を通過している国の名称，及び首都名を書け。

(2)　次の空欄に入る語句を書け。

　　Aを首都とする国は1821年に(a)から独立した。

　　Bを首都とする国は，南アメリカでは，唯一(b)を公用語とする。

　　Cを首都とする国の民族構成では，先住民の(c)が最も多い。

　　Dを中心に(d)とよばれる温帯草原が広がり，牧畜が盛んである。

(3)　兵庫県明石市から見て地球の正反対側にあたる地点はどこか。地図で，その地点が属する経線と緯線に囲まれた1つの枡目を示せ。なお，経線と緯線は，ともに10度ごとに引かれている。

34

解答 (1) 国名－エクアドル　　首都－キト　　(2) a　スペイン
b　英語　　c　インディオ　　d　パンパ　　(3) 西経45度, 南
緯34度が含まれる枡目

解説 (1)　キトは赤道直下の首都として覚えておきたい。国土を赤道が
通過する国は他にもあるので, 調べておくと役に立つ。
(2) b　ガイアナは, 1966年にイギリスから独立した。　　d　パン
パは東半分が湿潤パンパ, 西半分が乾燥パンパに分かれ, それぞ
れ牧牛と牧羊が盛ん。　　(3)　対蹠点を問う設問である。明石は東
経135度・北緯34度なので, 経度はまず東経→西経とし, 次に
180度－135度＝45度と求めて西経45度とする。緯度は北緯と南
緯を逆にするだけでよいので南緯34度となる。

━━━━━━━━━ **例題4** ━━━━━━━━━

世界遺産について, 次の各問いに答えよ。
(1)　世界遺産について,「条約」,「世界遺産リスト」,「分類」という語
句を用いて説明せよ。
(2)　2011年に世界遺産に登録された, 中尊寺金色堂などがある奥州藤
原氏の根拠地を答えよ。
(3)　豪雪に対応するとともに, 屋根裏を養蚕に活用するために特徴的
な形状をなす家屋がある。このような家屋からなる集落が世界遺産
に登録されている岐阜県の地名を答えよ。

解答 (1)　1972年に国際連合教育科学文化機関総会で採択された「世界
の文化遺産及び自然遺産の保護に関する条約」に基づいて作成さ
れた世界遺産リストに登録されたものを世界遺産という。世界遺
産は, 自然遺産, 文化遺産, 複合遺産の3つに分類される。
(2)　平泉　　(3)　白川郷

解説 (1)　国際連合教育科学文化機関(ユネスコ)には触れておきたい。
世界遺産に登録されるには, 世界遺産条約の締結国政府が作成す
る暫定リストにまず登録される必要がある。

中学地理 世界の国々と日本

ポイント

　「世界の国々と日本」では世界と日本に分けて述べたい。まず，世界については，アメリカ合衆国やヨーロッパ(ＥＵ)のような政治経済の面で重要な地域の割合がやや多いが，アフリカや中南米といった地域も決して頻度が少ないとは言えない。全ての地域にわたってまんべんなく学習することが必要となろう。また，内容的にも地形や気候などの自然地理や産業や都市を含む人文地理から全般的な出題がなされており，こちらの面でも抜かりのない学習が要求される。

　日本についても同じことが言える。偏りのない学習が必要な点では変わらないが，農業や漁業，工業や商業などの産業の分野からの出題が割と多くなっているのが特徴である。他には，諸外国との関係を絡めた出題も見られる。政治や経済などによって様々に相異なる局面を持つ国際関係の中で日本の立ち位置を把握したり，また二国間関係で見れば政治的または経済的にそれぞれ相手国とどのように結びついているのかを理解しておきたい。貿易立国である日本は食料や資源などを主にどこから輸入し，また自国の製品をどこへ輸出しているかを知っておくことも欠かせない。

　この項目でも地図や統計資料を用いた設問が多いので，学習の際には主な国々や都市の位置を目で把握し，統計上の基本的な数字を頭に入れておくようにしよう。特に日本については，都道府県や政令指定都市などが行う教員採用試験で，その地方色を反映した出題が見られるので，自分が受験する予定の地方自治体について予習をしておくことを勧める。

　また教員採用試験の常として，最新の学習指導要領に目を通しておくことや，様々な地理的事象について簡にして要を得た説明ができるように作文の技術を磨いておくことも怠らないようにしよう。

□日本の農業生産

※2023年(大豆は2022年)の統計, 対全国計比(%)　括弧内の数字は2022年概算の自給率

米 (99%)		小麦 (15%)		大豆 (6%)		採卵鶏 (97%)	
新潟	8.3	北海道	65.5	北海道	44.9	茨城	8.9
北海道	7.5	福岡	6.4	宮城	6.5	鹿児島	6.9
秋田	6.4	佐賀	4.7	秋田	4.7	広島	5.2
山形	5.0	愛知	3.1	滋賀	4.4	岡山	5.2
宮城	4.8	三重	2.4	福岡	4.0	千葉	4.8

(『日本国勢図会』2024/25より作成)

□**減反政策**　1960年代後半から2018年まで実施された米の生産制限政策。政府の古米在庫量の増加と食管会計の赤字を解消するために始められ, 休耕や転作に応じた農家には奨励金が給付された。

□**食糧管理制度**　1942年に制定された食糧管理法に基づく制度。主要食糧を国が買い上げて流通・消費を管理することで需給や価格の安定化を目指した。戦中や終戦直後の食糧難の時期に効果を発したが, いわゆる"米余り"の状況下では財政や農政の負担となった。また米の市場開放という外圧もあり, 1995年, 新食糧法の施行とともに食糧管理法は廃止された。

□日本の漁業生産(2022年)

漁港別水揚量 (千 t)	
銚子 (千葉県)	237
釧路 (北海道)	173
焼津 (静岡県)	116
石巻(宮城県)	102
境 (鳥取県)	100
広尾 (北海道)	90

(『日本国勢図会』2024/25より作成)

漁業専管水域…沿岸国だけに漁業利用が独占的に認められた水域。ここでは沿岸国の許可がなければ他国は操業ができず, 我が国の遠洋漁業は大打撃を受けた。現在, ほとんどの国が200**海里**(1海里≒1852 m)に設定している。

□日本の工業地帯・工業地域

四大工業地帯	京浜工業地帯	東京都～神奈川県。機械工業が盛んだが、印刷・出版業が強いのも特色。
	中京工業地帯	愛知県～三重県。自動車工業が特に盛ん。繊維や陶磁器にも特色。全国第1位の出荷額。
	阪神工業地帯	大阪府～兵庫県。重化学工業や食料品・雑貨の製造などで全国第2位の出荷額。中小工場が多い。
	北九州工業地帯	福岡県。かつては八幡製鉄所を中心とする鉄鋼業で栄えたが，相次ぐ炭田の閉鎖などで地位が低下。
関東内陸工業地域		栃木県・群馬県・埼玉県。機械工業が発達。全国3位の出荷額。
瀬戸内工業地域		瀬戸内海の沿岸県。化学工業・繊維工業が発達。
東海工業地域		静岡県。パルプや楽器、自動二輪など特色豊か。
京葉工業地域		千葉県。石油化学コンビナート・鉄鋼業が発達。

太平洋ベルト…四大工業地帯や各工業地域が立地する太平洋岸の帯状の地域。我が国の工業生産の中心を占めている。

□日本の発電量内訳

地熱発電…地下にある高温の蒸気や熱水を利用した発電。日本では東北地方や九州地方で盛んである。世界ではアメリカ合衆国が発電量の首位である。

□主要資源の輸入先

原油	(%)	石炭	(%)	液化天然ガス	(%)	鉄鉱石	(%)
サウジアラビア	39.5	オーストラリア	67.4	オーストラリア	43.0	オーストラリア	52.8
アラブ首長国連邦	37.7	インドネシア	13.8	マレーシア	15.2	ブラジル	32.4
クウェート	8.2	カナダ	6.1	パプアニューギニア	8.0	カナダ	7.3
カタール	7.2	ロシア	6.1	アメリカ合衆国	6.8		
エクアドル	1.8	アメリカ合衆国	4.4	カタール	5.8		

2022年，金額円による百分比〈『日本国勢図会』2024/25より作成〉

□ヨーロッパ

①－アイスランド：火山と温泉, ギャオ(大地の割れ目)
②－北海油田
③－北アイルランド問題
④－ランカシャー工業地域(産業革命の発祥地)
⑤－ノルウェー：フィヨルドと北海油田
⑥－スウェーデン：高負担高福祉の社会保障
⑦－フィンランド：森と湖の国「スオミ」・アジア系フィン人
⑧－ラップランド：サーミ人が居住
⑨－バルト三国(エストニア・ラトビア・リトアニア)
⑩－デンマーク：農業協同組合
⑪－オランダ：国土の$\frac{1}{4}$がポルダー(干拓地)

⑫－ユーロポート(EUの玄関港)
⑬－ベルギー：言語紛争
⑭－シャンパーニュ地方(ケスタでブドウ栽培)
⑮－フランス：EU最大の農業国
⑯－トゥールーズ：飛行機工業
⑰－リアス海岸の語源
⑱－乾燥高原メセタ(メリノ種の原産地)
⑲－スイス：アルプスで移牧
⑳－「永遠の都」ローマ(一角にバチカン市国)
㉑－イタリア：北部の工業地域と南部の農業地域
㉒－ルール工業地帯
㉓－カルスト地形の語源
㉔－ハンガリー：アジア系マジャール人の人種島
㉕－ルーマニア：ラテン系ルーマニア人の民族島

□北中米

①－グリーンランド(デンマーク領, 世界最大の島)
②－アラスカ(石油産出)
③－ヌナブト準州(イヌイットの自治)
④－ケベック州(フランス系住民)
⑤－ニューファンドランド島(沖合は大西洋北西部
　の好漁場)
⑥－オタワ(カナダ首都・英仏両言語圏の境界)
⑦－ウィニペグ(小麦の取引)
⑧－メガロポリス
⑨－ボストン(ニューイングランドの中心都市)
⑩－ニューヨーク(世界の経済・金融の中心)
⑪－ワシントン(アメリカ合衆国首都)
⑫－ピッツバーグ(鉄の都)
⑬－デトロイト(自動車都市)
⑭－シカゴ(農畜産物の集散地)
⑮－シアトル(航空機産業)

⑯－サンフランシスコ(太平洋の玄関口)
⑰－サンノゼ(シリコンバレーの中心)
⑱－サンベルト(北緯37度以南)
⑲－ロサンゼルス(映画の都ハリウッド)
⑳－ヒューストン(宇宙開発の拠点)
㉑－ニューオーリンズ(ジャズの都)
㉒－フロリダ半島(果実栽培とリゾート)
㉓－プレーリー(大穀倉地帯)
㉔－グレートプレーンズ(大放牧地帯)
㉕－コーンベルト(とうもろこし地帯)
㉖－コットンベルト(綿花地帯)
㉗－メキシコシティ(人口集中と大気汚染)
㉘－アステカ文明の故地
㉙－ユカタン半島(マヤ文明の故地)
㉚－キューバ(社会主義国, サトウキビの栽培)
㉛－ホンジュラス:「バナナ帝国」

========================= 例題1 =========================

ヨーロッパについて，次の問1〜問4に答えよ。

問1　EU未加盟国を説明したものとして最も適当な文を，次の①〜④から1つ選べ。

① 日本の約10分の1の面積の国土で約874万の人口である。地形の特色をいかした酪農や観光業，金融業が盛んである。

② 日本の約1.3倍の面積の国土で約4,756万の人口である。地中海沿岸に位置し，観光産業や食品加工業が盛んである。

③ 日本の約3分の1の面積の国土で約1,039万の人口である。地中海性気候をいかした農牧業や海運業が盛んである。

④ 日本の約12分の1の面積の国土で約1,166万の人口である。北部は伝統的な毛織物工業地域であったが，現在では食品加工業や化学工業などが盛んである。

（面積，人口については『世界国勢図会2023/24年版』より作成）

問2　次の説明文に最も関係の深い都市を，〈略地図1〉の①〜④から1つ選べ。

〈説明文〉

　　この都市のある工業地域は，豊富な石炭と大河川の水運を背景に，ヨーロッパ最大の工業地域に発展してきた。

〈略地図1〉

問3　ヨーロッパの農業について述べた次の説明文の中で，下線部の気候の雨温図として最も適当なものを，下の①〜④から1つ選べ。

〈説明文〉

　ヨーロッパの農業は，畑作と牧畜の組み合わせが基本となっているが，地域による差も大きい。

　<u>西岸海洋性気候</u>の影響を受ける中央部から北部では酪農や混合農業が盛んである。

問4　ヨーロッパの主な言語系と宗教について説明したものとして最も適当な文を，次の①〜④から1つ選べ。

①　ノルウェーの主な言語系はゲルマン語派(系)，主な宗教は東方正教であり，ブルガリアの主な言語系はゲルマン語派(系)，主な宗教は東方正教である。二つの国は言語系も宗教も同じである。

②　フランスの主な言語系はロマンス語派(ラテン語系)，主な宗教はカトリックであり，ポルトガルの主な言語系はロマンス語派(ラテン語系)，主な宗教はプロテスタントである。二つの国は言語系は同じであるが宗教は異なる。

③　ポーランドの主な言語系はスラブ語派(系)，主な宗教はプロテスタントであり，ドイツの主な言語系はゲルマン語派(系)，主な宗教はプロテスタントである。二つの国は言語系は異なるが宗教は同じである。

④　イタリアの主な言語系はロマンス語派(ラテン語系)，主な宗教はカトリックであり，デンマークの主な言語系はゲルマン語派(系)，主な宗教はプロテスタントである。二つの国は言語系も宗教も異なる。

| 解答 | 問1　①　　問2　③　　問3　③　　問4　④ |

解説　問1　EU未加盟国は，西ヨーロッパでは，ノルウェー，スイス，アイスランドの国々，東ヨーロッパでは旧ユーゴスラビアの大部分の国々。イギリスは，1973年に加盟，2020年に離脱している。①はスイス，②はスペイン，③はギリシャ，④はベルギー。②，③，④の国々はEUに加盟している。　問2　ヨーロッパ最大の工業地域は，ドイツのルール地方。①はイギリスのミッドランド地方，②はパリ周辺，④はイタリアの北部の三角地帯でいずれも工業地域。説明文の「豊富な石炭」はルール炭田，「大河川」はライン川である。　問3　西岸海洋性気候は，気温，降水量共に変化の小さい気候。①は降水量がほとんどないので砂漠気候，②は夏に少雨，冬に多雨の地中海性気候，③は気温，降水量共に変化が小さい西岸海洋性気候，④は夏が高温で降雨が比較的多い温暖湿潤気候となる。　問4　ヨーロッパの民族は，ラテン語系・カトリックのヨーロッパ南部，ゲルマン語系・プロテスタントのヨーロッパ北部，スラブ語系・東方正教の東ヨーロッパに大別される。①ノルウェーはプロテスタント，ブルガリアはスラブ語派（系），②ポルトガルはカトリック，③ポーランドはスラブ語系であるがカトリックが多いなどから①，②，③は誤り。

■■■■■■■■■■■■■■■■■■■■■■■■ 例題2 ■■■■■■■■■■■■■■■■■■■■■■■■

中国について，次の各問いに答えよ。

問1　次のⅠ～Ⅳの文について，内容が正しいものは○，誤っているものは×で答えよ。

Ⅰ　中国は多民族国家であるが，人口の内訳を見ると漢民族が約80％，チョワン族，チベット族，ウイグル族，モンゴル族などの少数民族が残りを占めている。

Ⅱ　近年，沿海部と内陸部との地域間格差を解消するため，西部大開発を推進し，道路やガス・パイプラインなどを整備して産業を誘致することや，砂漠化の防止など自然環境の保全を進めている。

Ⅲ　国家政策として一人っ子政策による人口増加の抑制を図ったが，

　　若年層の割合が低くなり，高齢化が進んでいることなどの弊害が
　　起こり，2015年に政策の廃止が決定された。
　Ⅳ　農業の集団化を中心に，行政・教育・軍事などを一体化した生
　　産組織である郷鎮企業が認められた。その結果，農業生産性が向
　　上し，年収1万元を超える富裕な農家もあらわれている。
問2　中国の農牧業と料理について述べた文として誤っているものを，
　次の①～④から1つ選べ。
　①　東北地方は，羊の放牧やオアシス農業が盛んである。この地域
　　の四川料理は，貯蔵を考慮した漬け物や塩漬けの肉，辛みの強い
　　味付けのものが多い。
　②　華北は，小麦や大豆などの畑作が中心である。この地域の北京
　　料理は，小麦を使った麺類や餃子，濃厚な味の炒め物などが多い。
　③　華中は，長江中・下流域で稲作が盛んである。この地域の上海
　　料理は，豊富な魚介類を甘辛く味付けしたものが多い。
　④　華南は，稲や茶が多く栽培され，稲の二期作も行われている。
　　この地域の広東料理は，自然の材料を生かした淡泊な味付けのも
　　のが多い。

|解答|　問1　Ⅰ　×　　Ⅱ　○　　Ⅲ　○　　Ⅳ　×　　問2　①

|解説|　問1　我が国の近隣にあり，現在めざましい発展を続けている中
国の動きには注意を払っておきたい。　Ⅰ　漢民族は9割を超え
ていて圧倒的多数である。よって×。　Ⅱ　西部大開発は国家的
な事業として現在進行中である。よって○。　Ⅲ　一人っ子政策
が浸透したために人口構成に歪みが生じることとなり，政策が廃
止された。よって○。　Ⅳ　郷鎮企業は村や個人経営の中小企業
のことである。よって×。　問2　農牧業の形態と料理の特徴は
密接に関係する。我々が日頃親しんでいる「中華料理」には色々
なバリエーションがあるが，その理由の一つがこうした地域差で
ある。正解は①。東北地方は小麦やとうもろこしの畑作が主で，
塩辛い料理が多い。

━━━━ **例題3** ━━━━

次の略地図を参考にして，下の各問いに答えよ。

〈略地図〉

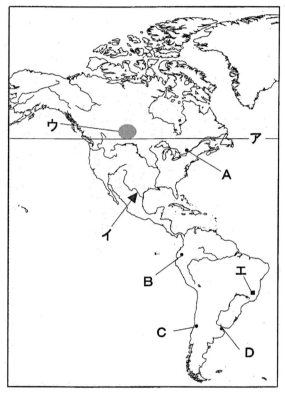

（ミラー図法による）

問1　略地図中のアは緯線を示している。この緯度として最も適当なも
　　のを，次の①〜④から1つ選べ。

　　①　北緯50度　　②　北緯40度　　③　北緯30度

　　④　北緯20度

問2　略地図中のイは川を示している。この川の名称として最も適当な
　　ものを，次の①〜④から1つ選べ。

　　①　コロラド川　　②　ミシシッピ川　　③　リオグランデ川

④　オリノコ川

問3　略地図中のウで示した地域で主として行われている農業は何か。該当するものとして最も適当なものを，次の①～④から1つ選べ。

①　冬小麦栽培　　②　春小麦栽培　　③　とうもろこし栽培

④　酪農

問4　略地図中のエはイタビラを示している。ここで産出される主たる鉱物資源として最も適当なものを，次の①～④から1つ選べ。

①　銅鉱石　　②　石炭　　③　ボーキサイト　　④　鉄鉱石

問5　略地図中のA～Dは都市を示している。A～Dとその都市名の組合せとして適当ではないものを，次の①～④から1つ選べ。

①　A－オタワ　　　　②　B－リマ

③　C－サンティアゴ　　④　D－ブエノスアイレス

解答　問1　①　　問2　③　　問3　②　　問4　④　　問5　②

解説　問1　北米東海岸のセントローレンス川の河口と西海岸のヴァンクーヴァー付近なので北緯50度である。　問2　③　リオグランデ川は，ロッキー山脈南部からメキシコ湾に注ぐ。アメリカ合衆国とメキシコの国境となっている。　問3　春小麦は，冬小麦が栽培できない寒冷な高緯度地方で栽培されている。カナダは冷帯の気候であり，南部で輸出用の春小麦が栽培されている。南東部では，酪農が行われている。　問4　イタビラはブラジル南東部にある鉄鉱山である。埋蔵量が豊富であり，アメリカや日本へ輸出している。なお，ブラジル北東部には世界最大級の埋蔵量を誇るカラジャス鉄山もあり，外国資本を導入して本格的に採掘が始められている。　問5　Bは，エクアドルの首都キトである。エクアドルは赤道直下の国で，太平洋上のガラパゴス諸島も領有している。リマは，ペルーの首都でありBより南部に位置する。

「世界の諸地域」の中の「ヨーロッパ州」の学習について，下の(1)～(3)の問いに答えよ。

地図1

資料1　　　　　　　　　　　　人口は2022年，その他は2021年のデータ

国名	人口(万人)	豚(千頭)	小麦(千t)	大麦(千t)
ア	3985.7	10242	11894	2962
イ	8337.0	23762	21459	10411
ウ	4755.9	34454	8565	9276

（『世界国勢図会』2023/24より作成）

(1)　地図1中の，A半島，B川，C山脈の名前をそれぞれ書け。

(2)　ヨーロッパ州の地域的特色を産業の面から大観させる学習に関して，次の①～③の問いに答えよ。

　①　資料1のア～ウは，それぞれ地図1中のD～Fのいずれかの国のものである。地図1中のE国は資料1のア～ウのどの国にあてはまるか，記号を書け。

　②　次の文は，高緯度に位置するヨーロッパ北部で，中世期以降広

く行われてきた農業を説明したものである。この農業名を書け。

> 耕地を冬穀物地・夏穀物地・休閑地に3分し，3年周期で一巡させる農業。地力保持のため休閑地には，家畜を放牧している。

③　食料自給率の向上や農家の所得安定をめざして，公的資金によって主要な農産物にEUとして統一価格を設定するなど，農業市場を統一し，食料供給の安定化を図るために実施している政策名を書け。

(3)　「EUの統合」を主題に学習を行う際，「EU加盟国では，政治・経済的統合が人々の生活にどのような影響を与えているか」という学習課題を設定した。次の①～③の問いに答えよ。

①　1985年ルクセンブルクで結ばれた協定国間の国境における出入国審査が廃止された協定の名称を書け。

②　ヨーロッパ各国の間でEUの統合が進められていった理由を書け。

③　資料2は，EU加盟国の1人当たりの国民総所得を表している。この表から生徒に気付かせたいことは何か，書け。

資料2

EU各国の1人当たりの国民総所得	
4万ドル以上	ルクセンブルク，アイルランド，デンマーク，スウェーデン，オランダ，フィンランド，オーストリア，ドイツ，ベルギー，フランス，イタリア
2万～4万ドル未満	スペイン，キプロス，スロベニア，エストニア，チェコ，ポルトガル，リトアニア，スロバキア，ラトビア，ギリシャ
1万～2万ドル未満	ハンガリー，キプロス，クロアチア，ポーランド，ルーマニア，ブルガリア

（『世界国勢図会』2023/24より作成）

解答 (1)　A　スカンジナビア半島　B　ライン川　C　ピレネー山脈　(2)　①　イ　②　三圃式農業　③　共通農業政策　(3)　①　シェンゲン協定　②　国の規模が小さく，国内の市場に限りがあるため，相互の協力による利益を優先したため。③　EUの統合に当たって，加盟国間の経済格差が課題になっていること。

解説 (1)　A　スカンジナビア半島にはスウェーデンとノルウェーが位

置している。ノルウェー側の海岸線にはフィヨルドが発達している。　B　ライン川はスイスのアルプス山脈を源流に，フランス・ドイツの国境からドイツ国内を経て，オランダで北海にそそぐ全長約1,300kmの国際河川である。　C　ピレネー山脈はイベリア半島の付け根を東西に走る山脈で，フランスとスペインの国境となっている。　(2)　①　Dはスペイン，Eはドイツ，Fはポーランドである。資料1をみるとイは人口・豚・小麦・大麦のすべてが多く，とくに小麦や大麦の値からもドイツであることがわかる。ウはアより人口が多いことや豚の値が多いことからスペインであることがわかり，残るアがポーランドとなる。　②　ヨーロッパの農業は休閑地を利用する三圃式農業が起源となっており，農耕と牧畜が強く結びついている。農業革命や流通の発達などから農業形態は混合農業，地中海式農業，酪農，園芸農業に大別されるようになった。混合農業の割合が一番大きく，飼料作物や食用作物，豚などの家畜の飼育を組み合わせて行われている。地中海式農業はイタリアやスペインなどの沿岸部で発達しており，小麦や耐乾樹木作物が栽培されている。酪農は冷涼な地域や山岳地域で行われる。園芸農業は北海沿岸や地中海沿岸で発達しており，大都市向けに野菜や花卉などを栽培し出荷する。　③　EUの共通農業政策はEEC時代から設けられており，当初は10年以上に及ぶ食料不足の解消を目指し，基本的食料の生産を補助する形で導入された。現在では農業収入，食料の安全と質の確保，環境的に持続可能な生産を目的にしている。　(3)　①　EUは現在27か国が加盟しており，最も新しい加盟国はクロアチア(2013年7月)である。なお2020年にイギリスがEUから脱退している。シェンゲン協定によって加盟国は国境管理を廃止したため，国境をまたいでの通勤や買い物も可能になった。　②　ヨーロッパ諸国はEUとして統合したことで，貿易額は世界最大となっている。③　EU発足時から加盟している西ヨーロッパ諸国は一人当たりのGNIが高いのに対して，2004年以降に加盟した東ヨーロッパの国々はその水準が低い。

■■■■■■■ **例題5** ■■■■■■■

次の地図を見て，下の各問いに答えよ。

問1　次の雨温図ア～エは，地図中のa～dの都市における気温の月別平年値と月平均降水量を示し，いずれかの都市と一致する。地図中の都市cに当たるものはどれか。次のア～エの中から選び，その記号を書け。

(『理科年表』令和3年による。)

問2　次の表は，2022年における，アメリカの輸出入相手の上位国と輸出入額に占める割合を示したものである。次の表中の①～③に当たる国の組み合わせはどれか。あとのア～カの中から選び，記号で答えよ。

順位	輸出		輸入	
	国名	割合（%）	国名	割合（%）
1位	①	17.3	中国	16.5
2位	②	15.7	②	14.0
3位	中国	7.5	①	13.5
4位	③	3.9	③	4.6
5位	イギリス	3.7	ドイツ	4.5

（『世界国勢図会』2023/24 より作成）

	ア	イ	ウ	エ	オ	カ
①	カナダ	カナダ	日本	日本	メキシコ	メキシコ
②	日本	メキシコ	カナダ	メキシコ	カナダ	日本
③	メキシコ	日本	メキシコ	カナダ	日本	カナダ

問3　地図中の A ・ C ・ D の州では，石炭，石油のいずれかの資源の産出量がアメリカ国内で上位を占めている。この資源は何か。その名称を書け。また，次の表中のア〜エは，2022年の石炭，石油，天然ガス，原子力のいずれかを示している。地図中の A ・ C ・ D の州で産出量がアメリカ国内で上位を占めるこの資源に当たるものはどれか。その記号を書け。

国名	一次エネルギー供給の構成割合（%）				［石油換算］
	ア	イ	ウ	エ	その他
アメリカ	10.3	37.7	33.1	7.6	11.3.
中国	55.5	17.7	8.5	2.4	15.9
フランス	2.6	34.7	16.5	31.6	14.6
ロシア	11.1	24.4	50.8	7.0	6.7

（『世界国勢図会』2023/24 より作成）

問4　地図中の E の州は，2022年における小麦の生産量がアメリカの州の中で最も多い州を示している。次のグラフは，2021年における小麦の輸出上位6か国のアメリカ，オーストラリア，カナダ，ウクライナ，フランス，ロシアについて，小麦の生産量に対する輸出量の割合及び1ha当たりの収穫量を示したものである。アメリカに当たるものはどれか。次の(ア) 〜 (エ)の中から選び，その記号を書け。

（『データブックオブ・ザ・ワールド』2024 より作成）

問5　アメリカは様々な人種や民族等で構成されている。地図中の\boxed{A}・\boxed{B}・\boxed{F}・\boxed{G}の州のうち，黒人の割合が最も高い州はどれか。その記号を書け。また，その記号が答えとなる理由を簡潔に書け。

\boxed{解答}　問1　イ　　　問2　イ　　　問3　資源…石油　　記号…イ
問4　（イ）　　問5　記号…\boxed{F}　　理由…\boxed{F}の州を含む南部では，19世紀中ごろまで，アフリカ系奴隷に依存した綿花のプランテーション農業が行われていたため。

\boxed{解説}　問1　cの都市はニューオーリンズである。日本の屋久島とほぼ同緯度にあるこの地域は，一年を通じて降水量があり，夏は暑く冬は冷涼な温暖湿潤気候である。aは地中海性気候（ア）のサンフランシスコ，bは砂漠気候（エ）のラスベガス，dは熱帯モンスーン気候（ウ）のマイアミである。　問2　アメリカはカナダ，メキシコとアメリカ・メキシコ・カナダ協定（USMCA）を結んでおり，この2国への輸出額が非常に多くなっている。中国はアメリカ最大の貿易相手国であるが，近年はアメリカのトランプ政権のもと中国製品に高関税をかけるなどの「貿易戦争」が起こっている。問3　\boxed{A}はカリフォルニア州，\boxed{C}はニューメキシコ州，\boxed{D}はテキサス州である。もともとカリフォルニア州とテキサス州は共に石油の産出で有名であったが，技術革新により近年は北方の州でもシェールオイルの産出が急増している。一次エネルギーの構成割合は，アメリカが石油への依存度が高いことからイ石油を表し

ていることがわかる。中国は石炭，フランスは原子力，ロシアは天然ガスへの依存度が高いため，表のアは石炭，イは石油，ウは天然ガス，エは原子力である。　問4　E はノースダコタ州である。適地適作を基礎とするアメリカでは，中西部の比較的湿潤な地域でとうもろこしや大豆，乾燥地域で小麦の栽培が行われている。少数の農業従事者が広大な農地を耕作するため，機械の大型化・高度化，化学肥料や農薬の投薬など工業化が進んだ。(ア)はオーストラリア，(ウ)はフランス，(エ)はロシアである。ヨーロッパの国の中で，フランス，ドイツ，デンマークは農業の大規模化や機械化を進め，単位面積当たりの収穫量が非常に多くなっていることも重要である。　問5　B はワシントン州，F はミシシッピ州，G はメイン州である。特に黒人の割合が多い州は南部にあるミシシッピ州である。17世紀以降の三角貿易でアフリカ系奴隷がアメリカに輸入されると，その大部分は南部のプランテーションで働かされた。大規模で重労働の綿花栽培はアフリカ系の奴隷たちに依存しており，南北戦争を経て奴隷制が廃止されたあとも根強い差別が続いた。

中学歴史　近世までの日本と世界

ポイント

　中学歴史は日本史と世界史を合わせた内容となっており，分量から言えば日本史の方が多い。いずれも内容のレベルは高く，大学受験とほぼ同様の実力が要求されるものとなっているので，そのつもりで学習計画を立てるべきだろう。

　「近世までの日本とアジア」では日本史と世界史に分けて説明したい。まず，日本史について時代別に見てみると江戸時代，次いで中世の鎌倉時代や室町時代が頻出である。これらを重点的に学習すれば効果的だと思われるが，原始・古代からの出題もなされているので，偏りすぎないようにされたい。

　次に，世界史について地域別に見てみると中国を含むアジア史が頻出である。その他には交易など東西交渉をテーマにした設問やヨーロッパ史の設問などが見られた。遣隋使や遣唐使，勘合貿易や日本町など日本との関わりを問う出題がなされているので，日本との外交関係や同時期の日本はどうであったかを念頭に置いて学習を進めるとよいだろう。

　出題の形式では史料を用いたものがかなり多い。これは特に日本史の方で顕著だった。当然ながら，現代の文章とは言葉遣いや用語の使い方が大きく異なっているので，市販の史料集などを活用して代表的な史料は予め読んでおいて，原文から内容が理解できるようにしておきたい。

　教師に求められる資質の一つに，生徒に分かりやすい説明ができる能力が挙げられる。そういった観点から，教員採用試験でも「なぜこのような事が起きたのか説明せよ」とか「こうなるに至った経緯を述べよ」という出題が多くなっている。歴史上の出来事について，単なる暗記力ではなく，その背景にあるものも含めて理解しているかどうかが問われるだろう。

□**律令制度**　律令格式によって運営される国家制度。7世紀後半から中国にならい，天皇を中心とする中央集権的な官僚制の整備が進められた。**律**は刑法，**令**は行政法・民法。**格**は律令の補足・改正，**式**は律令や格の施行細則。

□**近世までの日本仏教史**

仏 教 公 伝	百済の聖明王が欽明天皇に仏像などを献上。 ⇒538年説(『上宮聖徳法王帝説』等)と552年説(『日本書紀』)。
仏 教 興 隆	聖徳太子が蘇我馬子とともに排仏派の物部守屋を破る。 ⇒推古天皇の下で飛鳥文化(最初の仏教文化)が繁栄。
鎮 護 国 家	聖武天皇は仏教の力で国を守るために国分寺・国分尼寺を建立。⇒総国分寺として平城京に東大寺盧舎那仏を造立。
密 教 導 入	唐から帰った最澄が天台宗，空海が真言宗を開く。 ⇒天台宗は比叡山延暦寺，真言宗は高野山金剛峯寺が拠点。
末 法 思 想	1052年が末法の初年とされ，浄土教が発達。 浄土教⇒阿弥陀仏に帰依し，念仏を唱えて極楽往生を祈願。都から地方へ次第に波及，各地に阿弥陀堂が建立。
鎌 倉 新 仏 教	浄土教から派生した法然の浄土宗，親鸞の浄土真宗，一遍の時宗。南宋から禅を伝えた栄西の臨済宗，道元の曹洞宗。法華経を真髄とする日蓮の日蓮宗(法華宗)。
禅 宗 隆 盛	室町幕府は五山十刹の制によって臨済宗を保護。民間にも林下の諸派を通じて広まる。⇒茶の湯などに影響。
一 向 一 揆	蓮如によって浄土真宗(一向宗)が地方で教勢を拡大。石山本願寺を本拠とし，加賀国などを支配。
江 戸 時 代	寺院法度や本山・末寺制度による幕府の統制。⇒明の隠元が禅の一派である黄檗宗を開くも，仏教界は停滞。

□**享保の改革**　江戸幕府第8代将軍徳川吉宗(在職1716～45)が行った改革。財政難打開のため，参勤交代の期間短縮を条件として大名に米を上納させた上米の制，金銭貸借の争いを当事者間で和談させた相対済し令，人材登用の途を開いた足高の制，法令集『公事方御定書』の編纂などを行った。

> 役柄により其場所不相応に小身にて御役勤め候者は，御役勤め候
内御足高仰せ付けられ御役料増減これあり

※「足高の制」の史料。小身(家禄の少ない者)が役職を勤める際，在任中に限って足高(不足額)を支給するとした。これによって，実力のある下級幕臣を上級役職に登用することが可能となり，しかも支出が抑えられた。

□寛政の改革　老中松平定信が1787〜93年に行った改革。借金に苦しむ旗本・御家人の救済のために出された棄捐令，朱子学を正統として他の諸派を排した寛政異学の禁，貧民救済のための七分金積立などを行ったが人々の評判は悪く，数年で改革は終わった。

> 一、旧来の借金は勿論，六ヶ年以前辰年までに借請 候 金子は古借 新借の差別なく，棄捐の積り相 心 得べき事

※「寛政の棄捐令」の史料。6年前までの借金は，古い新しいの区別なく，棄捐(帳消し)にすることを命じた内容。なお，それ以後の借金は旗本・御家人に有利なように低利での返済とした。

□天保の改革　老中水野忠邦が1841〜43年に行った改革。物価引き下げのための株仲間解散令，農村再建のための人返し令，幕府の基盤強化のための上知令などを行ったが各方面の反発が強く，失敗した。

> 向後，右仲間株札は勿論，此外共都て問屋仲間並びに組合抔と唱 候 儀ハ相成らず 候

※「株仲間解散令」の史料。向後(＝今後)は株仲間の鑑札はもとより，問屋仲間や組合と称した同業組合を一切禁じるという内容。

□江戸文化　元禄文化(17世紀後半〜18世紀前半)と化政文化(18世紀末
　〜19世紀初)が有名。前者は上方(京都・大坂)の武士・豪商が中心の
　現実的な文化，後者は江戸の町人が中心の享楽的・通俗的な文化。

▲尾形光琳「紅白梅図屛風」
　(元禄文化)

▲菱川師宣「見返り美人図」
　(元禄文化)

▲東洲斎写楽「三世大谷鬼次の
　奴江戸兵衛」(化政文化)

▲喜多川歌麿「ポッピンを吹く女」
　(化政文化)

▲平賀源内「西洋婦人図」
　(化政文化)

▲葛飾北斎「富嶽三十六景(凱風快晴)」
　(化政文化)

□中国の諸王朝

王朝	年代	都	建国者	
殷	前16c～前11c	商邑	湯王	神権政治・青銅器・甲骨文字の使用
西周	前11c～前770	鎬京	武王	封建制度・犬戎の侵入
春秋	前770～前403			覇者による勢力争い・鉄製農具や牛耕
戦国	前403～前221			戦国の七雄・諸子百家（儒家・道家・法家・墨家）
秦	前221～前206	咸陽	始皇帝	最初の統一国家・郡県制・度量衡の統一
前漢	前202～後8	長安	劉邦	郡国制・武帝の征服事業・郷挙里選
新	8～23	長安	王莽	前漢の外戚が簒奪・復古主義・赤眉の乱
後漢	25～220	洛陽	劉秀	豪族支配・党錮の禁・班超・黄巾の乱
三国	220～280			魏・呉・蜀の鼎立・魏に卑弥呼が遣使・九品中正(魏)
西晋	265～316	洛陽	司馬炎	占田課田法・八王の乱・五胡の侵入
南北朝	439～589			華北に北魏及び4王朝・江南に東晋及び4王朝
隋	581～618	大興城	楊堅	租調庸・科挙・大運河建設・遣隋使
唐	618～907	長安	李淵	律令制・安史の乱・節度使・遣唐使
五代	907～960			華北に5王朝・華北以外に10王朝・藩鎮・武断政治
北宋	960～1127	開封	趙匡胤	文治政治・殿試・士大夫・王安石の新法
南宋	1127～1276	臨安	高宗	朱子学・和平派の秦檜と主戦派の岳飛
元	1271～1368	大都	フビライ	モンゴル人第一主義・駅伝制・元寇
明	1368～1644	北京	朱元璋	衛所制・永楽帝・鄭和・勘合・一条鞭法
清	1616～1912	北京	ヌルハチ	満州族・八旗・地丁銀・公行・辛亥革命

□海洋貿易

▲ダウ船
インド洋～紅海で使われる三角帆の木造船。
イスラム商人などが交易に使用。

▲ジャンク船
東シナ海～インド洋で使われた蛇腹帆の木造船。
水密隔壁を備えており、中国商人が使用。

■■■■■■■■■■■■■■ **例題1** ■■■■■■■■■■■■■■

次の日本の外交史に関する年表を見て，下の(1)～(10)の問いに答えよ。

年表

西　暦	お　も　な　で　き　ご　と	
239	邪馬台国の女王卑弥呼が魏に朝貢する	…… ①
478	倭王武が宋に上表文を送る	…… ②
607	小野妹子を隋に派遣する	…… ③
663	百済復興を支援するために倭の大軍が派遣される	…… ④
805	最澄が唐より帰国し，天台宗を広める	…… ⑤
12世紀後半	平清盛が大輪田泊を修築し，宋との貿易を推進する	…… ⑥
1268	高麗使がフビライの国書を携えて来日する	…… ⑦
1392	李成桂が高麗を滅ぼし，李氏朝鮮をおこす	…… ⑧
1404	日明貿易が始まる	…… ⑨

(1)　年表①の邪馬台国については，中国の歴史書に次のような記載がある。文中の　　　　にあてはまる人物名を書け。

> 　景初二年六月，倭の女王，大夫難升米等を遣し郡に詣り，天子に詣りて朝献せんことを求む。　(中略)　卑弥呼もって死す。大いに冢を作る。径百余歩，徇葬する者，奴婢百余人。更に男王を立てしも，国中服せず，更々相誅殺し，当時千余人を殺す。復た卑弥呼の宗女　　　　年十三なるを立てて王となし，国中遂に定まる。
>
> (『三国志　魏志東夷伝』より抜粋)

(2)　年表②のころ，近畿地方を中心に大仙陵古墳などの巨大な前方後円墳が造られた。大仙陵古墳と並ぶ国内最大規模の古墳で，応神天皇陵と考えられている，大阪府羽曳野市にある古墳を何というか，書け。

(3)　年表③のできごとがあった時の隋の皇帝は誰か，人物名を書け。また，翌年，小野妹子とともに来日した隋の使者は誰か，人物名を書け。

(4)　年表④で，倭軍は唐・新羅の連合軍に大敗を喫し，朝鮮半島の足場を失った。このできごとを何というか，書け。

(5) 年表⑤のころ，宮中で「徳政論争(相論)」が起こった。どのような政策をめぐる論争か，具体的に説明せよ。

(6) 年表⑥の宋との貿易で，日本が宋から輸入したものをア～キから3つ選び，記号を書け。

ア　砂金　　　　イ　硫黄　　　ウ　陶磁器　　　エ　漆器　　　オ　茶
カ　高級織物　　キ　真珠

(7) 年表⑦のできごとの後，元軍は2度にわたって日本に攻めて来た。幕府は，1293年に西国防備と九州統治の強化が必要と考え，北条氏一族を派遣して軍事・行政・裁判の処理にあたらせた。この役職を何というか，書け。

(8) 年表⑧と同じ年，南北朝が統一された。次の資料1は，それより約50年前に南朝の中心人物が著した歴史書である。この歴史書を何というか，書け。また，この作者は誰か，人物名を書け。

資料1

> 　さても旧都には，戊寅の年の冬，改元して暦応とぞ云いける。芳野の宮には，もとの延元の号なれば，国々おもいおもいの号なり。もろこしには，かかるためしおおけれど，此国には例なし。されど四とせにもなりぬるにや。大日本嶋根は，もとよりの皇都なり。内侍所，神璽も芳野におわしませば，いずくか都にあらざるべき。

(9) 次の資料2は，年表⑨の日明貿易に関するものである。下線部は誰を指しているのか，人物名を書け。

資料2

> 　ここに爾，<u>日本国王源道義</u>，心王室に存し，君を愛するの誠を懐き，波濤を踰越し，使を遣わして来朝し，逋流の人を帰し，宝刀・駿馬・甲冑・紙硯を貢し，副うるに良金を似てす。朕甚だ嘉す。　　　　　　　　　　　　　（『善隣国宝記』より抜粋）

(10) 年表⑨に関連して，授業で日明貿易の仕組みを3人の生徒によるロールプレイで示すこととした。どのような教材・教具を製作し，

どのようなロールプレイをさせるか，次の条件にしたがって書け。

【条件】

○教材・教具について

・製作する教材・教具は何の模造か分かるように名称を示すとともに，その製作方法が分かるように，イラストを使って示すこと。

○ロールプレイについて

・3人の生徒を「Aさん」，「Bさん」，「Cさん」で表し，それぞれ演じる役割を示すとともに，教材・教具をどのように使い，どのような会話にするか，示すこと。

解答　(1) 壱与または台与　(2) 誉田(御廟)山古墳　(3) 皇帝：煬帝　使者：裴世清　(4) 白村江の戦い　(5) 蝦夷征討と平安京造営の中止を主張する派と二つの事業を推進する派が対立し，桓武天皇は前者の策を採用した。　(6) ウ・オ・カ

(7) 鎮西探題　(8) 歴史書：神皇正統記　作者：北畠親房

(9) 足利義満

(10)

A(将軍)「勘合符を与える。明から珍しい物を沢山もってまいれ」
B(使節)「立派に任務をはたします」。場面は明。C(皇帝)に勘合符を渡しながら　B「日本国王からの貢ぎ物です。お納め下さい。」
C・底簿と勘合符を合せながら　C「よしよし，それでは返礼の品を与えてつかわそう」

解説　(1) 宗女は一族の娘のこと。彼女は266年に晋に使節を送った。

(2) 古市古墳群中の一つ。墳丘全長425m，高さ36m。

(3) 皇帝：隋の第2代皇帝。　使者：隋書には裴清とあるが，3

文字で書く。煬帝の答礼使として来日。 (4) 朝鮮の錦江河口の白村江での戦い。 (5) 軍事と造作の二大政策を中止するか，継続するかの論争を述べる。中止派は藤原緒嗣，継続派は菅野真道。桓武天皇は藤原緒嗣の意見を採用した。 (6) 茶はまだ日本の特産にはなっていない。茶の栽培は鎌倉時代以後盛んになる。ア・イ・エ・キは輸出品。 (7) 鎮西奉行に代わる機関。北条氏一族が任命された。 (8) 南朝を支えた公家で，常陸の小田城で執筆した。南朝の正統性を主張している。 (9) 室町幕府の3代将軍。朝貢形式の勘合貿易を開始した。 (10) 解答の条件に合わせて書くことが重要である。教材・教具は勘合符と勘合底簿など。「本字勘合」の底簿は明に置く。人物は将軍，使節，皇帝とする。寸劇だから史実に合わない点があってもよい。

■■■■ 例題2 ■■■■

次の史料を見て，下の各問いに答えよ。

> 世の中に蚊ほどうるさきものはなし　ぶんぶといふて夜もねられず

(1) この資料はある改革を風刺したものである。その改革名と当時の将軍名を答えよ。

(2) この改革と関係のないものをア～オからすべて選び，記号で答えよ。

　ア　上げ米の制　　イ　囲米　　ウ　七分積金　　エ　上知令

　オ　棄捐令

(3) この改革より前に起こった出来事をア～エから1つ選び，記号で答えよ。

　ア　ウィーン会議　　イ　クリミア戦争　　ウ　プラッシーの戦い

　エ　白蓮教徒の乱

解答 (1) 改革名：寛政の改革　　将軍名：徳川家斉　　(2) ア・エ
(3) ウ

解説 (1) これは第11代将軍徳川家斉が登用した老中首座松平定信の寛政の改革を風刺した大田南畝(蜀山人)の狂歌である。「ぶんぶ

といふて」の部分が蚊のブンブンいう羽音と寛政の改革での文武
の奨励とをかけてある。　(2)　アの上げ米の制(1722年)は享保の
改革の政策，エの上知令(1843年)は天保の改革の政策である。

(3)　アのウィーン会議は1814〜15年，イのクリミア戦争は1853
〜56年，ウのプラッシーの戦いは1757年，エの白蓮教徒の乱は
1796〜1804年のこと。寛政の改革は1787〜93年のことなので，
ウが正解となる。なお，白蓮教とは仏教系の宗教で，元末の紅巾
の乱も白蓮教徒が起こしたものだった。清では乾隆帝の次の嘉慶
帝の初年に白蓮教徒の乱が起こり，清の最盛期が終わる契機とし
て位置づけられる事件となっている。

■■■■■ 例題3 ■■■■■

太郎と花子の2人が，史料を読みながら会話をしている。会話中の空欄
①〜③に適切な文を補って会話を完成させよ。

史料A　其の新たに溝池を造り，開墾を営む者有らば，多少を限
　　　　らず，給ひて三世に伝へしめん。若し旧き溝池を逐はば，
　　　　其の一身に給せん。
史料B　今より以後は，任に私財と為し，三世一身を論ずること
　　　　無く，咸悉くは永年取る莫れ。
史料C　延久元年二月廿三日，寛徳二年以後の新立荘園を停止す
　　　　べし。たとひ彼の年以往と雖も，立券分明ならず，国務
　　　　に妨げある者は，同じく停止の由宣下す。

I　太郎：史料A，Bはそれぞれ三世一身の法と墾田永年私財法のもの
　　　　　ですね。これに対して史料Cは，11世紀に出された延久の
　　　　　荘園整理令のものです。史料AとBの時期の荘園と，史料C
　　　　　の時期の荘園とでは，その性格に大きな違いがあるのです
　　　　　が，それはどのような点だと思いますか。
　　　花子：史料AとBの時期の荘園は(　①　)なのに対して，史料Cの
　　　　　時期の荘園は(　②　)というのが大きな違いですね。

```
史料D  正長元年九月□日，一天下の土民蜂起す。徳政と号し，酒
       屋，土倉，寺院等を破却せしめ，雑物等恣にこれを取り，
       借銭等悉これを破る。管領これを成敗す。凡そ亡国の基，
       これに過ぐべからず。日本開白以来，土民蜂起是れ初めな
       り。
史料E  正長元年ヨリサキ者カンヘ四カンカウニヲキメアルヘカラ
       ス
```

Ⅱ 太郎：史料Dは正長の徳政一揆の様子を記したものです。一方，
　　　　史料Eは奈良市柳生にのこる疱瘡地蔵岩に刻まれた徳政碑文
　　　　です。この時期，京周辺の畿内では一揆がたくさん起こって
　　　　いますが，その理由は何だと思いますか。

　　花子：理由は様々あると思いますが，この地域の経済発達の様子
　　　　に着目すれば（　③　）ことと，惣とよばれる自治的な組織に
　　　　よって農民が強い連帯意識で結ばれていたことが重要だと
　　　　いえるでしょうね。

解答 ①　初期荘園(墾田地系荘園)　②　寄進地系荘園　③　高
利資本が深く浸透していた

解説 ①　荘園(荘)とは，貴族や大寺院などが開墾の現地に設けた別宅
や倉庫などの建物と周りの墾田とを合わせたものをいう。初期荘
園は後の荘園と異なり，国家の力を背景とし，その支配の仕組み
を利用してつくられたものが多かったため，9世紀以降，律令制
が衰えるとともに，その大部分が衰退した。　②　領家・本家の
うち実質的な支配権をもつものを本所といった。また畿内近国で
は有力寺社が田堵の寄進を受けて成立させた小さな規模の寺社領
荘園がたくさんうまれた。11世紀半ばには各地に寄進地系荘園が
広まった。　③　徳政一揆とは債権・債務の破棄を要求する土一
揆のこと。

■■■■■■■■■■■■■■■■■■ 例題4 ■■■■■■

近世の我が国の農民に関する次の各問いに答えよ。

問1　次は，太閤検地の歴史的意義についてまとめた板書の一部である。
　　空欄にあてはまる内容を答えよ。

> ○　荘園制のもと，一つの土地に重なり合っていた権利を整理し
> た。
> ○　検地帳には，実際に耕作している農民の田畑と屋敷地を登録
> した。
> 　→この結果，農民は，（　　　　）。

問2　江戸時代の百姓には，年貢を始めさまざまな負担が課せられたが，
　　山野河海の利用や農業以外の副業などにかけられた負担を何という
　　か，答えよ。

問3　次の図は，江戸時代に考案された灌漑用の農具を描いたものであ
　　る。この農具を何というか，答えよ。

解答　問1　自分の田畑の所有権を法的に認められるようになったが，
　　自分の石高に応じた年貢などの負担を義務づけられることになっ
　　た。　　問2　小物成　　問3　踏車

解説　問1　板書に記されたことをもとに考えたい。重なり合っていた土
　　地の権利が整理され，検地帳に実際に耕作している農民の田畑と
　　屋敷が登録されたことで，農民は土地の所有権を法的に認められ
　　ることになったが，それと同時に納税の義務を課せられた。
　　問2　小物成は付加税にあたる。　　問3　江戸時代には農具の改
　　良が進み，ほかに深耕用の備中鍬，脱穀用の千歯扱などが普及し
　　ていった。

中学歴史　近・現代の日本と世界

ポイント

　「近・現代の日本と世界」では，日本史と世界史の分量の比率がほぼ等しくなっている。内容を見てみると，日本史については明治時代から第二次世界大戦までを扱った設問が多く，政治や外交，経済など幅広い出題がなされている。世界史については，近代史では欧米を扱った設問が多いが，現代史では地域を限らずに世界全体の流れの中から問うような設問が多い。また，現代と言っても，ヴェルサイユ体制から第二次世界大戦，冷戦とその崩壊後までを含むので，視野の広い学習をしていかねば対応が難しいだろう。

　史料と絡めた設問は日本史の方が多い。どのような史料が用いられているかと言えば，条約などの外交関係のものが頻出である。ゆえに近現代の我が国が結んできた条約や協定，その他の外交文書の主要なものは一通り見ておきたい。条文の一部を読んで，その出典を判断できるようにしておけば，受験に役立つことだろう。他には，開化期の思想家や明治，大正の政治家の文章からの引用が見られた。代表的なものだけでもよいので，史料集などで読むようにしておこう。

　年表を用いた設問も多い。特に世界史では出題の対象となる地理的な範囲が広いため，ある出来事について他の地域では何が起こっていたか，常に意識しながら学習するようにしたい。実際に，同時期の他地域での出来事を尋ねる問題が頻出なので，縦の時間軸と併せて横の地域軸を関連付けながら学んでいけば，こうした設問にも対応できるだろう。

　また，「近世までの日本と世界」と同様，理由や背景，経緯について説明を行うことを求める問題が多い。単純な暗記にとどまらない，総体的な理解力を身につけるようにしたい。

□**戊辰戦争**　1868年の鳥羽・伏見の戦いに始まり，江戸城の無血開城，奥羽越列藩同盟の抵抗を経て，翌年の箱館五稜郭の戦いで終結した，

新政府軍と旧幕府軍の内戦。これによって新政府の支配が確立した。

□**五箇条の御誓文**　1868年に発布された明治新政府の基本方針。明治天皇が神に誓う形式をとり，原案は由利公正が起草し，それに福岡孝弟が修正，更に木戸孝允が加筆修正を施した。

> 一、広ク会議ヲ興シ万機公論ニ決スベシ
> 一、上下心ヲ一ニシテ盛ニ経綸ヲ行フベシ
> 一、官武一途庶民ニ至ル迄 各 其志ヲ遂ゲ人心ヲシテ倦ザラシメン事ヲ要ス
> 一、旧来ノ陋習ヲ破リ天地ノ公道ニ基クベシ
> 一、智識ヲ世界ニ求メ大ニ皇基ヲ振起スベシ

□**版籍奉還**　1869年。諸大名が版図(土地)・戸籍(人民)を新政府に返上したこと。

□**廃藩置県**　1871年。藩を廃止して県を置くことにより，江戸時代の幕藩体制を解体して中央集権体制を確立した。

□**地租改正**　1873年。地主(土地所有者)に地価の3%を金納させるようにした税制上の改革。各地で反対一揆が相次いだため，1877年に税率が2.5%に改められた。

□**殖産興業**　富国強兵の一環として，政府主導で進められた近代産業の育成。2014年に世界遺産に登録された**富岡製糸場**(群馬県)などの官営模範工場，高島炭鉱(長崎県)などの官営鉱山，東京砲兵工廠などの官営軍事工場が設立され，貨幣制度や金融制度，郵便制度などの諸制度が整備された。

▲富岡製糸場

□**士族反乱**　明治新政府による士族(江戸時代の武士)の特権廃止に抵抗して各地で起こされた反乱。**西郷隆盛**が起こした**西南戦争**(1877)が最大にして最後の士族反乱となった。

□**自由民権運動**　1874年，**板垣退助**らが**民撰議院設立の建白書**を左院に提出したことから始まった，民主主義・国会開設を求める運動。紆余曲折を経ながら，1881年に国会開設の勅諭が下されて結実した。

□**内閣制度**　1885年，従来の太政官制に代えて創設。**初代総理大臣**には**伊藤博文**(長州出身)が任命され，彼を中心に憲法制定や各種制度の整備が行われた。

□**大日本帝国憲法**　1889年2月11日発布。君主(天皇)が定める**欽定憲法**の形式をとり，内容は伊藤博文らがドイツ(プロイセン)の憲法などを参考にして起草した。これによって我が国は大日本帝国と称するアジアで最初の立憲国家となった。

□近代の欧米

ルネサンス 14〜16c	人間中心の世界観 科学精神の目覚め	産業革命 18〜19c	機械制工業と産業資本主義 イギリスから諸国へ波及
大航海時代 15〜17c	地理上の発見 商業革命・価格革命	ウィーン体制 1815〜48	ナポレオン戦争後の国際 秩序。七月革命と二月革命
宗教改革 16c	カトリックへの批判 職業倫理の確立・発展	国民主義 19c	イタリアとドイツが統一 イギリスで議会政治発展
絶対主義 16〜18c	中央集権国家の出現 官僚制と常備軍	合衆国発展 19c	モンロー宣言と孤立主義 南北戦争と西部開拓
市民革命 17〜18c	近代市民社会への移行 アメリカ合衆国の独立	帝国主義 19〜20c	列強による世界分割 3C政策と3B政策の対立

□現代史年表

世　界　史	日　本　史
1914〜17 第一次世界大戦	1914 ドイツに宣戦布告(大戦参加)
1919　　ヴェルサイユ条約	1918 シベリア出兵
1921　ワシントン会議(〜22)	
1929　　世界恐慌	1930 統帥権干犯問題・金解禁
1933　　ヒトラー政権成立	1931 満州事変
1938　　ミュンヘン会談	1937 日中戦争

1939～45　第二次世界大戦		

1950～53	朝鮮戦争	1950	警察予備隊発足
1965～73	ヴェトナム戦争	1972	沖縄が本土に復帰
1985	ソ連でペレストロイカ開始	1985	男女雇用機会均等法
1989	マルタ会談で冷戦終結宣言	1989	昭和天皇崩御・消費税導入
1991	湾岸戦争・ソ連解体	1992	PKO 協力法
1997	イギリスが香港を中国に返還	1997	京都議定書
2001	アメリカ同時多発テロ	2001	中央省庁を1府12省庁に再編
2003	イラク戦争		
2008	リーマンショック		
2010	アラブの春		
2011	シリア内戦	2011	東日本大震災
2014	ウクライナ内戦		
		2019	元号『令和』へ改元
2020	イギリスがEU離脱	2021	東京オリンピック2020 (コロナパンデミックにより2021年に延期された)
	新型コロナウイルス感染症のパンデミック		
2022	ロシアのウクライナ侵攻		
2023	パレスチナ・イスラエル戦争		

■■■■■■■■■■■■■■■■ 例題1 ■■■■■■■■■■■■■■■■

次の年表は日本のできごとを示している。年表を見て，あとの(1)～(8)の問いに答えよ。

年号	日本のできごと	
1947	日本国憲法施行 ……………………………	A
1951	①サンフランシスコ平和条約調印 ………	B
1956	国際連合に加盟 ……………………………	C
1965	(　②　)がノーベル物理学賞を受賞 …	D
(　a　)	③沖縄返還協定調印 ………………………	E
1973	④第1次石油危機 …………………………	F

69

1985	⑤国際科学技術博覧会開催 ………… G
1986	東京で第12回⑥サミットが開催 …… H
1989	⑦消費税実施(消費税率3％) ……… I
1995	阪神・淡路大震災 ………… J

(1) 下線部①の条約は，日本と48カ国との間で結ばれた。条約案への不満から講和会議に出席せず，1952年になって日本と平和条約を結んだ国はどこか。次の語群のA～Dの中から1つ選び，記号で答えよ。

語群　A　インド　　　　　　　B　ビルマ(現ミャンマー)
　　　C　中華人民共和国　　　D　タイ

(2) 年表中の(　　)の②に入る日本人受賞者名を書け。

(3) 下線部③は何年か。年表中の(　　)のaにあてはまる年号を西暦で書け。

(4) 下線部④の契機となった日本国外のできごとを，次の語群のA～Eの中から1つ選び，記号で答えよ。

語群　A　イラン＝イラク戦争　　B　イラン革命
　　　C　第3次中東戦争　　　　D　第4次中東戦争
　　　E　湾岸戦争

(5) 下線部⑤が開催された県名を漢字で書け。

(6) 下線部⑥のサミットは1975年に第1回が開催された。その第1回のサミットが開催された場所を次の語群のA～Eの中から1つ選び，記号で答えよ。

語群　A　デンヴァー　　B　ロンドン　　C　ハリファックス
　　　D　ヴェネチア　　E　ランブイエ

(7) 下線部⑦が実施されたときの内閣総理大臣名を，漢字で書け。

(8) 次の①～③の日本国外のできごとは，年表のA～Jのどの年におきたものか。年表のA～Jの中から，それぞれ1つずつ選んで，記号で答えよ。

① 東ドイツで西側への脱出者が急増してホネカー(ホーネッカー)議長は退陣し，11月にはベルリンの壁が市民の手で破壊された。

② マーシャル国務長官がヨーロッパ経済復興援助計画(マーシャル

　＝プラン)を発表する。

　③　エジプトのナセル大統領は，ダム建設資金をえるためにスエズ
　　運河の国有化を宣言した。

解答　(1)　A　　(2)　朝永振一郎　　(3)　1971年　　(4)　D
　　　　(5)　茨城県　　(6)　E　　(7)　竹下登　　(8)　①　I　　②　A
　　　　③　C

解説　(1)　条約案への不満から会議に出席しなかった国はインドとビル
　　マであるが，1952年に日本と東京で平和条約を結んだ国は前者で
　　ある。後者は1954年に平和条約を結んだ。なお，中華人民共和
　　国は会議に招かれていない。　(2)　ノーベル物理学賞の受賞は，
　　湯川秀樹は1949年，江崎玲於奈は1973年の受賞なので間違えな
　　いこと。　(3)　1971年6月，佐藤栄作内閣の時に調印した。
　　(4)　イスラエルとエジプト・シリアなどが戦った。十月戦争とも
　　いう。この時，アラブ産油国は親イスラエル諸国に石油の輸出を
　　停止した。　(6)　フランスのパリ郊外のランブイエで開催された。
　　なお，サミットは主要国首脳会議と訳されている。　(7)　中曽根
　　康弘の後継の竹下登首相が実施。　(8)　①　1990年にドイツは統
　　一した。　②　第二次世界大戦後，米ソ対立の激化の中で発表さ
　　れた。　③　第二次中東(スエズ)戦争が勃発し，日ソ共同宣言が
　　調印された年でもある。

━━━━━━━━ 例題2 ━━━━━━━━

次の年表を見て，各問いに答えよ。

年代	出　来　事
1914	第一次世界大戦に参戦・・・・(a)
1915	二十一カ条の要求・・・・・(b)

1　(a)の大戦中に，我が国に生まれた「成金」とはどのような人のこと
　を指すのか，大戦との関係から説明せよ。
2　(b)について，相手国政府の代表者の名を答えよ。
3　(b)の後に起きた出来事を次の(ア)〜(エ)からすべて選び，記号で答

えよ。

(ア)　第一次護憲運動　　(イ)　ロシア革命　　　(ウ)　米騒動

(エ)　辛亥革命

解答　1　日本は，第一次世界大戦によって，アジア市場からのヨーロッパ列強の後退，アメリカの大戦景気，船舶不足などにより，輸出超過の空前の好景気となった。その時に急激に金持ちになった資本家のこと。　　2　袁世凱　　3　(イ)・(ウ)

解説　1　鉄・船・株で富豪となった人が多かった。　　2　第2次大隈内閣が中国における利権拡大のために要求した。　　3　(ア)は1912年，(イ)は1917年，(ウ)は1918年，(エ)は1911年。

―――――――――――　例題3　―――――――――――

次の年表を見て，下の(1)～(3)の問いに答えよ。

西　　暦	主　な　で　き　ご　と	
1950年	朝鮮戦争がはじまる	
1951年	日米安全保障条約締結 ----------------------------X	
1956年	日ソ国交回復，国際連合加盟	
1965年	ベトナム戦争激化 -------------------------	
	日韓基本条約締結	
	（　　　　　Y　　　　　）の答申が出される	A
1973年	第4次中東戦争がおこる -------------------	
	石油危機	
		B
1980年	イラン・イラク戦争がおこる ------------------	
		C
1990年	東西ドイツが統一される --------------------	
		D
2001年	アメリカ同時多発テロがおこる ------------------	
2006年	イタリアのトリノで冬季オリンピックが開催される	

(1) 年表中のXのできごとと同じときに開催された会議について説明しているものはどれか。次のア〜エの中から1つ選び，記号で答えよ。

　ア　アメリカ・イギリス・日本の巡洋艦，潜水艦などの補助艦の保有トン数の比率を10：10：7と定めた海軍軍縮会議である。

　イ　アメリカ・イギリス・日本・フランス・イタリアの主力艦の保有トン数の比率を5：5：3：1.67：1.67と定め，10年間は主力艦を建造しないことを定めた国際会議である。

　ウ　核保有国と非保有国とに分け，非保有国の核兵器開発の禁止を盛り込んだ条約を結んだ国際会議である。

　エ　日本がアメリカをはじめとする48か国と平和条約を結んだ会議である。

(2) 年表中の1965年のYには，部落差別の撤廃が国や地方公共団体の責務であり，国民的な課題であるという答申を出した組織があてはまる。この組織の名称を書け。

(3) 第二次世界大戦後の国際関係の変化の中で，当面する世界経済の重要な問題を協議し，協調を図るため，フランスのランブイエで第1回サミット(主要先進国首脳会議)が行われた。それは年表中のどの時期か。A〜Dの中から1つ選び，記号で答えよ。

解答 (1)　エ　　(2)　同和対策審議会　　(3)　B

解説 (1)　アはロンドン海軍軍縮条約(1930年)の説明。会議には英・米・日・仏・伊が参加。イはワシントン海軍軍縮条約(1922年)の説明。ウは核拡散防止条約(1968年)の説明。エはサンフランシスコ講和会議を指している。日米安全保障条約はサンフランシスコ平和条約とともに1951年に結ばれたので，エが正解。　(2)　同和対策審議会は1961年に政府により設置された。　(3)　フランス大統領ジスカール＝デスタンの提唱で第1回サミットが開催されたのは1975年のこと。米・英・仏・西独・伊・日の6か国が会談した。第1次石油危機による景気後退や固定相場制から変動相場制への移行などの国際経済上の変動が開催の背景となっていた。

■■■■ **例題4** ■■■■

次の中学校学習指導要領(平成29年3月告示)「社会」の〈歴史的分野〉の一部を読み，下の各問いに答えよ。

---

(1) 近代の日本と世界

　課題を追究したり解決したりする活動を通して，次の事項を身に付けることができるよう指導する。

ア　次のような知識を身に付けること。

　(ウ)　議会政治の始まりと国際社会との関わり

　　自由民権運動，(a)大日本帝国憲法の制定，日清・日露戦争，(b)条約改正などを基に，立憲制の国家が成立して議会政治が始まるとともに，我が国の国際的な地位が向上したことを理解すること。

　(カ)　第二次世界大戦と人類への惨禍

　　経済の世界的な混乱と社会問題の発生，昭和初期から第二次世界大戦の終結までの我が国の政治・外交の動き，(c)中国などアジア諸国との関係，欧米諸国の動き，戦時下の国民の生活などを基に，軍部の台頭から戦争までの経過と，(d)大戦が人類全体に惨禍を及ぼしたことを理解すること。

(2) 現代の日本と世界

　課題を追究したり解決したりする活動を通して，次の事項を身に付けることができるよう指導すること。

ア　次のような知識を身に付けること。

　(ア)　日本の民主化と冷戦下の国際社会

　　冷戦，我が国の民主化と再建の過程，(e)国際社会への復帰などを基に，第二次世界大戦後の諸改革の特色や世界の動きの中で新しい日本の建設が進められたことを理解すること。

問1　下線部(a)についての内容の説明として正しいものを，次の①〜④から1つ選べ。

① 枢密院は，その権限が明確化され，憲法・選挙法・会計・条約・戒厳令の発布などを決定することができ，国権の最高機関となった。

② 天皇は，統治権をすべて握る統治者であり，その特権も憲法に明文化されたが，統帥権は内閣に属していた。

③ 貴族院は，皇族や華族からなる世襲(もしくは互選)議員と，学者・高級官吏の中から天皇が任命する勅選議員や地方の多額納税者議員などから構成された。

④ 政府は，憲法制定にあたり，伊藤博文をヨーロッパへ憲法調査のために派遣し，また法学者ボアソナードを招き，フランス系の憲法制定の準備を進めた。

問2　下線部(b)について大隈重信が外務大臣に在任中の出来事として最も適当な文を，次の①〜④から1つ選べ。

① 日本国内を外国人に開放する(内地雑居)かわりに，原則として領事裁判権を撤廃し，輸入関税の一部を引き上げることを欧米諸国に認めさせる案を，会議で一応了承させた。

② 大審院に外国人判事の任用を認めていたことがイギリスの新聞で論評され，政府内外に強い反対論がおき，対外硬派の団体の一青年により負傷させられた。

③ 領事裁判権の撤廃と相互対等の最恵国待遇及び関税自主権の一部回復を内容とする日英通商航海条約の調印に成功した。

④ 東京日比谷にイギリス人建築家コンドルの設計で官営の国際社交場鹿鳴館を建て，外国の外交官らを招いて音楽会や舞踏会を催すなど欧化政策を推進した。

問3　次の①〜④の文は，下線部(c)について述べたものである。年代の古い順に並べたときに3番目にくるものを，①〜④から1つ選べ。

① 「世界最終戦論」を展開していた関東軍参謀石原莞爾らは，奉天郊外の柳条湖で軍事活動を開始した。

② 日本の権益の集中する山東省に日本人居留民の保護を兼ねて3次にわたる出兵，いわゆる山東出兵を行った。

③ 対中国外交の刷新などを公約に掲げ圧勝した浜口雄幸は，中国

政策の改善にのり出し，日中関税協定を結び，中国の関税自主権を認めた。

④　関東軍は全満洲の主要地域をほぼ占領し，新国家建設の準備を進め，清国最後の皇帝であった溥儀を執政として，満洲国の建国を宣言させた。

問4　次の史料は，下線部(d)の終結の際に発表されたものの一部である。発表した国としてあてはまらないものを，下の①～④から1つ選べ。

> 六，吾等ハ無責任ナル軍国主義カ世界ヨリ駆逐セラルルニ至ル迄ハ平和，安全及正義ノ新秩序カ生シ得サルコトヲ主張スルモノナルヲ以テ日本国国民ヲ欺瞞シ之ヲシテ世界征服ノ挙ニ出ツルノ過誤ヲ犯サシメタル者ノ権力及勢力ハ永久ニ除去セラレサルヘカラス　　　　　　〈日本外交年表竝主要文書〉

①　アメリカ　　②　イギリス　　③　中国　　④　ソ連

問5　下線部(e)のころについての次のⅠ～Ⅳの各文について，その正誤の組合せとして正しいものを，下の①～④の中から1つ選べ。

Ⅰ　1951年には対日政策が転換され，ロイヤル陸軍長官の演説でアメリカ政府の方針として正式決定された。この年の末にはGHQの命令により政令201号で国家公務員法が改正され，官公庁労働者は争議権を失った。

Ⅱ　GHQは，第2次吉田内閣に対して，予算の均衡，徴税の強化，金融機関による融資の制限，賃金の安定，物価の統制の五大改革指令の実行を指令した。

Ⅲ　1949年にアメリカドルを変動為替相場制にし，日本経済を国際経済に直結させ，厳しい国際競争の中で輸出振興をはかろうとした。

Ⅳ　朝鮮戦争が始まると，在日アメリカ軍が朝鮮に移動した後の軍事的空白を埋めるために，GHQの指令で1950年に警察予備隊が新設された。

①　Ⅰ　誤　　Ⅱ　誤　　Ⅲ　誤　　Ⅳ　正

②　Ⅰ　正　　　Ⅱ　誤　　　Ⅲ　正　　　Ⅳ　誤
③　Ⅰ　正　　　Ⅱ　正　　　Ⅲ　正　　　Ⅳ　誤
④　Ⅰ　誤　　　Ⅱ　正　　　Ⅲ　誤　　　Ⅳ　正

解答　問1　③　　　問2　②　　　問3　①　　　問4　④　　　問5　①

解説　問1　①　大日本帝国憲法第56条に「枢密顧問ハ……天皇ノ諮詢ニ応ヘ重要ノ国務ヲ審議ス」とあり，天皇の最高諮問機関と位置づけられた。　②　統帥権は内閣ではなく天皇に属した。　④　大日本帝国憲法はドイツの憲法を模範として制定された。ボアソナードは刑法・民法などを起草した。　問2　①　井上馨が外相在任中の出来事。　③　日清戦争直前,陸奥宗光外相が調印。　④　井上馨外相により行われた。　問3　①　1931年。満洲事変の発端となった。　②　山東出兵は1927～28年。　③　日中関税協定は1930年に調印。　④　1932年に満洲国建国。
問4　資料はポツダム宣言。1945年にドイツのポツダムにおいて，アメリカ大統領トルーマン・イギリス首相チャーチル(のちにアトリー)・ソ連首相スターリンが会談し，中華民国の同意を得て，米英中三国の名で発表された。ソ連は対日戦に参加したあと宣言に加わった。　問5　Ⅰ　1951年が誤り。1948年である。
Ⅱ　五大改革ではなく経済安定九原則。　Ⅲ　変動為替相場制ではなく固定為替相場制。このため，1ドル＝360円に設定され，1971年に変動為替相場制になるまで続いた。

例題5

次の史料を読み，(1)～(5)に答えよ。
〔史料〕
第一条　向後日本大君と，亜墨利加合衆国と，世々親睦なるべし。
第四条　総て国地に輸入輸出の品々，別冊の通，日本役所へ運上を納むべし。
第五条　外国の諸貨幣は，日本貨幣同種類の同量を以て，通用すべし。
第六条　日本人に対し，法を犯せる亜墨利加人は，亜墨利加コンシユル裁断所にて吟味の上，亜墨利加の法度を以て罰すべし。

(1) 安政五年に調印された，この条約の名称を漢字で書け。

(2) この条約には，日本にとって不平等な点が2つある。上の史料の中から関連する条項を示し，不平等な点を説明せよ。

(3) 明治維新後，新政府はすぐに条約改正の予備交渉を行うため，使節団を欧米に派遣した。その大使の名前を漢字で書け。

(4) (3)の使節団に幼少ながら随行し，帰国後は我が国の女子教育に尽力したのは誰か，名前を漢字で書け。

(5) この条約は，1911年の改正により，完全に平等な条約となった。この時の外務大臣の名前を漢字で書け。

解答 (1) 日米修好通商条約 (2) 第四条…関税自主権がない 第六条…治外法権を認めている (3) 岩倉具視 (4) 津田梅子 (5) 小村寿太郎

解説 (1) 安政五年は西暦1858年。 (2) 第四条の「別冊」は付属協定の貿易章程。この別冊では関税を日米の協定で定めたので関税自主権はなかった。第六条は「領事裁判権」でも可。条文の「コンシュル裁断所」が領事裁判所のことである。 (3) 岩倉具視は王政復古に功があった公家。 (4) 津田梅子は現在の津田塾大学の前身となる女子英学塾を設立した。

例題6

次の表は，第二次世界大戦以降の日本と世界のおもな出来事を古い順に並べたものである。表中の I ～ III の時期の出来事をア～ウの中から1つずつ選び，その組合せとして正しいものを，あとの①～⑤の中から1つ選べ。

日本と世界のおもな出来事
○アメリカ大統領トルーマンは，ソ連「封じ込め」政策の必要性を訴え（トルーマン＝ドクトリン），欧州復興援助計画（マーシャル＝プラン）に，東側諸国の参加も呼びかけた。
○中国の周恩来とインドのネルーが主導してアジア＝アフリカ会議がインドネシアのバンドンで開かれ，反植民地主義と平和共存をうたいあげた。

○ヨーロッパ経済共同体（EEC）がヨーロッパ共同体（EC）に発展して，地域的結束が強化された。

○福田内閣は，日中平和友好条約を結び，日中共同声明の趣旨を条約として確認した。

ア　フランス大統領の提唱で，パリ郊外のランブイエに日本・アメリカ・イギリスなど6か国の首脳が集まり，先進国首脳会議(サミット)が開かれた。

イ　大韓民国を「朝鮮にある唯一の合法的な政府」と認める内容を含んだ日韓基本条約が締結されて国交が正常化し，漁業，そのほかの問題に関する諸協定もあわせて結ばれた。

ウ　アメリカ・イギリス・フランスなど12か国は，共産圏に対抗するための集団安全保障機構として，北大西洋条約機構(NATO)を結成した。

	I	II	III
①	イ	ウ	ア
②	イ	ア	ウ
③	ア	イ	ウ
④	ウ	イ	ア
⑤	ウ	ア	イ

解答　④

解説　「トルーマン＝ドクトリン」は1947年に出され，「マーシャル＝プラン」は，1948年から1951年まで実施された。ウの「北大西洋条約機構(NATO)」は1949年に結成されており，Iの時期には，これが該当する。「ネルー＝周恩来会談」は1954年の出来事。イの「日韓基本条約」は，1965年に日本の佐藤栄作政権と韓国の朴正熙政権との間で調印されており，IIの時期には，これが該当する。「ヨーロッパ共同体(EC)の成立」は1967年，「日中平和友好条約」は1978年のこと。アの「第一回先進国首脳会議(サミット)」は1975年であり，IIIの時期にはこれが該当する。

中学公民　現代の民主政治

ポイント

　学習指導要領で，中学公民分野の内容は，「市場の働きと経済・国民の生活と政府の役割」「人間の尊重と日本国憲法の基本的原則・民主政治と政治参加」，「世界平和と人類の福祉の増大・よりよい社会を目指して」という経済・政治・国際の3つを柱に構成され，その序論として「現代社会をどうみるか」という問題提起的なテーマが設定されている。新課程の教科書もこの学習指導要領と解説に沿って編集される。したがって教員採用試験も，こうした中学公民の教科書で扱われるテーマや事項に重点を置いて出題されよう。経済分野では，マクロ経済で扱われる企業と市場原理，GDPなどの国民経済計算，金融の仕組み，税制を含む財政分野，消費者問題，産業や貿易統計からの判別問題などが重点になる。とくに不慣れな経済用語には日頃から注意を払いたい。政治分野では憲法が中心となる。特に統治機構である国会・内閣・裁判所や選挙制度，地方自治制度は出題頻度が高い。裁判員制度や憲法改正についての国民投票法についても注意したい。国際問題では国連の役割—安保理の機能や専門機関やNPTなど核を巡る課題などがポイントになる。総会や安保理での表決方法など細かいことにも注意をしておきたい。準備に地図帳は必携である。戦後日本の外交史も概略を押さえておこう。現代社会の課題では，少子高齢化社会，情報化社会，温暖化などの地球規模の環境問題などが必須のテーマになろう。準備には，実際に使用されている教科書を手にとって読みとおすこと，過去問・類題を数多くこなして力をつけること。時事問題対策は新聞報道の政治・経済・国際欄には必ず目を通しておく。受験地域に応じた対策は，都道府県の広報紙や教育・環境などでの重点施策に気をつけておきたい。倫理分野は範囲は多岐にわたるが，青年心理や思想史の概略がほとんどである。学習指導要領は本編はもちろん，しばしば解説

からも出題されるので，解説もしっかり読みこんで準備しておきたい。何よりも大事なことは，「教壇に立つ！」という強い意志である。

□**社会契約説**　国家は自然状態にあった個人との契約で成立したとする政治理論。思想家によって内容が異なる。

	ホッブズ(英)	ロック(英)	ルソー(仏)
自然状態	「万人の万人に対する闘争状態」	平和な状態	完全に平和な状態
契約内容	個人は生命を守るために自然権を君主に全面的に譲渡	紛争を避けるために自然権の一部を議会に信託	全ての自然権を一般意志に基づいた共同体に委譲
主　張	絶対王政を擁護	抵抗権(革命権)の主張	人民主権による直接民主制の主張
著　書	『リヴァイアサン』	『市民政府二論(統治二論)』	『社会契約論』
影　響		名誉革命・アメリカ独立革命	フランス革命

□**市民革命**　17世紀から18世紀にかけて欧米で起こった，市民(ブルジョワジー)による革命のこと。絶対王政または封建制が倒され，市民社会の成立をもたらした。

	名誉革命	アメリカ独立革命	フランス革命
年　代	1688〜89年	1775〜83年	1789〜99年
結　果	イギリスで専制的な国王が追放され，新国王が議会の優位性を確認	イギリスから13植民地が独立，三権分立などを規定した近代国家が誕生	ブルボン朝の封建的支配が倒されたが長く混乱，ナポレオンの権力掌握で終了
文　書	権利章典(1689年)	アメリカ独立宣言(1776年)	フランス人権宣言(1789年)
起　草	イギリス議会	ジェファーソン	ラファイエット
内　容	国王権力の制限，言論の自由，請願権の保障	革命権に基づく独立の正当性の主張，自然権の確保	個人の自由と平等，抵抗権の容認，私有財産の不可侵

□日本国憲法の基本原理

国民主権（主権在民）		
基本的人権の保障 （公共の福祉の制約 をうける場合もある）	平等権	
	自由権：精神の自由・身体の自由・経済の自由	
	請求権	
	社会権：生存権・教育を受ける権利・労働基本権	
	参政権	
平和主義		

□**新しい人権**　憲法に明文の規定はないが，社会の変化に伴って保護する必要があると考えられるようになった諸権利の総称。現行の憲法の条文を根拠としたり，憲法改正によって明記を目指すなど，確立をめざす様々な動きがある。

環 境 権	人間が生存するのに必要な環境を享受する権利。 高度経済成長期の公害問題を背景に主張。 日照権や静穏権，眺望権や嫌煙権など様々な内容の総称。 憲法の幸福追求権(第13条)や生存権(第25条)などが根拠。
プライバシー の権利	私的生活をみだりに公開されない権利。 自己の情報をコントロールする権利。 情報化社会の発達を背景に主張。 憲法の幸福追求権(第13条)などが根拠。
知 る 権 利	行政機関などが有する情報を公開によって知る権利。 情報化社会や政治的関心の高まりなどを背景に主張。 表現の自由(第21条)が根拠。
アクセス権	マスメディアなどを通じて自分の意見を主張する権利。 情報の氾濫や一方通行の状況を背景に主張。 表現の自由(第21条)が根拠。

□国会の地位

> 国会は，国権の**最高機関**であつて，国の唯一の**立法機関**である。

※日本国憲法第41条。

国会中心立法の原則…国会以外の機関は法律を制定できない。

国会単独立法の原則…立法過程において，他の機関の干渉を受けない。

※例外に地方特別法制定への住民投票，憲法改正への国民投票，最高裁の規則制定権など。

□国会の種類

種　類	回　数	召　集	会　期	議　題
常会 (通常国会)	毎年1回	1月中に召集	150日間	翌年度予算の審議が中心
臨時会 (臨時国会)	不　定	内閣が必要と認めたとき，いずれかの議院の総議員の$\frac{1}{4}$以上の要求があったとき	両院一致の議決	
特別会 (特別国会)	不　定	衆議院解散による総選挙から30日以内	不　定	内閣総理大臣の指名が中心
緊急集会 (衆議院解散中，参議院のみ) 1952年と53年に召集令	不　定	衆議院の解散中に緊急の必要が生じた場合に内閣が請求	不　定	国政上緊急に必要な議事

□内閣と行政機構

□消費者庁　2009年9月に発足した行政機構。製品・食品などの「安全」，商品・金融などの「取引」，「表示」など，消費者の安全安心にかかわる問題を幅広く所管し，情報の一元的収集・分析・発信，企画立案，法執行などの機能を有し，消費者行政全般についての司令塔として位置づけられるものである。消費者庁の創設は，消費者・生活者の視点に立つ行政への転換の象徴であり，消費者に安全安心を提供すると同時に，ルールの透明性や行政行為の予見可能性を高め，産業界も安心

して，新商品や新サービスを提供できる消費者行政を目指す。

□**復興庁**　2012年2月10日設置。東日本大震災の壊滅的な被害を被った被災地の支援および迅速な復興を目的としている。発足時は2021年3月31日までという設置期限が設けられていたが，引き続き被災地支援に取り組む必要があるとして，2031年3月31日に延長された。

□**個人情報保護委員会**　個人番号その他の特定個人情報の有用性に配慮しつつ，その適正な取扱いを確保するために必要な措置を講ずることを任務とし，特定個人情報の取扱いに関する監視・監督，情報保護評価に関すること，特定個人情報の保護についての広報・啓発，これらの事務のために必要となる調査・研究及び国際協力等を行う。

□**デジタル庁**　2021年9月1日設置。デジタル社会形成の司令塔として，未来志向のDX(デジタル・トランスフォーメーション)を大胆に推進し，デジタル時代の官民のインフラを今後5年で一気に作り上げることを目指す。

□**こども家庭庁**　内閣府の外局として2023年4月1日に発足した政府機関。子どもの権利保障や福祉向上を実現するため，これまで内閣府や厚生労働省が担っていた事務の一元化を図ることを目的としている。

□**国際連盟と国際連合**

	国　際　連　盟	国　際　連　合
発　足　年	1920年	1945年
成立過程	第一次世界大戦後，ウィルソン米大統領の提唱に各国が賛同し，パリ講和会議で国際連盟規約に署名	第二次世界大戦中の米英首脳による大西洋憲章で提唱，いくつかの会議を経てサンフランシスコ会議で国際連合憲章を採択
本　　　部	ジュネーヴ	ニューヨーク
表決手続	全会一致	多数決
制裁措置	経済制裁のみ	経済制裁に加え，軍事制裁も可能
日本の参加	発足時から加盟，常任理事国，満洲事変の件で対立し脱退通告(1933年)	日ソ共同宣言によってソ連との国交を回復した直後に加盟(1956年)

□**裁判所の種類**

最高裁判所	終審裁判所。東京。大法廷と小法廷に分かれ，憲法判断は大法廷で行われる。訴訟の手続きや裁判所の規律を決める規則制定権を有する。
高等裁判所	通常事件の第二審(控訴審)を扱う。全国に8ヵ所。
地方裁判所	通常事件の第一審を扱う。全国に50ヵ所。
家庭裁判所	家庭事件の調停や審判，少年事件を扱う。地裁と同数。
簡易裁判所	訴額の小さい民事事件や軽微な刑事事件の第一審を扱う。全国に438ヵ所。

(1) 違憲立法(法令)審査権

国会で制定された法律や，内閣の政令や省令などが，憲法に適合しているかどうかを審査する権限。下級審も権限をもつが，最高裁判所は最終的な判断を下すことから「憲法の番人」と呼ばれる。

(2) 三審制

裁判を慎重に行うことによって誤審を防ぎ，人権保障を確実にするためのしくみ。控訴と上告により3回まで裁判が受けられる。

□**裁判員制度** 殺人などの重大事件について，民間(選挙人名簿)からくじで選ばれた6人の裁判員が職業裁判官3人とともに裁判に加わる制度。国民の司法参加をめざす制度で，2009年から実施された。裁判員は評議の上で裁判官と対等の権限をもち，証人への質問もできる。量刑(刑罰の決定)は過半数で決まるが，裁判員・裁判官のそれぞれ1人以上が賛成していなければならない。

━━━━━━━━━━ **例題1** ━━━━━━━━━━

次の各問いに答えよ。

(1) 地方自治法における直接請求の規定についての記述として誤っているものをア～エから1つ選び，記号で答えよ。

ア 住民は，有権者の50分の1以上の署名によって条例の制定・改廃請求ができ，その決定は住民投票によって行われる。

イ 住民は，有権者の50分の1以上の署名によって監査委員に対し

て監査請求ができ，監査委員は監査を行い，その結果を公表する。

ウ　住民は，有権者の3分の1以上の署名によって首長・議員の解職請求ができ，その決定は住民投票によって行われる。

エ　住民は，有権者の3分の1以上の署名によって地方議会の解散請求ができ，その決定は住民投票によって行われる。

(2)　日本の国または地方公共団体の行政に対する監視のしくみについて誤っているものをア～エから1つ選び，記号で答えよ。

ア　情報公開制度は，国民が公権力に対して自己の欲する情報の開示を請求することができるという制度であり，国民の行政監視の前提となる。

イ　オンブズマン制度は，行政の運営を公正・中立の立場から監視するための制度であり，行政の腐敗を防止する機能をもつ。

ウ　国政調査権は，各議院が行政に対して行った調査の結果を国民の前に明らかにして，国民の政治判断の前提資料を提供する機能をもつ。

エ　違憲審査権は，裁判所が行政府の命令や処分などをチェックすることから，法原理機関による行政府への監視という機能をもつ。

解答　(1)　ア　　(2)　ウ

解説　(1)　条例の制定・改廃請求はできるが，住民投票の結果に法的拘束力がないためにそれによって制定・改廃の議決を行うことはできない。首長が議会にかけ，その結果を公表する。　(2)　国政調査権は，各議院がその職責を有効に果たすために必要な情報の取得を目的として行うことが認められている調査機能である。国民の政治判断の前提資料を提供する機能ではない。

━━━━━━━━━━ 例題2 ━━━━━━━━━━

次の各事項のうち，国会の権限にあてはまるものをすべて選べ。

ア　予算の作成　　　　　　　　イ　内閣総理大臣の指名

ウ　天皇の国事行為への助言と承認　エ　条約の締結

オ　最高裁判所長官の指名　　　カ　違憲立法審査権の行使

キ　憲法改正の発議　　　　　　ク　栄典の授与

ケ　条約の公布　　　　　　　コ　法律の制定

解答　イ・キ・コ

解説　憲法で規定されている三権の権限はしっかり覚えておきたい。な
　　　お，ア・ウ・エ・オは内閣の権限，カは裁判所の権限，ク・ケは
　　　天皇の国事行為である。

━━━━━━━━━ 例題3 ━━━━━━━━━

次の各問いに答えよ。

(1)　裁判所の違憲審査に関連して「統治行為論」という考え方がある。
　　その内容を説明せよ。

(2)　違憲か否かを判断する際に，「二重の基準(ダブル＝スタンダー
　　ド)」，すなわち表現の自由に対する規制立法は，経済的自由に対す
　　るそれよりも厳格な基準で審査されなければならないという考え方
　　がある。このような考え方がとられるのはなぜか，その理由を説明
　　せよ。

(3)　行政訴訟において違憲判決が下された場合，社会的混乱を避ける
　　ために「事情判決」という手法がとられる。これについて実際に裁
　　判で採用された例をあげて説明せよ。

解答　(1) 〈解答例〉高度に政治的な判断が必要な場合には，立法府・行
　　　政府ひいては国民の政治判断に委ねて，司法審査の対象とはしな
　　　いこと。　　(2) 〈解答例〉公共の福祉による制限について，表現
　　　の自由を含む精神的自由は妨害されると回復力も失いやすいとい
　　　う脆弱性をもつので，明白かつ現在の危険という厳格な基準が要
　　　求されるのに対し，経済的自由は合理性の基準という緩やかな審
　　　査で十分とされているから。　　(3) 〈解答例〉衆議院議員定数訴
　　　訟において，違憲であっても，選挙の効力については選挙全体を
　　　無効にすることによって生じる社会的な混乱を回避するため，取
　　　り消しの請求を却下する事情判決が行われた。

解説　(1)は最高裁の砂川事件判決(1959年)と苫米地事件判決(1960年)，
　　　(3)は1976年・1985年の最高裁判決。

■■■■■■■■■■■■■■■■ **例題4** ■■■■■■■■■■■■■■■■

次の各文の(　　)にあてはまる適語をあとの語群より1つずつ選び，記
号で答えよ。

(1)　法とは，社会の秩序を維持するために(　1　)によって人々に強制
　　された，人間行動や社会生活上の規範である。

(2)　法には，(　2　)だけでなく，慣習法や判例法などがある。

(3)　道徳も人間の行動を律するものであるが，それは(　3　)によって
　　支えられている。

(4)　イギリスでは，17世紀の初め，裁判官(　4　)が「(　5　)は何人の
　　下にも立つことはない。しかし，(　6　)と法の下には立たなければ
　　ならない。」という(　7　)の言葉を引用して，法の支配を主張した。

〔語群〕　ア　成文法　　　イ　神　　　　ウ　人民　　　　エ　ブラクトン
　　　　　オ　権力　　　　カ　良心　　　キ　王　　　　　ク　戒律
　　　　　ケ　ペイン　　　コ　エドワード＝コーク　　　サ　不文法

| 解答 | 1　オ　　2　ア　　3　カ　　4　コ　　5　キ　　6　イ 7　エ |

| 解説 | 法の支配に関する設問である。　2　アメリカ合衆国の裁判所で認められている「違憲立法審査権」は，判決の積み重ねの中で形作られた判例法である。　3　ドイツの法学者イェリネックは「法は最小限の道徳である」と説いた。　4～7　エドワード＝コーク(1552～1634)は絶対主義を進める国王ジェームズ1世に対して，13世紀の裁判官ブラクトンの言葉を引用し，法の支配を主張した。 |

■■■■■■■■■■■■■■■■ **例題5** ■■■■■■■■■■■■■■■■

日本の選挙制度について，次の(1)～(3)に答えよ。

(1)　日本の比例代表選挙における議席配分はドント式を採用している。
　　次の表のような得票数の場合，それぞれの政党の獲得議席数を書け。
　　なお，有効投票数は40,000票，定数は10とする。

政　党　名	A党	B党	C党	D党
得　票　数	20,000	11,000	7,000	2,000

(2) 現在の選挙の四原則のうち,「普通選挙」以外の3つの原則を書け。

(3) 公職選挙法のもとでは,当選人を決めるに当たって得票数が同数だった場合,どのような方法で当選人を決定するか,書け。

解答 (1) A党-5 B党-3 C党-2 D党-0 (2) 平等選挙・秘密選挙・直接選挙(順不同) (3) 選挙長がくじで定める

解説 (1) ドント式の計算法はよく出題されるので覚えておきたい。各党の得票数をそれぞれ1,2,3,4…と続く整数で割っていき,商の大小に従って議席を配分する。本問の場合は次のようになる。なお,商は小数点以下を四捨五入した。

	A	B	C	D
÷1	20,000	11,000	7,000	2,000
÷2	10000	5,500	3,500	1,000
÷3	6,667	3,667	2,333	667
÷4	5,000	2,750	1,750	500
÷5	4,000	2,200	1,400	400
獲得議席数	5	3	2	0

(3) 公職選挙法第95条第2項に定められており,くじ引きが行われた例もある。

例題6

我が国の司法制度について,次の(1)・(2)の問いに答えよ。

(1) 次の(①)～(④)にあてはまる語句を書け。

(①)制度は,重大な(②)事件ごとに,有権者の中からくじ引きで選ばれた一般市民である(①)が,(②)裁判の審理に参加し,裁判官と協力して,判決の内容を決める制度である。

また,(③)が,ある事件について不起訴の処分をした場合に,被害者などから不服の申し立てがあると,有権者の中からくじ引きで選ばれた一般市民で構成される(④)で不起訴処分の是非を審査する制度がある。

(2) 公正な裁判を行うために,日本国憲法第82条に定められているも

のは何か，書け。

解答 (1) ① 裁判員 ② 刑事 ③ 検察官 ④ 検察審査会 (2) 裁判の公開

解説 (1) 法改正により，検察審査会が起訴相当の判断を下した事件について，また検察官が不起訴処分にした時，再度検察審査会が起訴相当と判断した場合は起訴されることになった。 (2) 国会や政府などから裁判に圧力をかけられることのないよう，公平な裁判を保障するためである。

―――――――――――― 例題7 ――――――――――――

次の各問いに答えよ。

問1 司法権の独立を守るため，裁判官は特別な身分保障を与えられているが，裁判官を辞めなければならない場合として適切でないものはどれか。次のア～エから1つ選び，記号で答えよ。

ア 弾劾裁判により，罷免の判決を受けた場合。

イ 分限裁判により，心身の故障で職務が不可能と判断された場合。

ウ 最高裁判所の裁判官について，国民審査で罷免された場合。

エ 行政機関による懲戒処分が行われた場合。

問2 表現の自由に関する記述として適切でないものはどれか。次のア～エから1つ選び，記号で答えよ。

ア 表現の自由を守るため，検閲は禁止されている。

イ 公務員が政治的な事柄について表現をする自由は，政治的中立の立場から制限されている。

ウ 人間にとって表現することは，その人の個性を表す重要なことなので，表現の自由は制約を受けることはない。

エ 表現の自由は，知る権利の根拠の一つとなっている。

解答 問1 エ 問2 ウ

解説 問1 日本国憲法第78条により，行政機関による裁判官の懲戒は禁止されている。 問2 ウの表現の自由も，プライバシーの権利や肖像権などによって制約を受けることがある。なお，アの検閲は，憲法第21条第2項で禁止されている。イの公務員は，憲法

第15条第2項で「全体の奉仕者」と定められている。エの表現の自由は，情報の受け手側からとらえた権利として理解されている。

■■■■■■■■■■■■■■■■■■■■■■■■■■■ 例題8 ■■■■■■■■■■■■■■■■■■■■■■■■■■

行政機構改革について述べた次の各文X〜Zについて，正誤の組合せとして正しいものを，下のア〜オから1つ選び，記号で答えよ。

X　中曽根康弘内閣の下で，1981年に設置された第二次臨時行政調査会の答申に基づいて，国鉄や電電公社，日本道路公団の民営化が行われた。

Y　2001年の中央省庁改革で1府22省庁が1府12省庁に再編され，環境庁と防衛庁が各々，環境省と防衛省に昇格した。

Z　2008年には国土交通省の下に観光庁，2009年には内閣府の外局として消費者庁が創設された。

　　ア　X－正　　Y－正　　Z－誤
　　イ　X－正　　Y－誤　　Z－誤
　　ウ　X－誤　　Y－誤　　Z－正
　　エ　X－誤　　Y－正　　Z－正
　　オ　X－誤　　Y－誤　　Z－誤

|解答|　ウ

|解説|　X　日本道路公団の民営化は小泉内閣時代の2000年代のこと。中曽根内閣では専売公社の民営化が実現した。　Y　防衛庁の省への昇格は2007年のこと。　Z　スポーツ庁やデジタル庁も発足した。復興庁は当初は2020年度に廃止予定だったが，2030年度まで延長されることとなった。

中学公民　国民生活と経済

ポイント

　「国民生活と経済」では，戦後から最近までの経済について問うものが多く見られた。終戦後の経済改革，高度経済成長，石油ショックからバブル経済とその崩壊，そして時事まで一通り学習し，流れをつかんでおくことが必要だろう。

　もちろん，その他の分野も疎かにしてはならない。経済学の諸学説や市場経済の機能，景気や通貨制度のしくみ，財政や金融，国際経済，消費者問題まで広範囲にわたって出題がなされているので，要所をしっかりとおさえながら全般的に学ぶことが求められる。

　また，地球環境に関係した問題も少なからず出題されている。それは地球環境と経済が密接に関係するからであり，資源やエネルギーの生産と課題，我が国への供給の状況，環境問題への国際的な取り組みなどについても学習しておくことを忘れないようにしたい。

　出題の形式については，経済の分野らしく，表やグラフなど統計資料を用いたものが多い。資料を提示して数値を出すことを求める設問も多いので，資料の活用方法，及び解答に必要な程度の数学の知識も身につけておこう。

□(神の)見えざる手　「経済学の父」とよばれるアダム＝スミスの言葉。市場では価格の変動によって商品の需要と供給の最適な量が調整されて決まる機能があることを説き，これを「見えざる手」が働いていると形容した。この考え方に基づき経済活動の**自由放任主義**(レッセ＝フェール)を主張した。主著は『諸国民の富(国富論)』。

□**比較生産費説**　古典派経済学者のリカードの学説。自国内で得意な産業の生産に特化(専門化)し，作った製品を輸出して不得意な産業の製品を輸入することを各国が行えば，全体の利益につながると説いた。彼はこの学説に基づいて自由貿易を主張した。主著は『経済学及び課税の原理』。

□『人口論』 イギリスの古典派経済学者マルサスの主著。この中で，**食糧は算術級数的**(1, 2, 3, 4…)にしか増えないのに，**人口は幾何級数的**(1, 2, 4, 8…)に増えることが貧困の原因だと述べた。その上で，彼は道徳的な人口抑制策が必要だと主張した。

□**最大多数の最大幸福** 思想家ベンサムが確立した**功利主義**の特徴を簡潔に言い表した言葉。社会全体の利益はその社会を構成している個々の成員の総和であるという内容で，ベンサムはこれを倫理や立法の原理にすべきと主張した。この考え方は経済学にも導入された。

□**有効需要** 経済学者ケインズの言葉で，購買力をともなう消費や投資のこと。政府が公共投資などを盛んにして**有効需要**を増大させれば，**完全雇用**が実現されるだろうと説いた。世界恐慌後のアメリカで行われた**ニューディール政策**には，この考えが取り入れられた(修正資本主義)。ケインズの主著は『雇用・利子及び貨幣の一般理論』。

□**景気変動** 資本主義経済では見込み生産が行われるため，社会全体の需要と供給に不均衡が生じ，**好況→後退→不況→回復**，という４局面が周期的な循環となって現れること。

□**恐慌** 景気の後退が急激かつ大規模に起こる現象。物価の急落や失業者の急増をもたらし，経済全体が大きな混乱状態に陥る。歴史上最も有名なのは，1929年のニューヨーク・ウォール街での株価大暴落が発端となった世界大恐慌。アメリカでは４人に１人が失業した。

□**景気変動の波**

名　称	周　期	原　因
キチンの波	約40ヶ月	在庫投資の増減
ジュグラーの波	約8〜10年	設備投資の増減
クズネッツの波	約17〜20年	建築投資の増減
コンドラチェフの波	約50〜60年	画期的な技術革新

□**管理通貨制度** 中央銀行や政府が一国の通貨発行量(マネーサプライ)を決定する制度。経済事情に応じて通貨の量をコントロールできるという利点がある。1930年代に金本位制度の崩壊をうけて各国で採用されるようになった。この制度下では，金との交換はできない不換紙幣が発行される。

□**金本位制度** 一国の通貨発行量が金の保有量によって決まる制度。金と交換が可能な兌換紙幣が発行される。通貨の価値基準が一定量の金と等価であるため，通貨への信用が高まったが，経済の変動が生じても通貨の量を調節することは難しいという欠点があった。1930年代に崩壊。

□**変動相場制度** 為替レートを，外国為替市場の需給により自由に変動させる制度。「フロート制」とも呼ぶ。

□日本銀行の金融政策

＜金利操作＞

貸出資金の増加 ⇐ **不況** 引き下げ ｜ **好況** 引き上げ ⇒ 貸出資金の減少

＜公開市場操作＞

市場資金の供給 ⇐ **不況** 買い ｜ **好況** 売り ⇒ 市場資金の吸収

＜預金準備率操作＞

貸出資金の増加 ⇐ **不況** 引き下げ ｜ **好況** 引き上げ ⇒ 貸出資金の減少

※かつての公定歩合は「基準割引利率および基準貸付利率」に名称変更。現在の金利政策は金融機関同士の短期融通の利率の目安となる政策金利の操作である。

□財政の機能

資源配分機能	通常の市場機能では供給されにくい公共財や公共サービスなどを政府が供給し，資源の適正な配分を行うこと。

	所得の不平等を是正するため，政府が高所得者から低所得者に所得の移転を行うこと。具体的には累進課税制度を活用して高所得者により多くの税金を課し，これを生活保護や失業保険などの社会保障制度を通じて低所得者に再分配するようなことが行われている。
所得再分配機能	
景気調節機能	①自動安定化装置…ビルト＝イン＝スタビライザーともいう。財政構造そのものに組み込まれた，自動的に景気を安定化させる仕組み。具体的には累進課税制度が景気の過熱を抑え，社会保障制度が景気の後退を防ぐが，その効果はさほど大きくないとされている。 ②補整的財政政策…フィスカル＝ポリシーともいう。景気の動向に応じて，増税・減税，財政支出の拡大・削減を使い分ける裁量的な財政政策のこと。

□租税の種類

		直接税	間接税
国　税		所得税・法人税・相続税	消費税・酒税・たばこ税
地方税	道府県税	住民税(道府県民税)事業税・自動車税	地方消費税・軽油取引税・ゴルフ場利用税
	市町村税	住民税(市町村民税)固定資産税・軽自動車税	入湯税

※直接税…納税者と担税者(＝実際に税を負担する者)が同じ。

　間接税…納税者と担税者が異なる。

□消費者の権利　1962年，アメリカのケネディ大統領は消費者に認められるべき4つの権利を宣言。企業が一方的に製品の生産・値段を決めるのではなく，消費者の方によりよい商品を選び，より適正な価格を決定する最終的な権限があるとする消費者主権の考えに基づくもの。

□消費者保護のための法制

・安全を求める権利　　・選ぶ権利
・知らされる権利　　　・意見を反映させる権利

例題1

次の文章を読んで，各問いに答えよ。

　我が国の社会保障制度は，憲法第(　①　)条の規定に基づいて整備さ

95

れている。四つの基本的な柱とされているのは, (a)公的扶助, 社会保険, 社会福祉, (②)である。

諸外国における国民負担率(対国民所得比)の内訳の比較
(財務省資料より作成)

(1) 文章中の(①), (②)にあてはまる数字と語句を書け。

(2) 下線部(a)のために, 我が国で1946年に制定され, 1950年に現行の憲法の下で改定された法律は何か答えよ。

(3) 上の図は, 国民の社会保障負担率と租税負担率を国際比較したもので, (ア)～(エ)はアメリカ合衆国, スウェーデン, ドイツ, 日本のいずれかである。このうちから日本に該当するものを1つ選び, 記号で答えよ。

(4) 福祉社会の考え方の一つである「ノーマライゼーション」とはどういう意味か説明せよ。

解答 (1) ① 25 ② 公衆衛生 (2) 生活保護法 (3) (イ)
(4) 高齢者や障害者を特別視して差別することなく, 健常者とともに社会に参加し, 行動できるようにすべきであるという福祉の考え方。

解説 (1) 日本国憲法第25条は「生存権, 国の社会的使命」を定めている。 (2) 公的扶助とは, 健康で文化的な最低限度の生活を維持するだけの所得のない者に, 生活維持に不足する分を給付する制度で, 費用は国と地方公共団体が全額負担している。1990年代後半の不況の深刻化以来, 高齢化も伴って給付世帯数は急速に増加

しつつある。 (3) 国民所得に対する租税負担率＋社会保障負担率を国民負担率という。(ア)はアメリカ合衆国，(ウ)はドイツ，(エ)はスウェーデン。 (4) 北欧で生まれた用語で，バリアーのない日常生活でのノーマライゼーションと，住み慣れた地域社会で，他の住民とともに生活していけるような社会のあり方がノーマルであるという二つの意味をもつものとして使われる。

■■■ **例題2** ■■■

公民的分野の授業で市場経済の基本的な考え方について理解するための授業をおこなうことにした。次の文を読みあとの各問いに答えよ。

> 次の図は，市場経済における価格の決定の仕組みを説明するためのグラフである。生徒にこのグラフの説明をするために次のような内容を考えた。
>
> 「モノの価格は，そのモノの作られる量と，欲しい量によって決まる。モノを欲しいと思う人は，価格が安いと多く買うが，価格が高いと買いにくくなる。モノを作る人は，価格が安いとあまり作ろうと思わないが，価格が高いとたくさん作ろうとする。価格はこの2つの働きによって，<u>自然に決定されていく</u>。」

問1 グラフ中の(ア)・(イ)にあてはまる語を漢字で答えよ。

問2 グラフ中のP点は「( )価格」と言う。( )にあてはまる漢字2字を答えよ。

問3　下線部について，このことをアダム＝スミスは，神の「見えざる
　　手」と表現したが，そのことが書かれている書物の題名を漢字で答
　　えよ。

問4　下線部が成り立つのは健全な市場経済の場合である。市場経済に
　　おいて，同種産業の複数の企業が手を結んでその独占を図ろうとす
　　る形態には，カルテル，トラスト，コンツェルンがあるが，その内，
　　カルテルとトラストについて，その違いが明確になるように説明せ
　　よ。

問5　市場経済において，円滑かつ公平な競争が行われているかを監視
　　する機関を何と言うか。漢字で答えよ。

問6　生徒からの「でも，昔に比べるとモノの価格は上がっていますよ
　　ね？それはなぜですか？」という質問に対する回答を，生徒に説明す
　　る前提で，次の用語をすべて用いて述べよ。

> 市場規模・賃金・設備投資

解答　問1　ア　需要　　イ　供給　　問2　均衡　　問3　国富論
　　問4　カルテル…企業が独立性を保ったまま協定を結ぶこと。
　　トラスト…企業が独立性を捨てて合併すること。　問5　公正取
　　引委員会　　問6　産業が発展したり，人口が増えたりすると，
　　市場規模が大きくなる。企業は設備投資にお金がかかるだけで
　　なく，労働者の賃金も上げていくことになるから，モノの価格
　　を上げないといけなくなる。

解説　問1　ア　需要曲線は，財の価格と需要量との関係を示す曲線の
　　こと。一般的に，価格が安くなるほど財の需要は大きくなるため，
　　需要曲線は右下がりの曲線となる。　　イ　供給曲線は，財の価格
　　と供給量との関係を示す曲線のこと。一般的に，価格が高くなる
　　ほど財の生産を増やせるため，供給曲線は右上がりの曲線となる。
　　問2　需要曲線と供給曲線の交点を均衡点といい，これは需要と
　　供給が一致した市場価格を表す。競争市場において，価格はおの
　　ずと均衡価格に近づくが，これを価格の自動調節(調整)機能とい
　　う。　　問3　アダム・スミスは，個人が自由に競争することで社

会は繁栄するとし，レッセフェール(自由放任主義)を主張した。そして，市場経済の自動調節機能を神の「見えざる手」にたとえ，重商主義的な産業保護制度を批判した。なお，『国富論』は，正しくは『諸国民の富の性質と原因に関する研究』という。

問4　カルテル(企業連合)とは，価格や販売量，販売地域などについて企業間で協定を結ぶこと。公共事業の競争入札をめぐる談合も，その範疇に入る。現在，わが国の独占禁止法では，カルテルは全面的に禁止されている。また，トラスト(企業合同)は，資本の結合を軸にした独占的な企業結合のことをいう。コンツェルンは，トラストの発展的な形態とされる。　問5　日本では，独占禁止法を実施する行政機関として，公正取引委員会が内閣府の外局として設置されている。準司法的機能を有することから，合議制の行政委員会となっている。　問6　市場規模が大きくなれば，その分生産を拡大することになる。生産力の増強に，設備投資は欠かせない。そうなると，労働者の確保・増員が必要となり，そのため賃金も上昇することになる。

━━━━━━━━━━━━━━━ **例題3** ━━━━━━━━━━━━━━━

次の図は，金融市場における資金の流れを示している。図の説明文中の(ア)～(カ)にあてはまる語句の正しい組合せを選べ。ただし，同じ記号には同じ語句が入る。

≪説明文≫

> 図中(ア)金融では，投資家が投資先である(イ)などの株式等を(ウ)する。また，(エ)金融では，(オ)が預金者から集めた預金を(イ)などに(カ)を行う。

	ア	イ	ウ	エ	オ	カ
①	直接	企業	売却	間接	銀行	借り入れ
②	間接	企業	購入	直接	銀行	貸し出し
③	直接	銀行	購入	間接	企業	借り入れ
④	間接	銀行	売却	直接	企業	借り入れ
⑤	直接	企業	購入	間接	銀行	貸し出し

解答 ⑤

解説 ア　社債の発行による資金調達も直接金融の例。　イ　一般的に，企業とは株式会社などの営利企業を指す。　ウ　家計は企業に資本を提供し，その見返りとして配当や利子を得る。　エ　銀行を介在して資金が融通されるから間接金融。　オ　預金の受け入れを行わずに資金の貸し出しを行う金融機関もあり，ノンバンクと呼ばれている。　カ　銀行は国債や地方債も購入している。

===== 例題4 =====

右図は，経済活動の一部を図式化したものである。次の(1)～(3)の問いに答えよ。

(1)　図中の税金に関して，所得税や法人税は，社会保障制度との組合せによって，景気を自動的に調整する機能をもっている。このような財政上の機能を何というか答えよ。

(2)　図中の賃金に関して，勤続年数や年齢によって上昇していく賃金制度を何というか答えよ。

(3)　図中の企業に関して，最近，企業の社会的責任を果たすための社会貢献の一環として文化・芸術を支援する活動に力を注ぐ企業もあ

る。こうした活動を何と呼ぶか答えよ。

解答　(1)　ビルト・イン・スタビライザー　　(2)　年功序列型賃金
　　　(3)　メセナ

解説　(1)　ビルト・イン・スタビライザーとは，好況期には税収が増え，また雇用保険給付などの社会保障給付が減少することで，社会全体の急激な有効需要増にブレーキがかかり，不況期には逆に税収は減少し，社会保障給付が増加して有効需要の急激な減退を抑えられるという，財政の仕組みに組み込まれた景気の自動安定装置をいう。　(2)　年功序列型賃金は終身雇用制と一体となって，わが国の雇用慣行の大きな特徴であったが，1990年代以降の派遣労働，パート・アルバイト労働などの非正規雇用の急増や成果主義の導入によって次第に崩れてきている。　(3)　メセナとは一般に，企業などによる経済的に成り立ちにくい芸術活動の支援を意味する。わが国でも，1990年に企業メセナ協議会が発足し，参加企業の寄付金がこの組織を通じて配分されるシステムがとられるようになった。また，個別に文化助成団体を設立している企業もある。このほか，企業が主体となって行う寄付，チャリティ・コンサートの開催や，従業員によるボランティア活動への参加など，企業による公益活動や非営利活動をフィランソロピーという。

例題5

次の文を読んで，あとの(1)〜(5)の問いに答えよ。

　民間の経済部門が保有している通貨の量を（　①　）という。その増減は経済に大きな影響を与えるため，適切な水準に保つ必要がある。その役割を担うのが(a)中央銀行である。

　中央銀行は(b)金融政策により通貨量の調節を行うが，どのような政策を用いるかは，当面する経済状況により異なる。

　しかし，この金融政策も万能ではない。バブル経済期には，銀行やノンバンクが巨額の資金を融資したが，バブル経済の崩壊により相当額の融資が回収困難となった。このような回収の見込めない融資を（　②　）という。この結果，(c)自己資本比率が低下した銀行は，新たな

融資に慎重になり，(③)と呼ばれる現象が生じた。そのため，特に中小企業などでは資金調達が困難になり，景気回復を遅らせることとなった。

(1) 文中の(①)〜(③)に入る最も適切な語句を答えよ。

(2) 下線部(a)について，主な業務を3つ答えよ。

(3) 下線部(b)について，代表的な政策を3つあげ，それぞれの内容を書け。

(4) 下線部(c)について，銀行が国際業務を行う際に，BIS規制(自己資本規制)で求められている自己資本比率は何％以上とされているか，答えよ。

(5) 銀行の機能の一つに信用創造機能がある。最初の預金額が1,000万円，支払準備率を10％とした場合，この機能によって創造される預金総額は最終的にいくらになるか，求めよ。

解答 (1) ① マネーサプライ(通貨供給量) ② 不良債権 ③ 貸し渋り (2) 銀行券の発行，国庫金の保管や出納，市中銀行との取引(順不同) (3) ・公開市場操作－中央銀行が有価証券を売買することで通貨量を調節する。 ・預金準備率操作－中央銀行が預金準備率(支払準備率)を上下させることで市中銀行が民間に貸し出す通貨量を調節する。 ・基準割付利率および基準貸付率操作－中央銀行が市中銀行に貸し出す金利である基準および利率および基準貸付率を上下させることで通貨量を調節する。(いずれも順不同) (4) 8％ (5) 1億円

解説 (1)・(2)・(3) 経済に関する基本的な設問。基礎であるが故に差がつきにくいところでもある。取りこぼさないように注意したい。 (4) BISは国際決済銀行の略称。本部がスイスのバーゼルにあるため，バーゼル規制ともいう。日本国内だけの基準では，国内業務だけを行う場合は4％以上と定められている。 (5) 信用創造とは銀行がその社会的信用を背景に，支払準備金となる部分を除く預金を貸付操作によって最初の数倍もの預金通貨にすること。預金創造ともいう。(最初の預金÷支払準備率)で求められる。

例題6

日本銀行について述べた次のア～エの中から，誤っているものを1つ選び，記号で答えよ。

ア　日本銀行は，銀行券を独占的に発行できる唯一の発券銀行である。日本銀行は，経済情勢にあわせて独自の判断で銀行券を発行できる。

イ　日本銀行は，市中金融機関の支払い準備金などを預金として受け入れ，手形の再割引や公社債を担保に貸し出しを行う。

ウ　日本銀行は，政府の銀行として政府のすべての国庫金の出納業務を行うが，このほかに国債の発行，管理事務，外国為替事務の代行，政府貸し出しなどを行っている。

エ　日本銀行は，わが国唯一の中央銀行である。日本銀行は，日本国憲法によりそのあり方が定められている認可法人であり，政府機関や株式会社ではない。

解答　エ

解説　ア　日本銀行券については1997年の日銀法改正前は最高発行限度額制度が採られていた。　エ　日本銀行は，日本銀行法に基づく認可法人であり，最高意思決定機関は日銀政策委員会である。

例題7

次の文を読み，各問いに答えよ。

(a)年，アメリカのケネディ大統領が消費者保護特別教書で四つの消費者の権利を提唱した。

(1)　文中の(a)にあてはまる最も適当なものを，次の①～④から1つ選べ。

① 1960　② 1962　③ 1964　④ 1966

(2)　下線部に該当する権利として適当でないものを，次の①～④から1つ選べ。

① 安全を求める権利　② 知らされる権利
③ 救済される権利　④ 意見を反映させる権利

(3)　次の文中の(b)にあてはまる最も適当なものを，あとの①～④

から1つ選べ。

　1968年，日本では(b)により，消費者相談などを行う国民生活センターや消費生活センターが設置された。

① 消費者保護基本法　　② 消費者基本法　　③ 消費者契約法
④ 製造物責任法

解答 (1) ②　　(2) ③　　(3) ①

解説 (1) 四つの消費者の権利は，1962年3月15日にケネディ大統領が提唱した。これを記念し，毎年3月15日は世界消費者権利デーとなっている。　(2) ケネディ大統領が唱えた消費者の四つの権利に，③の「救済される権利」は含まれていない。四つの権利は，選択肢の①②④と「選択の権利」である。　(3) 高度経済成長期における消費者問題の深刻化を受け，1968年に消費者保護基本法が制定された。この法律は2004年に抜本改正され，消費者基本法に改称された。なお，国民生活センターは1970年に設立され，1973年には全都道府県に消費生活センターが設置された。

例題8

次の文章を読んで，下の各問いに答えよ。

　日本でも高度経済成長期を通じて消費者運動が高まりをみせた。これを受けて政府も消費者保護に取り組まざるをえなくなり，消費者保護の基本的枠組みを定める消費者保護基本法が制定された(2004年に(ア)に改称)。訪問販売などの契約上のトラブルに対しては(イ)制度が設けられ，事故の被害者の救済についても長い間懸案となっていた(ウ)が制定・施行された。さらに契約上のトラブルから消費者を守るために(エ)が制定された。なお，2009年には消費者行政を一元化するために(オ)が設置された。

(1) (ア)〜(オ)に入る最も適当な語句を答えよ。

(2) 1962年にアメリカのケネディ大統領が議会に送った「消費者の利益保護に関する特別教書」のなかで明確にした「消費者の四つの権利」をすべて答えよ。

(3) 生産から販売まで食品の流通履歴を追跡できるシステムを何とい

うか答えよ。

(4) 現代では，地球社会の一員として，環境にとって好ましい行動を
とることが消費者に求められている。地球環境にやさしい商品を優
先して購入していこうとする消費者のことを何というか答えよ。

(5) 次のような消費行動への効果を何というか答えよ。

① 宣伝や広告などによって，消費者の欲望がかきたてられること。

② 他の消費者がある商品を買うと，つられて同じ商品を買ってし
まう現象のこと。

【解答】 (1) ア 消費者基本法　イ クーリングオフ　ウ 製造物
責任(PL)法　エ 消費者契約法　オ 消費者庁
(2) 安心の権利，知らされる権利，選ぶ権利，意見を聞いてもら
う権利　(3) トレーサビリティ制度　(4) グリーン・コン
シューマー　(5) ① 依存効果　② デモンストレーション
効果

【解説】 (1) ア 消費者基本法は，1968年に制定された消費者保護基本
法を改正して2004年に成立した。　イ 訪問販売等のトラブル
に対しては，契約後一定期間ならば無条件で契約を解除できると
したクーリングオフ制度が導入された。　ウ 製造物責任法は，
購入した商品の欠陥が原因で何らかの被害を受けた消費者を保護
する1994年に成立した法律である。　エ 不当な契約から消費
者を保護するために設けられた法律は消費者契約法で2000年に制
定された。　オ 消費者保護を目的に設置されたのは消費者庁。
(2) ケネディの「消費者の四つの権利」を含む「消費者の八つの権
利」も非常に重要なので確認しておこう。　(3) トレーサビリティ
とは，トレース(追跡)とアビリティ(可能性)を組み合せた言葉で，
商品が消費者に届くまでの，生産・加工・流通などの過程を明ら
かにするシステムのことである。　(4) グリーン・コンシュー
マーとは環境に配慮したライフスタイルを実践する消費者のこと。
(5) ① アメリカの経済学者ガルブレイスが著書『ゆたかな社会』
で用いたことで知られる。　② 都市化が進み他者への見栄など
から，上級者に対する模倣としてつられてしまう。

第 2 章

高校地歴
（地理）

高校地歴（地理） 地域と環境

　高等学校の社会科は，中学校のそれと比べると，より専門的な知識を生徒に教授することが定められている。したがって，教員採用試験の設問もより踏み込んだ内容となるのは必然である。かつ，教員の資質を問う試験であるため，教職教養，特に学習指導要領に関する出題が多い。このことは，高校地理に限らず，全分野にわたって留意しておきたい。

　高校地理「地域と環境」では，まず地図利用と地域調査に関する問題が頻出である。次いで，気候や大地形がしばしば出題されている。これらの項目では基礎的な知識に通じておくのはもちろんのこと，視覚的な資料をいかに使いこなせるかがカギとなろう。例えば，国土地理院が発行する地形図については，地形の概要や地図記号の種類，距離や傾斜の数値を答えさせる出題が多い。これは教師として生徒に授業や実習で地形図の読み方を教えられる資質があるかどうかを問うているのである。気候についても雨温図やハイサーグラフなど独特のグラフを利用し，大地形では地図を用いて造山帯や山脈，平野や河川の位置を問うなどする。単に知識を詰め込むのではなく，資料集などを活用して目で確認しながら学習していくことが求められる。

　また，地図の一部を補ったり，全部を描いたりする設問もあった。これも板書などで教師に求められる資質だろう。白紙に大まかな世界地図や日本地図を一から描くことも練習しておきたい。

　他には，人口問題や環境問題，地域開発などの内容が多く見られた。人口や環境については時事的な内容を含むことがあるので，日頃からニュースや統計の発表に注意を払っておくべきである。地域開発については世界よりも日本の方が分量が多く，戦後に何度か行われた総合開発や制度整備の概要を学んでおいたり，自分が受験す

る予定の地方自治体でそういう事例があったかどうか調べておいたりするといいだろう。

　以上はよく出題される点についての説明だが，これら以外の項目からの出題も当然考えられるので，重点を置くべき所は置きながらも，あくまで全般的な学習を行うように心掛けられたい。

□地図投影法　それぞれ長所と短所がある。完全に正確な地図は立体の地球儀以外には存在しない。

	長　　所	利　用　法
正積図法	面積が正しい	分布図などに利用
	(例) サンソン図法，モルワイデ図法，グード(ホモロサイン)図法など	
正角図法	角度が正しい	海図などに利用
	(例) メルカトル図法，ランベルト正角円錐図法など	
正方位図法	中心からの方位が正しい	航空図などに利用
	(例) 正距方位図法など	

※正距方位図法は国際連合のマークに採用されている

<メルカトル図法>　　<正距方位図法>　　<グード図法>

□ＧＩＳ　地理情報システムの略称。コンピュータを用いて様々なデータを地図上に反映させる方法で，個人や企業，行政などいろいろな場所で用いられている。電力会社やガス会社では，設備の状況や災害の情報などのデータを地図と連結させるシステムを構築しており，迅速な対応や的確な分析を行うことを可能にしている。

□ＧＰＳ　全地球測位システムの略称。人工衛星を利用して地球上の位置を割り出す仕組みで，携帯電話やカーナビゲーションシステムなどに応用されている。

□**恒常風** 年中ほぼ同じ方向に吹いている風。地球の自転の影響を受けているため，惑星風ともいう。

	向　き	備　考
貿易風	中緯度高圧帯 → 赤道低圧帯	北半球で北東貿易風，南半球で南東貿易風
偏西風	中緯度高圧帯 → 高緯度低圧帯	上空では特に流れが強いジェット気流
極東風	極高圧帯 → 高緯度低圧帯	極風，極偏東風，周極風ともいう

□**季節風(モンスーン)** 季節によって風向きが逆になる風。大陸の東側では熱帯性低気圧が多く発達し，強風や豪雨をもたらす。この熱帯性低気圧は地域によって呼び名が異なる。**台風**(日本)，**ハリケーン**(カリブ海)，**サイクロン**(アラビア海・ベンガル湾)，**ウィリーウィリー**(オーストラリア)など。

□**地方風(局地風)** 地形的な条件や局地的な気圧配置により，限定された地域のみに吹く風。

フェーン	アルプス地方	山地から平地に吹き下ろす，高温で乾燥した風。フェーン現象の語源。
シロッコ	地中海沿岸	春頃に吹く高温多湿の南風。
ボラ	アドリア海沿岸	冬頃に吹く寒冷な北東風。
トルネード	アメリカなど	爆発的な破壊力をもつ渦巻上の上昇気流。
やませ	北海道～東北地方の太平洋側	初夏に吹く冷たい北東風。農作物に悪影響を与え，冷害の原因になる。

□**ハイサーグラフ** 直交座標の縦軸に気温，横軸に降水量をとったグラフ。

□**雨温図** 直交座標の縦軸に降水量と気温を別々に目盛り，横軸を12か月に分け，降水量を棒グラフ，気温を折れ線グラフで表したもの。

□**成帯土壌** 気候や植生の影響を強く受けてできた土壌。そのために，気候帯及び植物帯と密接に関連した分布となっている。

乾燥帯・左辺に張り付くか
左上隅でカギ状

熱帯・上辺に張り付く

温帯・中央付近で様々な形をとる

気温

降水量

冷帯と寒帯・左下辺に張り付く
最上部でも 10℃未満ならば寒帯

□ **間帯土壌**　局部的な地形や母岩の影響を受けてできた土壌。そのために分布は限定されている。

土壌	熱帯	乾燥帯	温帯	冷帯
成帯	ラトソル	栗色土・砂漠土	褐色森林土	ポドゾル・ツンドラ土
間帯	テラローシャ(ブラジル)・レグール土(デカン高原)・テラロッサ(地中海沿岸)・火山灰土(火山地域)			

※成帯土壌と気候帯の分布は厳密には一致していない。

□ 日本の国土

□**世界の人口** 2023年でおよそ**80億4500万人**。今後も増加すると予想されている。先進国では出生率・死亡率がともに低い。開発途上国は死亡率が低くなったが，出生率は高いので**人口爆発**が起こっている。

□**日本の人口** 2023年でおよそ**1億2435万人**。

□**日本の人口密度** 2023年で，およそ333人/km²。

□**日本の年齢別人口比率** 2022年でおよそ，年少人口(15歳未満)が11.4％，生産年齢人口(15〜64歳)が59.5％，老年人口(65歳以上)が29.1％となっている。

□**合計特殊出生率** 1人の女性が生涯に産む子供の数の平均。日本の場合は，2022年で1.26。長期的に人口を維持できる数値(人口置換水準)とされる2.07を下回っているので，人口減少が懸念されている。

□**外国人人口** 2023年現在，日本で登録されている外国人の数は約341万人。国籍別に見ると，中国，ベトナム，韓国，フィリピン，ブラジルの順に多い。

□**産業別人口** 2021年現在，第1次産業人口比率3.2％，第2次産業人口比率23.7％，第3次産業人口比率73.1％である。

<三角図表の読み方>
例えば中国の場合，第1次産業24.4％，第2次産業28.2％，第3次産業47.4％で，合計100％となる。

・開発途上国は第1次産業人口の比率が大きい。

・鉱工業に大きく依存する国は第2次産業人口の比率が大きい。

・産業構造の高度化により，先進資本主義国では第3次産業人口の比率が大きい。

例題1

次の文を読んで，下の(1)～(7)の問いに答えよ。

1年を周期として繰り返される大気の平均的な状態を気候という。気候は，気温や降水量，風などの_(ア)気候要素によって成り立っており，気候要素の地理的な分布を左右する諸要因を気候因子という。気温と降水量は，_(イ)緯度や海抜高度，隔海度，地形などの影響を強く受ける。風は，年中風向の一定している（　①　）風や_(ウ)季節により風向きを変える季節風のほか，_(エ)地方風，山風・谷風，陸風・海風などがある。このうち，（　①　）風は大気の大循環によって形成される。大気の大循環は，まず太陽からの受熱量が大きい赤道付近の大気が上昇し，極方面に向かう気流が生じる。この気流によって運ばれた空気は緯度30度付近で下降して（　②　）帯を形成する。（　②　）帯付近では激しく乾燥するが，_(オ)乾燥地域では灌漑などのさまざまな工夫により農耕を可能にしている地域もある。

(1) 空欄（　①　），（　②　）にあてはまる語句を答えよ。

(2) 下線部(ア)について，次のa～dのうち気候要素ではないものを1つ選び，記号で答えよ。

　a　海流　　b　湿度　　c　気圧　　d　蒸発量

(3) 下線部(イ)について，これらと関連して図1の南米の高山都市が成立した要因を簡潔に説明せよ。

(4) 下線部(ウ)について，日本付近で夏に吹く季節風の要因を簡潔に説明せよ。

(5) 下線部(エ)について，ロッキー東麓に吹き下ろすチヌックは，「スノーイーター」とも呼ばれている。なぜこのような別名がついているのか，簡潔に説明せよ。

(6) 下線部(オ)について，灌漑を用いないで作物を栽培する耕作方

図1　南米の高山都市の分布

法について簡潔に説明せよ。

(7) 次の表1はケッペンの気候区分に従って，南極大陸を除いた五大陸の気候区割合を示したものである。表中のbおよびcの大陸名を答え，その判断理由を簡潔に説明せよ。

大陸名 ＼ 気候区分名	A f	A w	B S	B W	C w	C s	C f	D f	D w	E T	E F
a	26.9	36.5	6.7	7.3	6.7	0.3	14.0	—	—	1.6	—
b	19.8	18.8	21.5	25.2	13.1	1.3	0.3	—	—	—	—
c	7.9	9.0	25.8	31.4	6.8	7.9	11.2	—	—	—	—
d	3.5	3.9	15.9	10.2	9.6	2.2	5.7	25.8	13.4	9.8	—
e	2.8	2.4	10.7	3.7	2.0	0.8	10.7	43.4	—	17.3	6.2

表1　大陸別の気候区割合 (%)　H.Wangnerによる

解答 (1) ① 恒常　② 亜熱帯(中緯度)高圧　(2) a　(3) 低緯度付近の低地の過酷な暑熱を避けて，比較的冷涼な高原に都市が成立した。　(4) アジアの大陸内陸部は高温なため空気が暖められ低圧部を生じ，北太平洋上に発達した高圧部から大気が流れ込むことで，南東風が発生する。　(5) チヌックはフェーン現象により生じる高温乾燥な風であり，ロッキー山麓の雪を溶かすから。　(6) 耕地を深く耕して降水を十分しみこませた後に，さらに浅く耕して毛細管現象を絶ち蒸発を防ぐ乾燥農法(乾地農法)。

(7) b　アフリカ大陸　c　オーストラリア大陸　判断理由：b・cともにD気候及びE気候がないので，アフリカまたはオーストラリア大陸である。そのうちA気候の割合の高いbが赤道が通過しているアフリカ大陸で，B気候の割合が高いcが回帰線下の内陸部に砂漠が広がっているオーストラリア大陸と判断する。

解説 (1) ① 恒常風として，貿易風・偏西風・極東風がある。② 降水量が極端に少なく乾燥が著しい。　(2) 海流は気候要素に影響を与える気候因子。　(3) 気温は100m上昇するごとに0.55℃低下する(乾燥・湿潤で異なる)。　(7) aは南アメリカ大陸，dはユーラシア大陸，eは北アメリカ大陸である。

▓▓▓▓▓▓ 例題2 ▓▓▓▓▓▓

地理に関する次の各問いに答えよ。

問1　次のア～ウの文で説明されている用語の組合せとして正しいもの
　　を，下の(1)～(4)の中から1つ選べ。

　ア　東アジアなどで吹き，1年の中で夏と冬で風向きがほぼ反対にか
　　わる風。

　イ　明瞭な雨季と乾季がある熱帯に分布し，疎林や灌木が点在する
　　草原。

　ウ　主に冷帯に分布し，灰白色で酸性の強いやせた土壌。

	ア	イ	ウ
(1)	貿易風	タイガ	ラトソル
(2)	貿易風	サバナ	ポドゾル
(3)	季節風	タイガ	ラトソル
(4)	季節風	サバナ	ポドゾル

問2　次の世界地図のA，Bの山脈とC，Dの海底地形の特徴を述べた
　　下のア～エの文の中には，内容が正しい文が2つある。その記号の組
　　合せを，(1)～(4)の中から1つ選べ。

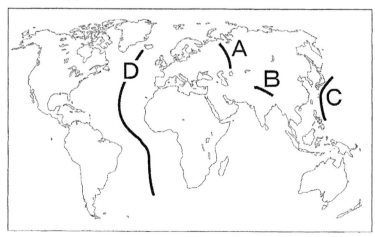

　ア　Aの山脈は，長い期間にわたり侵食を受けた結果，低くなだら
　　かな山脈が連なる。

イ　Bの山脈は，古生代以前に高く隆起した地球上で最も古い山脈である。

ウ　Cの海底では深い海溝がみられ，ここは地震等も少ない安定した地域である。

エ　Dの海底では，海嶺と呼ばれる海底の大山脈が見られる。

(1)　アとウ　　(2)　アとエ　　(3)　イとウ　　(4)　イとエ

解答　問1 (4)　　問2 (2)

解説　問1　貿易風は中緯度高圧帯から赤道低圧帯に向かって吹く東寄りの風，タイガは冷帯気候下にみられる針葉樹林，ラトソルは熱帯の湿潤地方に分布する赤色土壌。　問2　Aはウラル山脈で古期造山帯，Bはヒマラヤ山脈で中生代から現在にかけて隆起した新期造山帯，Cは日本海溝・南西諸島海溝で，プレートがせばまりあうところで地震や火山活動が多い。Dは大西洋中央海嶺。

例題3

次の資料を見て，下の問いに答えよ。

【資料Ⅰ】　　　　　　　　　　　　　　　　　※表中の空欄は，統計の記載なし。

県	人口(千人)	製造品出荷額等(億円)	米の収穫量(t)	リンゴの収穫量(t)
A	1.204	16,947	255,200	439,000
B	7.495	478,946	130,800	
長野	2,020	66,464	187,300	132,600
C	2,840	136,869	319,200	
D	2,153	51,194	631,000	

(『データでみる県勢』2024より作成)

【資料Ⅱ】

(1) 【資料Ⅰ】のA・B・C・Dに適する県の位置を，【資料Ⅱ】のア～エの中から記号で選べ。また，それぞれの県名も答えよ。

(2) 次の文は，【資料Ⅱ】のオの地域について述べている。文中の（　　）に適する語句を答えよ。

　この地域は，天然の良港にめぐまれ，沖は潮目で好漁場になっています。しかし，近年この地域の海面漁業は衰退し，現在では波の静かなリアス海岸の沿岸で「かき」や「わかめ」などを人工的に育てる（　X　）漁業や，卵からふ化させて育てた稚魚や稚貝を放す（　Y　）漁業が盛んになってきています。

(3) 【資料Ⅱ】のa・bの都市の月別平均気温・降水量を表しているグラフを,【資料Ⅲ】の①〜④から選び,それぞれ記号で答えよ。

【資料Ⅲ】

(4) 初夏から盛夏にかけて東北地方の太平洋側に吹く冷害の原因となる北東風の名称を答えよ。

| 解答 |
(1) A ア・青森県　　B エ・愛知県　　C イ・茨城県
D ウ・新潟県　　(2) X 海面養殖　　Y 栽培
(3) a ④　　b ①　　(4) やませ

| 解説 |
(1) A(青森)はリンゴの生産量から容易に判断可。B(愛知)は人口,製造品出荷額等から判断。C(茨城)とD(新潟)は製造品出荷額等と米の収穫量から判断可。　(2) 大船渡,宮古が水揚げ量の多い主な漁港。海面養殖業では,ぶり類やほたて貝,のり,真珠などが養殖されている。　(3) ①秋田,②岡山,③潮岬,④仙台の雨温図。a(仙台)は東日本型(三陸・常磐型)に属し,本州の太平洋側では最も気温の低い地域。b(秋田)は日本海型(東北・北海道型)に属し,平均気温が約0℃になる月はおおむね1,2月のみとなる。　(4) オホーツク高気圧の影響により,初夏のころに吹く冷湿な北東風で,稲作などに悪影響を及ぼす。

例題4

次の地形図を見て，下の(1)〜(5)に答えよ。

(1) この地形図には，河川のある作用によって形成される代表的な地形が描かれている。ある作用とは何か，また，代表的な地形とは何か，それぞれ書け。

(2) 寺久保や蛭口などの集落が立地している地形の名称を答えよ。また，これらの集落の立地要因を説明せよ。

(3)　この地形図の南端の生来川に南接している河川の上流部は破線
(-----)で表されているが，それはどのような状態で流れているのか
説明せよ。またこのような河川を何というか書け。

(4)　この生来川に南接する河川は，河川の下を道路が通っていること
や，流路付近の等高線の屈折から考えて，どのような地形的特徴を
持っていると考えられるか，またそのような河川が形成される理由
も一緒に書け。

(5)　石庭の集落の高度を150mの等高線で代表させた場合，南東にある
郵便局との標高差は何mか。また，石庭の集落と郵便局の地図上の
長さが7cmあるとすると，実際の距離はいくらになるか求めよ。

解答 (1)　作用：堆積作用　　地形：扇状地　　(2)　地形：扇端
立地要因：扇端は湧水帯になっており，水が得やすいため。
(3)　状態：河川水は伏流している。　河川名：水無川
(4)　特徴：天井川である。　　理由：人工堤防により，流路が
固定された結果，堤防内に多量の土砂が堆積し形成したため。
(5)　標高差：50m　　距離：1750m

解説 (1)　等高線の分布から堆積地域である扇状地。扇状地は河川が山
地から平野に出たところに形成。　(2)　扇状地の末端部である扇
端は湧水帯があり，水利の便がよいので集落や耕地が早くから形
成。　(3)　扇状地を流れる河川は水はけがよいので，ふだんは砂
礫中を伏流して水無川となることが多い。　(4)　地形図は滋賀県，
琵琶湖西岸，比良山地の山麓に発達した扇状地の一つで，ここで
は道路が河川の下をトンネルで通過しており，天井川をなしてい
る。　(5)　縮尺は等高線の数値から2万5千分の1。南東にある
郵便局の高さは100m，標高差は150m－100m＝50m。石庭と郵
便局の地図上の長さは7cm。縮尺は2万5千分の1であるから実
際の距離は7cm×25000＝1750m。

例題5

A市で行われたマラソン大会のコース図を見て，下の問いに答えよ。なお，略地図はコース近辺の市街地を表したもので，その中のいくつかの建物は地形図で使われる地図記号で表されている。また，＜説明文＞はランナーが進むコースを示したものである。

＜説明文＞

　下記の通過点はランナーが曲がる交差点である。各交差点の名称は，交差する2つの通りの名前を用いて表されている。なお，ランナーはコースの最短距離を走ったこととする。

　　陸上競技場前→山本大正→栄町大正→栄町商大→乙仲商大
　　→乙仲大正→走水大正→走水鯉川→山本鯉川→陸上競技場

(1) ランナーが走っている時の市街地の様子を述べた文として適切なものを①〜④から選び，番号で答えよ。

①　神社北側の道路を走り，交差点を過ぎると道路の北に警察署が

あった。

② 裁判所と小学校の間の道路を走った。

③ 市役所前東側の道路を走り，市役所前南側の道路を経て，市役所前西側の道路を走った。

④ 郵便局東側の道路を走り，交差点を過ぎ，消防署東側の道路を走った。

(2) 日本社会の変化とともに新しい地図記号が作られている。次の文の(　)にあてはまる施設を表す地図記号を①～⑤から選び，番号で答えよ。

> (　)を表わす地図記号は2006年に作られました。1995年以降，日本では65歳以上の高齢者が年々増えています。そのため，高齢者が介護を受けやすくするための法律が出来ました。2000年以降，全国で(　)が次々と建てられ，その数は1万3千か所を超えます。そこで，(　)の地図記号を作ることになり，小中学生にデザインを募集しました。およそ5万7千点もの作品が集まりました。そして選ばれたのが，小学校6年の女の子がデザインしたこの作品。地図記号は，時代とともに新しくなり，変化し続けているのです。

解答 (1) ① (2) ①

解説 (1) ①は正答。神社は🜲，警察署は⊗で表示される。②の裁判所(⚤)と道路を挟んで存在するのは，「小学校」ではなく「高等学校」(⊗)である。③の市役所(◎)前の道路は，走っていない。④は，郵便局(⊖)「東側」の道路ではなく，「南側」の道路を走っている。また，消防署(Y)「東側」の道路ではなく「西側」の道路を走っている。 (2) 説明文は，老人ホーム(🏠)についてのもので，①の地図記号が該当する。なお，②は風車，③は電子基準点，④は博物館，⑤は図書館の地図記号である。

━━━━━━━━━━ 例題6 ━━━━━━━━━━

次の表は，4つの県の人口密度などを表したものであり，表中のア～エは，それぞれ，愛知県，愛媛県，埼玉県，福岡県のいずれかに当たる。ア～エに当たる県の組合せとして適当なものを，下のA～Dから1つ選び，記号で答えよ。

表

| | 人口密度
（人/km²） | 人口増加率
（‰） | 出生率
（‰） | 産業別人口構成(%) | | |
				第1次	第2次	第3次
ア	1449	− 0.29	7.1	1.7	31.2	67.2
イ	1932	− 0.05	6.1	1.3	22.1	76.6
ウ	1026	− 0.15	7.2	2.1	21.0	76.9
エ	230	− 1.09	5.9	6.0	24.0	70.0

（注）　人口密度は2022年，人口増加率は2021～2022年，出生率は2022年，産業別人口構成は2022年の数値である。

（『データでみる県勢』2024より作成）

A　ア－福岡県　　イ－愛媛県　　ウ－愛知県　　エ－埼玉県
B　ア－愛媛県　　イ－福岡県　　ウ－埼玉県　　エ－愛知県
C　ア－愛知県　　イ－埼玉県　　ウ－福岡県　　エ－愛媛県
D　ア－埼玉県　　イ－福岡県　　ウ－愛知県　　エ－愛媛県

|解答|　C

|解説|　アの産業別人口構成を見ると，第2次産業人口の割合が4つの県で最も高い。中京工業地帯の中心地である愛知県。イは人口密度と人口増加率が比率的が高いことから，首都圏に含まれる埼玉県。エは人口密度が4つの県で最も低いことから愛媛県，残りのウが福岡県。

高校地歴（地理）産業と生活

ポイント

　「産業と生活」では，農牧業及びエネルギー・鉱産資源が頻出である。農牧業については国ごとまたは地域ごとの特徴をおさえるのが第一である。そして各々の農牧業が成立する自然的または社会的な条件を理解すべきである。地図を使って農牧業の分布を尋ねる設問などが多いので，資料集などで予め把握しておくようにしたい。エネルギー・鉱産資源については各々の資源の産出国・産出地を覚え，それらの輸送経路をおさえることが肝要である。こちらの方も地図を用いた設問があるので，対応ができるようにしておきたい。産業の分野では，他に水産業や工業からも出題がなされているので，それぞれ地理上の位置関係を分野別に確認しながら学習するといいだろう。

　村落・都市も頻度としては決して少なくない。それぞれの発達の過程，立地条件や形態・機能などの学習が必要である。地域の情勢に即した出題も見受けられるので，自分が居住している地域を例にとって学んでみたり，受験する予定の地方自治体の状況を予習してみたりすることも役に立つだろう。

□孤立国　ドイツの農業経済学者チューネンが体系化した農業立地論のモデルとなる仮想の国。自然条件が均質で外部との交渉が無い国では，消費地との距離や輸送費との関係により各農業地域が同心円状に並ぶことを彼は説き，可航河川がある場合は輸送費が変化するので同心円の構造が崩れると考えた。孤立国は彼の主著のタイトルでもある。

孤立国の農業配置

粗放的牧畜
三圃式農業
穀草式農業

300　200　100　0　100　200　300　km

可航河川のある場合の農業配置

200　100　0　100　200　km

● 都市　　自由式農業　　林業式農業

□**農牧業の類型**　アメリカの地理学者ホイットルセイは様々な指標をもとにして，世界の農牧業の類型化・区分化を行った。

焼畑農業	森林・草原を焼き払った草木灰を肥料とする原始的農業。数年で地力が衰えるために移動を繰り返す。
遊牧	家畜とともに牧草を求めて移動する牧畜。遊牧民は生活の全てを家畜に依存する。
オアシス農業	乾燥地域で行われる灌漑による集約的な農業。オアシスや外来河川，地下水路などを利用する。
アジア式農業	狭い耕地に多くの労働力を投入する労働集約的な農業で，家族中心の零細経営で行われる。
地中海式農業	地中海性気候に順応し，夏は耐乾性の強い作物，降雨のある冬に小麦などを栽培する農業。
混合農業	作物栽培と家畜飼育を組み合わせた農業。中世ヨーロッパの三圃式農業から発達した。
酪農	乳牛を飼育し，酪製品を生産・販売する農業。混合農業から分化して発達した。
園芸農業	都市の需要に応じ，野菜や花卉，果実を集約的に栽培する農業。近郊農業と遠郊農業に区分される。
企業的穀物農業	広大な耕地で機械を利用して行う農業。粗放的だが，労働生産性は高い。
企業的牧畜	半乾燥地域の広大な牧場で行われる牧畜。輸送手段の進化により飛躍的に発展。
プランテーション農業	熱帯などで安い労働力を大量に投入しておこなう単一耕作。植民地時代に発達。
集団的農牧業	土地や生産手段を公有化し，計画経済の下で行う大規模な農牧業。社会主義国家で発達。

□**主要農作物の生産国**(2021年〈『世界国勢図会』2023/2024〉)

穀物計
30.7億t
アメリカ合衆国
| 中国 20.6% | 14.7 | インド 11.6 | その他 |

小麦
7.71億t
アメリカ合衆国　フランス
| 中国 17.8% | インド 14.2 | ロシア 9.9 | 5.8 | 4.7 | その他 |

米
7.87億t
バングラデシュ　インドネシア　ベトナム
| 中国 27.0% | インド 24.8 | 7.2 | 6.7 | 5.6 | その他 |

とうもろこし
12.1億t
ブラジル
| アメリカ合衆国 31.7% | 中国 22.5 | 7.3 | その他 |

大麦
1.46億t
オーストラリア　フランス　ドイツ
| ロシア 12.4% | 10.1 | 7.8 | 7.1 | その他 |

大豆
3.72億t
アルゼンチン
| ブラジル 36.3% | アメリカ合衆国 32.5 | 12.4 | その他 |

□漁業の種類

獲る漁業	遠洋漁業	世界各地の漁場へ出かけて漁を行う。大船団を組むことが多かったが，200海里漁業専管水域などにより急減。
	沖合漁業	1日から数日の範囲内の海域で操業。中小規模の漁業経営によるものが多い。
	沿岸漁業	海岸付近で行う漁業。零細漁家が多い。
育てる漁業	養殖漁業	稚魚・稚貝を自然から獲ってきて，人工のいけす等で成長させる漁業。
	栽培漁業	人工的に孵化させた稚魚・稚貝をある程度まで育ててから放流し，自然の中で成長したものを獲る漁業。漁業資源の確保のために行う。

□工業立地の類型

タイプ	立地	工業例
原料指向型 (資源型)	原料産地に立地	製材・パルプ・セメント・陶磁器工業など
市場指向型	消費地に立地	印刷・出版・化粧品・ビール醸造業など
労働力指向型	労働力が得やすい場所	繊維・組立型工業など
臨海指向型	港湾など輸出入に便利な場所	石油化学工業など
臨空港指向型	空港周辺に立地(空港につながる高速道路沿いも)	半導体・ICのように製品が軽く付加価値の高い電子工業など
用水指向型	豊富で安価な用水が得られる場所	鉄鋼・製紙・パルプ・染色・醸造工業など
電力指向型	豊富で安価な電力が得られる場所	アルミニウム・化学肥料工業など

※臨海指向型や臨空港指向型をまとめて交通指向型工業とよぶこともある。

□主要国の発電量内訳（2022年〈『世界国勢図会』2023/2024〉）

※再生エネルギーのうち，バイオ燃料などは火力発電に含む（地熱発
電も含めている。）

□日本の村落の発達

	名 称	特 徴	地 名
古代	条里集落	条里制によって計画的につくられた格子状の区画の集落。	条，里，坪などがつく地名
中	荘園集落	荘園につくられた集落。扇状地や氾濫原などに多い。	本庄・領家，別府・別所・給田など
	豪族屋敷村	地方豪族の屋敷中心の防御施設をもつ集落。東日本に多い。	根古屋・寄居・堀ノ内・箕輪など
	寺百姓村	寺を中心に寺領の耕作民が集まってできた村落。	神戸(カンベ)
	名田百姓村	名主(有力農民)の開墾地につくられた村落。	太郎丸・五郎丸・福富名など
世	隠田集落	落武者や租税逃れの人々が隔絶した山間部につくった集落。	熊本県の五家庄・徳島県の祖谷・岐阜県の白川郷など
近世	新田集落	新田開発に伴ってできた集落。	新田・新開・新居・出屋敷など
近代	屯田兵村	北海道の開拓と防備のためにつくられた計画的村落。	兵のつく地名

※屯田兵村はアメリカ合衆国の**タウンシップ**制を参考にした地割。

□**滝線都市**　軟らかい海岸平野と硬い山地の境には滝や急流が並ぶことがあるが，これを滝線という。水運と水力利用に便利なために工業が立地して人が集まりやすく，このような場所に形成された都市を滝線都市という。アメリカ合衆国東部のピードモント台地に並ぶ都市群が代表的。

□**メトロポリス**　<u>巨大都市</u>。政治・経済・文化などの中心をなす都市。周辺の地域や中小都市に大きな影響を及ぼす。東京やロンドンなど。

□**衛星都市**　大都市の周辺に位置し，大都市の機能の一部を担っている都市。住宅衛星都市や工業衛星都市があり，前者は**ベッドタウン**ともいう。

□**コナーベーション**　<u>連接都市</u>。市街地の拡大によって，隣接する複数の都市が一つの都市域を形成するに至った都市群のこと。京浜地方や五大湖周辺など。

□**メガロポリス**　<u>巨帯都市</u>。連続する多くの都市が密接な相互関係を保ちながら活動している巨大な都市化地帯。フランスの地理学者ゴットマンの命名。**ボストンからニューヨークを経てワシントンに至るアメリカ合衆国の北東沿岸部**が代表的。

□**都心部の機能**

名　称	説　明	東　京	大　阪
C.B.D (中心業務地区)	政治・経済の中枢管理機能が集中。企業の本社が林立。	丸ノ内	中之島
官公庁地区	行政機関や司法機関の中枢管理機能が集中。	霞ヶ関	大手前
商業地区 (中心商店街)	経済活動の管理機能をもつビジネス街，デパート・専門店・飲食店・劇場などの施設が集中する商業・娯楽街が形成。	銀座	心斎橋
問屋街	業種ごとに問屋が集中して形成された街。	日本橋	船場
副都心	大都市などで都心の機能の一部を分担する地区。都心と郊外を結ぶ結節点に立地することが多く，複数形成される場合がある。	新宿 池袋 渋谷	天王寺

━━━━━━━━━━━━━━━ 例題1 ━━━━━━━━━━━━━━━

次の問いに答えよ。

1　小麦は米と比較すると国際商品としての性格が強い。その理由を栽培や消費に着目して説明せよ。

2　次の資料は，植物油脂原料から作られる，おもな植物油脂の生産量の上位国を示しており，資料中のア〜エはパーム油，オリーブ油，ひまわり油，大豆油のいずれかを示している。下の問いに答えよ。

資料　おもな植物油脂の生産量の上位国

	ア	イ	ウ	エ
第1位	スペイン	インドネシア	中国	ウクライナ
第2位	チュニジア	マレーシア	アメリカ合衆国	ロシア
第3位	イタリア	タイ	ブラジル	トルコ
第4位	ギリシャ	コロンビア	トルコ	トルコ
第5位	トルコ	ナイジェリア	インド	ハンガリー

（『世界国勢図会』2023/24から作成）

(1)　資料中のアの原料となる作物名を書け。また，この作物の栽培に適する気候は，ケッペンの気候区分では何気候区にあてはまるか，アルファベットで書け。

(2)　資料中の空欄（　A　）にあてはまる国名を書け。

(3)　植物油脂の生産量の世界の合計が最も多いのはどれか，資料中のア〜エの中から1つ選び，記号で答えよ。

3　省エネルギーへの取り組みの一例としてコージェネレーションシステムがある。そのしくみを，活用例をあげて説明せよ。

解答　1　米は，栽培地域が限られ，自給的要素が強いのに対し，小麦は，年間を通して世界のどこかで作られ，パンやパスタなどの原料として広く使われており，国際商品として企業的経営が行われているため。　2　(1)　作物名…オリーブ　記号…Cs　(2)　アルゼンチン　(3)　イ　3　エネルギー効率を高めるために，発電時に出る廃熱をビルの冷暖房などに取り入れて有効活用するしくみ。

解説　1　米の場合，生育には夏の高温と日照，十分な降水量が必要な

ため，夏にモンスーン(季節風)が吹いて降水量の多いモンスーンアジア(東アジア・東南アジア・南アジア)のデルタ地帯が栽培に適しており，その地域が米の生産のほとんどを占め，かつ，米の大消費地となっている。　2　(1)　作物名…オリーブは地中海原産のモクセイ科の硬葉樹である。実からオリーブオイルを作り，食用，調理用，化粧用等に用いられる。　記号…Csは温帯の地中海性気候である。地中海性気候の地域では，夏の乾燥がかなり激しく，冬は多雨なため，夏の乾燥に耐える耐乾性の強いオリーブ，オレンジ，ブドウなどの果樹と，冬の雨を利用した自給用の小麦などを栽培する地中海式農業が行われる。　(2)　イはインドネシア・マレーシアが1位・2位を占めることからパーム油である。ウは大豆油，エはひまわり油である。アルゼンチンはパンパでの農牧業が盛んで，大豆の生産もひまわりの種の生産も世界3位(2019年)である。　(3)　パーム油の原料であるアブラヤシの生産が，東南アジアや西アフリカの海岸地域で伸びている。パーム油はスナック菓子などの食品や石けんなどの原料となる。　3　一般の火力発電技術の効率は4割程度だが，廃熱利用を行うと7〜8割に高められる。一か所の建物に発電機を設置し，地域全体に配管で蒸気や冷水を送り，地域冷暖房を行っているところもある。

例題2

現代世界の諸地域に関する次の各問いに答えよ。

(1)　中国の工業化について述べた文として適当でないものを，次の1〜5から1つ選べ。

1　中国では，1970年代末に対外開放政策が始まり，経済特区と経済技術開発区が設置された。

2　経済特区では，外国企業に対する税が低く抑えられ，外国企業は中国の安価で豊富な労働力と国内市場の成長の可能性にひかれて積極的に投資した。

3　経済特区は，輸出企業と先端技術を開発する企業の誘致を目的とした工業団地で，寧波や珠海では，外国企業だけでなく国内企業

にも解放されている。

4　中国は自動車，パソコン，衣類など多くの工業製品の世界最大の生産国であり，「世界の工場」とよばれている。

5　経済特区では輸出指向型工業が発展し，農村地域では郷鎮企業の設立が1992年以降進んだ。

(2)　a〜fの表は，東南アジア諸国の上位輸出品目および輸出額に占める割合を示している。aとcの表に該当する国名を，次の語群からそれぞれ選び，答えなさい。

シンガポール　フィリピン　インドネシア　タイ
ベトナム　マレーシア

a

輸出品	％
機械類	31.7%
自転車	11.7%
プラスチック	4.2%
野菜と果実	3.7%
石油製品	2.9%

b

輸出品	％
機械類	42.7%
石油製品	6.9%
衣類	4.9%
パーム油	4.7%
精密機械	3.8%

c

輸出品	％
機械類	46.3%
衣類	9.1%
履物	5.4%
家具	3.9%
鉄鋼	3.8%

d

輸出品	％
パーム油	11.5%
石炭	11.5%
鉄鋼	9.2%
機械類	7.9%
衣類	4.0%

e

輸出品	％
機械類	49.0%
石油製品	12.3%
精密機械	4.2%
金(非貨幣用)	3.1%
化学薬品	2.7%

f

輸出品	％
機械類	63.8%
野菜と果実	3.5%
精密機械	3.2%
ココナッツ油	2.7%
銅	2.6%

(『データブック　オブ・ザ・ワールド　2024』より作成)

解答　(1)　3　　(2)　a　タイ　　c　ベトナム

解説　(1)　中国では，1980年にシェンチェン(深圳)，チューハイ(珠海)，スワトウ(汕頭)，1981年にアモイ(厦門)，1988年に海南(ハイナン)，2010年に新疆ウイグル自治区のカシュガル(喀什)，コルガス(霍爾果斯)に経済特区が設立された。寧波(ニンポー)は沿岸の都市ではあるが，経済技術開発区であって経済特区ではない。

(2)　a　工業化が進み工業製品の産業も豊富なタイ。　b　機械類の輸出が多く，天然資源も輸出しているマレーシア。　c　機械類のほか衣類の輸出が盛んなベトナム。　d　天然資源の輸出量・種類が多いインドネシア。　e　自動車を除く機械類を中心に工業

製品の多いシンガポール。　f　工業化が進み機械類の輸出が多く，農作物，天然資源の輸出もあるフィリピン。

━━━━━━━━ 例題3 ━━━━━━━━

次の各問いに答えよ。

(1)　ケッペンの気候区分における気候区と，その気候区でみられる特徴，植生，人間生活・産業の組合せとして最も適切なものを，次の1～4から1つ選べ。

	気候区	特徴	植生	人間生活・産業
1	熱帯雨林気候	年中高温多雨で，気温の年較差が小さい。年間を通して赤道低圧帯や貿易風の影響を受ける。	多種類の落葉広葉樹からなる熱帯雨林。赤色・酸性でやせたラトソルが分布。	乾季と雨季を生かしたプランテーション農業，ヤギの放牧や牛の企業的牧畜が見られる。
2	サバナ気候	砂漠周辺に分布。3ヶ月程度の短い雨季がある。	おもに乾季に落葉する広葉樹林からなるが熱帯雨林ほど種類は多くない。	遊牧が盛ん。小麦栽培や牛・羊の企業的牧畜も見られる。
3	ステップ気候	夏は赤道低圧帯に入り雨季，冬は中緯度高圧帯に入り乾季となる。	短草草原。土壌は主に栗色土。比較的降水量が多い地域には肥沃な黒土が形成。	焼畑農業とプランテーション農業がさかん。黄熱病・マラリア等の風土病が残る。
4	温暖冬季少雨気候	夏は高温湿潤なモンスーンの影響を受け多湿。冬は乾燥し温暖。夏にはときどき熱帯低気圧が襲来。	しい，かし，くすなどの照葉樹林。高緯度地域では落葉樹や針葉樹も見られる。	アジアでは米，綿花，茶の栽培が盛ん。アフリカ大陸，アンデス山脈東側ではトウモロコシ，小麦，コーヒー等が栽培される。

(2)　次のグラフは，日本の輸入魚介類とその輸入額の国別割合を示したものである。A～Cにあてはまる輸入魚介類の組合せとして正しいものを，下の1～4から1つ選べ。

(令和4年度「水産白書」より作成)

1　A　サケ・マス類　　B　カニ　　　　　C　エビ

2　A　カニ　　　　　　B　サケ・マス類　C　エビ

3　A　サケ・マス類　　B　カニ　　　　　C　マグロ

4　A　カニ　　　　　B　サケ・マス類　　C　マグロ

(3)　次のグラフ1～4は，アイスランド，デンマーク，ドイツ，フラン
スのいずれかの国の発電量の内訳を示したものである。ドイツにあ
たるものを，次の1～4から1つ選べ。

（IEAの統計（2023年12月更新）より作成）

| 解 答 | (1)　4　　　(2)　2　　　(3)　4 |

| 解 説 |

(1)　1の熱帯雨林気候の特徴は正しいが，植生は落葉，広葉樹で
なく常緑広葉樹を主とする。また，人間生活・産業はサバナ気候
についての説明である。2のサバナ気候と3のステップ気候は，「特
徴」と「人間生活・産業」の説明が入れ替わっている。　(2)　水
産庁によると，2022年に日本に輸入されたAのカニの総量は，金
額ベースでは，749億円。ロシアからが全体の約6割を占めている。
Bのサケ・マス類の輸入額は，2022年に2783億円となった。その
うち，チリが57.8％，ノルウェーが20.7％を占めている。同じく，
Cのエビの輸入額は2213億円で，ベトナムが20.0％，インドが
19.8％，インドネシアが17.0％を占めている。　(3)　水力発電の
割合が高い1がアイスランド，風力発電の割合が高い2がデンマー
ク，原子力発電の割合が高い3がフランスである。よって，残る
4がドイツとなる。

━━━━━ **例題4** ━━━━━

日本の農業に関する次の文を読み，下の各問いに答えよ。

　他産業との所得格差を是正することなどを目的として，1961年に①農業基本法が制定された。1990年代，冷害による凶作が原因となり，日本は深刻な米不足に陥った。しかし，このような事態については，以前から，米の作付けを制限して生産を調整する　 X 　政策が原因となって起こり得るという懸念が指摘されていた。　 X 　政策は，当時の食糧管理制度の下で，②米が過剰生産されたことによって，国の財政が圧迫されたことに対する政策であった。1990年代における米不足は，日本の③ウルグアイ・ラウンドの合意内容に影響を与えた。2000年代になると，国内では初となる④BSE(牛海綿状脳症)が発生し，食の安全が危ぶまれた。

(1)　下線部①について，農業基本法の内容について述べた文として最も適当なものを，次のア～エから1つ選び，記号で答えよ。

　ア　農業従事者の若返りのために，三ちゃん農業を促進させること。

　イ　農業の経営規模を拡大させるために，農業の機械化を促進させること。

　ウ　米の供給量を増加させるために，稲作を中心とする農業を促進すること。

　エ　農家の農業による収入を増加させるために，第二種兼業農家の育成を促進させること。

(2)　文中の　 X 　にあてはまる語句を漢字で答えよ。

(3)　下線部②について，この理由について述べた文として最も適当なものを，次のア～エから1つ選び，記号で答えよ。

　ア　生産者米価が消費者米価を上まわり，逆ザヤを生みだしていたから。

　イ　生産過剰による生産者米価の暴落が，農家に打撃を与えていたから。

　ウ　消費者米価の上昇が，景気の悪化を生みだしていたから。

　エ　米の増産に力を入れたことが，他産業の衰退を招いたから。

(4)　下線部③について，次の各問いに答えよ。

① ウルグアイ・ラウンドにおいて日本が合意した，外国米の輸入に対する取り決めを何というか。カタカナで答えよ。

② ①の内容に関する記述として最も適当なものを，次のア〜エから1つ選び，記号で答えよ。

　ア　外国米に対して，関税を設けずに，輸入の自由化に踏み切ることで合意した。

　イ　輸入した外国米の量に対して，同じ量の米を輸出することで合意した。

　ウ　国内の米の消費量に対する一定割合の外国米を輸入することで合意した。

　エ　GATTに対して一定の補助金を支出することで，外国米の輸入の自由化を見送ることで合意した。

③ GATTが改組されてできた組織として最も適当なものを，次のア〜エから1つ選び，記号で答えよ。

　ア　関税と貿易に関する一般協定　　イ　経済連携協定

　ウ　世界貿易機関　　　　　　　　　エ　国連貿易開発会議

(5) 下線部④について，2003年に牛肉を対象としたトレーサビリティに関する法が制定された。トレーサビリティの説明として最も適当なものを，次のア〜エから1つ選び，記号で答えよ。

　ア　生産物の生産地，流通経路を調べるシステム

　イ　農家単体で，生産，加工，流通を行うシステム

　ウ　有機栽培による飼料のみを使用するシステム

　エ　生産物に，人体に有害な物質が含まれているかを調べるシステム

解答　(1)　イ　　(2)　減反　　(3)　ア　　(4)　①　ミニマム・アクセス　②　ウ　③　ウ　　(5)　ア

解説　(1)　ア　三ちゃん農業は，じいちゃん・ばあちゃん・かあちゃんの農業で，若返りとは対極の言葉である。　ウ　特に稲作の生産量の増加を図る部分はない。　エ　兼業農家の促進は図っていない。　(2)　減反政策とは，過剰となった米の生産量を調整し，麦や大豆などほかの作物への転作を促す政策のことである。

(3)　イ　食糧管理制度により米の価格が調整されてきたので，農家の収入を保証していた。　ウ　消費者物価は高止まりしていて，景気への影響はなかった。　エ　減反政策は，米の増産を図ったものではない。　(4)　①・②　ミニマム・アクセスとは，日本が高関税を課して輸入を制限する代わりに，いかなる貿易品目にも最低限の輸入枠を設定するという考え方で，1993年ウルグアイ・ラウンドで日本が合意した取り決めである。　③　アはGATTのこと。イの経済連携協定(EPA)は，2以上の国の間で，自由貿易協定に加えて貿易以外の分野を含めて締結される包括的協定のことである。エの国連貿易開発会議(UNCTAD)は，貿易と開発，それに金融，投資，技術，持続可能な開発の関連問題に総合的に対応する国連の中心的な機関である。　(5)　トレーサビリティとは，食品の生産，加工，流通などの各段階で，原材料の出所や製造元，販売先などの記録を記帳・保管し，食品とその情報を追跡できるようにすることである。

例題5

次の文を読んで，下の問いに答えよ。

　農業の起源は約1万年前といわれ，複数の地域でそれぞれ独立して成立した。①バナナやイモ類が栽培された《ア》農耕文化，雑穀やマメ類が栽培された《イ》農耕文化，麦類が栽培された《ウ》農耕文化，ジャガイモやトウモロコシが栽培された《エ》農耕文化が発生し，やがてそれらの作物は，周辺の栽培適地へと伝わっていった。

　資本主義が確立したヨーロッパでは，農業の近代化が進み，②穀物のほかにクローバー，ジャガイモ，トウモロコシ，テンサイなどを導入して《オ》を行い，多くの牛や豚を飼育した農業を営むようになった。都市の近くでは③酪農や園芸農業が発達するようになった。

問1　《ア》～《エ》の農耕文化の主な栽培植物の発生地と伝播経路を，次の地図の(A)～(D)から1つずつ選び，記号で答えよ。

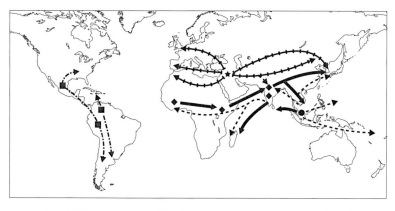

(A) 農耕文化	(B) 農耕文化	(C) 農耕文化	(D) 農耕文化
◆ 発生地	★ 発生地	● 発生地	■ 発生地
◀─ 伝播経路	◀┼┼ 伝播経路	◀--- 伝播経路	◀-・- 伝播経路

問2　「山羊」や「羊」が家畜化されたのはどの農耕文化においてか,《ア》
　　〜《エ》から1つ選び，記号で答えよ。

問3　下線部①はプランテーションによって多く生産されるようになっ
　　た。それに関連して述べた次の文の空欄に入る語句を答えよ。

　　　プランテーションは，アフリカ，アジアなどの熱帯・亜熱帯地域
　　に展開される大規模な(　a　)的農園農業である。一般に欧米の大資
　　本企業が資本と技術力を提供し，安価で豊富な現地の人々を雇い,
　　バナナやパイナップル，コーヒー，カカオなどの(　b　)作物を大量
　　に(　c　)耕作し,主に世界市場に輸出している。東南アジアのマレー
　　半島においては，かつてイギリス資本が安価な労働力として多くの
　　(　d　)人を雇い，(　e　)のプランテーション経営を展開した。

問4　文中の《オ》にあてはまる語句を答えよ。

問5　下線部②について，穀物・飼料作物と家畜飼育を組み合わせた農
　　業を何というか，漢字で書け。

問6　下線部③に関し，酪農とはどのような農業か。「飼育」「乳製品」
　　という語句を用いて簡潔に書け。

解答　問1　《ア》(C)　《イ》(A)　《ウ》(B)　《エ》(D)
　　　問2　《ウ》　問3　a　商業　　b　商品　　c　単一　　d　イ
　　　ンド　　e　天然ゴム　　問4　輪作　　問5　混合農業
　　　問6　飼料作物を栽培し，乳牛を飼育し，乳製品を作って販売す
　　　ることが目的となる農業のこと。

解説　問1　《ア》根栽，《イ》サバナ，《ウ》地中海，《エ》新大陸，とな
　　　る。　　問2　他の農耕文化との違いは，発生当初から家畜飼育と
　　　強く結びついている点である。　　問3　プランテーションに関す
　　　る基本的な問題である。　　問4　同じ耕地に異なる農作物を年ご
　　　とに一定の順序で作付けすることで，一年間休耕地とする場合も
　　　ある。

━━━━━━━━━　例題6　━━━━━━━━━

次の各問いに答えよ。

問1　工業生産および工業立地について述べた文として最も適当なもの
　　を，次の①～④から1つ選べ。
　①　労働費が安く技術力の高い国へ工業製品を大量発注することを
　　セーフガードという。
　②　海外に工場が移転して工業出荷額や雇用が減少するなど中心工
　　業地域が衰退することを産業のセグリゲーションという。
　③　本国の親会社が海外に現地法人をつくって生産や営業の拠点を
　　配置し，広範な地域で経済活動を行う企業を郷鎮企業という。
　④　アメリカ合衆国との国境地帯にあり，原材料や部品を輸入し，
　　製品をアメリカ市場に輸出する加工区を，メキシコではマキラドー
　　ラという。
問2　「青いバナナ」(ブルーバナナ)とよばれる地域の説明として最も
　　適当なものを，次の①～④から1つ選べ。
　①　アメリカ合衆国の北東部，五大湖沿岸に広がる機械工業，鉄鋼
　　業を中心とした工業地帯のこと。
　②　イギリス南部からドイツ，フランスを経て北イタリアにおよぶ
　　経済活動が活発な地域のこと。

③　アメリカ合衆国の北緯37度以南に広がる原子力工業，航空・宇宙関連産業が発達している地域のこと。

④　アフリカ大陸のコンゴ民主共和国からザンビアにかけて広がる広大な銅の埋蔵地帯のこと。

解答　問1　④　　問2　②

解説　問1　①　セーフガードとは，ある輸入品が急増し自国の競合する産業が重大な被害を受ける恐れのある場合に協定により緊急輸入制限することをいう。　②　産業の空洞化という。　③　郷鎮企業ではなく多国籍企業。郷鎮企業は中国において地方行政単位である郷や鎮または個人が経営する中小企業のこと。

問2　①　フロストベルト　　③　サンベルト　　④　カッパーベルト

高校地歴（地理） 日本の地誌

ポイント

　「日本の地誌」については，地域的な偏りの少ない出題がなされている。ただし，地方自治体によってはその地域に関わりのある問題を出すケースもしばしば見受けられるので，受験の予定が決まれば関連の地域について念入りに学習しておくことを勧めたい。

　内容の面では，産業に関する設問が多い。農業，水産業，工業，商業，と色々あり，表やグラフを伴った出題も多い。学習の際には各種統計のデータも頭に入れるようにし，数字に強くなっておきたい。

　貿易を扱った設問も増えている。我が国の貿易の特色，輸出入の主要商品や相手国，経済のグローバル化の影響などに関する内容のものが出ている。また，資源・エネルギーの貿易については産油地域の情勢やエネルギー源の新開発，食料の貿易については我が国や主要国の食料自給の現状，という出題例があるように，時事的な内容を伴う設問も見られるので，参考書だけで学ぶのではなく，最近のニュースにも注意を払うようにしておこう。

　また，「～について述べよ」という形式の設問もよく出されるので，それぞれの事項についての背景，他の事項との相関性はあるかどうかを考えながら学習を進めていくようにしたい。解答にあたっても，授業で生徒に説明するが如く，分かりやすい言葉を用いて的を射た論述ができることが求められている。

□北海道・東北地方

①－北方領土（国後島・択捉島・色丹島・歯舞群島）：ロシアが占領中
②－知床（世界自然遺産）
③－サロマ湖（潟湖）
④－根釧台地（パイロットファーム，酪農）
⑤－釧路湿原（日本最大の湿原，ラムサール条約登録）
⑥－夕張市（炭田閉鎖，財政再建団体）
⑦－札幌市（冬季五輪，政令指定都市）
⑧－昭和新山（溶岩円頂丘）
⑨－函館山（陸繋島）
⑩－青函トンネル
⑪－青森ヒバ（日本三大美林）
⑫－白神山地（世界自然遺産，ブナ原生林）
⑬－大潟村（八郎潟の干拓）
⑭－秋田スギ（日本三大美林）
⑮－十和田湖（カルデラ湖,境界未画定）
⑯－八戸市（漁港）
⑰－三陸海岸（リアス海岸）
⑱－仙台市（杜の都，七夕，政令指定都市）
⑲－山形県（おうとう（さくらんぼ）栽培）
⑳－天童市（伝統工芸－将棋駒）
㉑－シリコンロード（高速道路沿いにＩＣ工場が林立）
㉒－佐渡島（近世の金山開発，トキ）
㉓－新潟市（柳都，政令指定都市）
㉔－阿賀野川流域（第二水俣病）
㉕－中越地震（2004年発生）
㉖－中越沖地震（2007年発生）
㉗－東日本大震災（2011年発生）

□関東・中部地方

①-福島県浜通り(原子力発電所)
②-鹿嶋市(臨海工業地域, 掘り込み式港)
③-つくば市(筑波研究学園都市, 万博)
④-成田(門前町, 成田国際空港)
⑤-九十九里平野(海岸平野, 納屋集落)
⑥-京葉工業地域
⑦-京浜工業地帯
⑧-関東ローム層(火山灰が堆積)
⑨-富士山(世界文化遺産)
⑩-甲府盆地(扇状地, 果樹栽培)
⑪-日光(世界文化遺産)
⑫-渡良瀬川流域(足尾銅山鉱毒問題)
⑬-浅間山麓(高冷地農業)
⑭-八ヶ岳山麓(高冷地農業)
⑮-糸魚川-静岡構造線(フォッサマグナ
　　西縁)
⑯-黒部ダム(日本最大規模のダム)

⑰-神通川流域(イタイイタイ病)
⑱-砺波平野(散村, 屋敷森)
⑱-砺波平野(散村, 屋敷森)
⑲-能登地震(2024年発生)
⑳-能登半島(伝統工芸-輪島塗)
㉑-木曽ヒノキ(日本三大美林)
㉒-日本アルプス(飛騨・木曽・赤石の3
　　山脈)
㉓-三保松原(世界文化遺産)
㉔-牧ノ原台地(洪積台地, 茶の栽培)
㉕-浜松(楽器・オートバイ)
㉖-中京工業地帯
㉗-豊田(日本最大の自動車工業)
㉘-濃尾平野(木曽・長良・揖斐の下流, 輪
　　中集落)
㉙-四日市(四日市ぜんそく)
㉚-伊勢(伊勢神宮, 鳥居前町)

□関西・中国地方

①－若狭湾(リアス海岸, 原子力発電所)
②－天橋立(砂州)
③－琵琶湖(日本最大の湖, 京阪神の水がめ)
④－京都(平安京, 世界文化遺産)
⑤－伏見(清酒)
⑥－奈良(平城京, 世界文化遺産)
⑦－紀伊山地(世界文化遺産)
⑧－英虞湾・五ヶ所湾(真珠養殖)
⑨－潮岬(陸繋島)
⑩－阪神工業地帯
⑪－灘(清酒)
⑫－豊岡市(コウノトリ繁殖)
⑬－明石海峡大橋

⑭－大鳴門橋
⑮－鳥取砂丘(海岸砂丘, 防砂林, なし・らっきょう)
⑯－水島(石油コンビナート)
⑰－瀬戸大橋
⑱－中海(汽水湖)
⑲－宍道湖(汽水湖)
⑳－瀬戸内しまなみ海道
㉑－広島市(政令指定都市, 原爆ドーム)
㉒－厳島神社(世界文化遺産)
㉓－秋吉台(日本最大のカルスト地形)
㉔－宇部・小野田(セメント)
㉕－関門海峡(壇ノ浦, 巌流島)

143

□四国地方

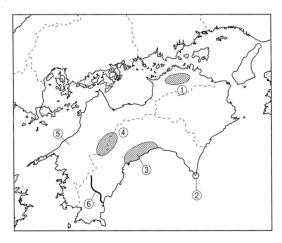

①一讃岐平野(ため池,うどん)　④一四国カルスト
②一室戸岬(海岸段丘)　⑤一愛媛県ーみかん栽培
③一高知平野(促成栽培)　⑥一四万十川(最後の清流)

□九州・沖縄地方

①一対馬(ツシマヤマネコ)
②一関門海峡(壇ノ浦,巌流島)
③一八幡製鉄所(日本最初の近代製鉄所)
④一筑豊炭田(日本最大規模,閉鎖)
⑤一平尾台(カルスト地形)
⑥一有明海(遠浅,のり養殖)
⑦一諫早湾(干拓問題)
⑧一雲仙岳(溶岩円頂丘)
⑨一阿蘇山(世界最大級のカルデラ)
⑩一宮崎平野(促成栽培)
⑪一青島(波食棚,波状岩)
⑫一水俣湾(水俣病)
⑬一シラス台地(火山灰が堆積)
⑭一桜島(火山島)
⑮一種子島(鉄砲伝来,宇宙センター)
⑯一屋久島(世界自然遺産)
⑰一奄美大島(アマミノクロウサギ)
⑱一沖縄島(さとうきび・パイナップル,米軍基地,ヤンバルクイナ)
⑲一西表島(イリオモテヤマネコ)

※シリコンアイランド=九州の別名の一つで,半導体関連企業が集積する九州についた呼び名(九州では空港の近くにIC工場が立地・✈マークは空港を表す)。

━━━━━━━━━━ 例題1 ━━━━━━━━━━

日本のいくつかの地理的事象に関して,地図1,2を見て,下の各問いに答えよ。

地図1

地図2

問1 地図1のAの太線はフォッサマグナの西縁にあたる。この線が通り,日本海に面している新潟県の都市を答えよ。

問2 地図1のBには,本州と九州との移動を容易にしている関門トンネルがある。このトンネルの出入り口にあたる福岡県側の都市の説明として正しいものを,次のア〜エから1つ選び,記号で答えよ。

ア この都市の天神地区は九州で最も商業集積度が高く,九州全域からの顧客を集めている。

イ 現在でも人口が増加傾向にあるこの都市は,古くから製鉄業が栄え,近年の工業品出荷額の統計を見ても,製鉄業の割合が増加

145

している ことが確認できる。

ウ 九州全体の政治・経済・文化の中心都市であり，あらゆる都市機能が集中し，全天候型スポーツ施設も立地している。

エ 九州最初の政令指定都市であり，現在，門司港レトロ地区などの観光や半導体関連企業の誘致等，町づくりへ動きが見られる。

問3 次の説明は，地図2におけるC，D，Eのいずれかの本州と四国をつなぐルートである。説明されたルートを図2のC，D，Eから1つ選び，記号で答えよ。

このルートに，1988年に完成した大橋は，鉄道と自動車道路併用の橋である。この大橋は，五つの島を六つの橋梁とそれらを結ぶ高架橋で構成されている。架橋以来，島同士だけでなく，近畿圏と四国との物流が増加した。

問4 次の表は県別農産物のデータ(2022)を表し，F～Iは福岡県，熊本県，宮崎県，鹿児島県のいずれかを示している。(1)，(2)の問いに答えよ。

	小麦(トン)	きゅうり(トン)	みかん(トン)	豚(千頭)
F	116	3,330	9,700	1,153
G	313	64,500	6,940	818
H	20,600	15,300	75,000	338
I	75,400	4,310	17,600	79

(『データでみる県勢』2024より作成)

(1) F～Iの組合せとして正しいものを，次の①～⑤から1つ選び，番号で答えよ。

	①	②	③	④	⑤
F	鹿児島	鹿児島	宮崎	福岡	福岡
G	宮崎	熊本	福岡	熊本	宮崎
H	熊本	宮崎	熊本	宮崎	鹿児島
I	福岡	福岡	鹿児島	鹿児島	熊本

(2) 九州地方におけるきゅうり生産は促成栽培によるものが多い。その理由について，気候に着目して説明せよ。

解答 問1　糸魚川市　　問2　エ　　問3　D　　問4　(1)　①

(2) 温暖で日照時間の長い気候条件を利用して，きゅうりの早期生産ができ，フェリーや高速道路網の整備により大都市への輸送が可能となり，端境期のメリットがより大きくなったから。

解説 問1　フォッサマグナとはラテン語で「大きな溝」の意味であり，日本列島を東北日本と西南日本にわける断層地帯である。西縁の糸魚川＝静岡構造線では大規模な断層地形がみられるが，東縁は火山噴出物に覆われているため不明瞭である。　問2　関門トンネルは山口県下関市と福岡県北九州市を結ぶ海底トンネルである。北九州市は，1901年の八幡製鉄所の操業開始を契機に，重化学工業都市として栄えた。アの天神地区は福岡市の商業中心地であり，ウも九州の中心都市である福岡市の記述である。また，北九州市の人口は近年減少しており，イは間違いとなるため，答えはエとなる。北九州市は1963年に門司・小倉・戸畑・八幡・若松の5市が合併したことで誕生した，九州初の政令指定都市である。　問3　本州四国連絡橋のうち，鉄道・道路併用橋は1988年に完成した瀬戸大橋(児島・坂出ルート)のみであり，Dとなる。東から，E 神戸・鳴門ルート，D 児島・坂出ルート，C 尾道・今治ルート(瀬戸内しまなみ海道)となっている。　問4　(1)　Fは，豚の頭数が多いことから，豚の飼育頭数が全国1位の鹿児島県とわかる。Gは，きゅうりが多いことから，冬季の温暖多照な気候と，地理的な標高差を活用し，全国の生産量の約10％を占める宮崎県とわかる。Hは，みかんが多いことから熊本県，Iは，小麦が多いことから，小麦の生産量全国第2位の福岡県であるとわかる。　(2)　温暖な宮崎平野では，夏野菜であるきゅうりをビニールハウスで生産し，出荷時期を早める促成栽培が行われており，12月〜5月にかけて全国の市場へと出荷されている。

147

━━━━━━ **例題2** ━━━━━━

次の(1)〜(3)に答えよ。

(1) 次のア〜エは，新潟県，茨城県，大分県，鹿児島県の地形別面積割合をそれぞれ表している。このうち，大分県について表しているものを1つ選び，記号で答えよ。

資料：『データでみる県勢』2023より作成

(2) 次の表は，日本国内における産業別の製造品出荷額等の上位5位までの都道府県を表したものである。A〜Cにあてはまる項目を選択肢ア〜ウの中からそれぞれ選び，その記号を書け。また，表中①〜④にあてはまる都道府県名を，それぞれ書け。

(億円)

	A		B		C		パルプ・紙・紙加工品	
第1位	①	22,695	③	3,584	東京	7,846	④	8,608
第2位	②	20,277	大阪	2,831	②	7,350	愛媛	5,475
第3位	③	17,890	岡山	2,304	大阪	4,477	②	5,087
第4位	兵庫	17,270	福井	2,137	③	2,367	③	3,867
第5位	神奈川	15,610	滋賀	1,924	福岡	1,908	大阪	3,418

資料：『データでみる県勢』2024より作成

　ア　印刷・同関連業　　イ　食料品　　ウ　繊維工業

(3) 湖の成因について，次の①，②に答えよ。

① 桧原湖(福島県)，中禅寺湖(栃木県)，河口湖(山梨県)は，すべて同じ成因の湖である。どのように形成されたのか，簡潔に説明せよ。

② 芦ノ湖(神奈川県)を成因から区別した場合，次のア〜エのどれに属するか。正しいものを1つ選び，記号で答えよ。

　　　ア　断層湖　　イ　海跡湖　　ウ　マール　　エ　火口原湖

解答　(1)　エ　　(2)　A　イ　　B　ウ　　C　ア　　①　北海道
　　②　埼玉県　　③　愛知県　　④　静岡県　　(3)　①　火山活
　　動・山崩れ・地すべりなどによって岩石や土塊が流下し，河川が
　　堰き止められたことによって形成された。(堰止湖)　　②　エ

解説　(1)　大分県は山地の比率が高いことでよく知られている。
　　(2)　AはBとCを選んだ後に消去法で判断する。　B　大阪府は
　　繊維工業が盛んである。　C　首都圏は印刷業が多い。したがっ
　　てAは食料品である。　①は食料品が1位なので北海道，②は首
　　都圏で印刷業が多い埼玉県，③は繊維工業が1位の愛知県である。
　　また，④の静岡県は東部に多くの製紙工場がある。　(3)　①　堰
　　止湖以外には火口湖やカルデラ湖等の構造湖がある。　②　芦ノ
　　湖は火口原に水がたまった火口原湖である。同じく火口原湖には
　　榛名湖がよく知られている。

━━━━━━━━━━━━ 例題3 ━━━━━━━━━━━━

日本に関する次の問いに答えよ。

(1)　日本の自然環境の授業において，高校生から次のア・イの質問が
　　出た。各質問に対して，下の語群の語句をそれぞれ1つずつ選び，そ
　　の語句を用いて，それぞれ高校生が理解できる内容で説明せよ。た
　　だし，選んだ語句の使用回数は自由とする。
　　ア　「リアス海岸とフィヨルドのでき方は，どう違うのですか。」
　　イ　「成帯土壌と間帯土壌の違いは何ですか。」
　　　語群：気温，堆積，沈水，降水，気候，離水，風化，造山

(2)　本州付近のプレート境界を示した図として，最も適当なものを1つ
　　選び，記号で答えよ。

(3) 次の文の空欄に適することばを補い，文を完成させよ。

　　気温の日較差は，その日の最高気温と最低気温との差で求める。
気温の年較差は，その年の(　　)で求める。

(4) 日本の降水に関する次の文の空欄に適する語句を，Xは6文字，Y
は4文字で答えよ。

　　梅雨は小笠原気団と(　X　)気団との境界付近の前線性降雨である
のに対して，北陸の降雪は(　Y　)風による地形性降雨である。

(5) 日本海沿岸のいくつもの都市の大火は，フェーン現象の発生時に
起きたものが多い。北陸地方がフェーン現象で高温・乾燥となる時
の気象条件として，最も適当なものを1つ選び，記号で答えよ。

　ア　移動性の高気圧が，日本海から北陸上空を通り太平洋に通過す
　　　る時。

　イ　移動性の低気圧が，対馬海峡から北海道に向けて日本海を通過
　　　する時。

　ウ　三陸海岸沖の低気圧から伸びる寒冷前線が，本州の南の海上に
　　　停滞する時。

　エ　日本海に高気圧が，太平洋に低気圧が，それぞれ勢力をもって
　　　張り出す時。

(6) 下のア～エの文は，日本の環境問題の授業における教師の発問に
対する答えである。ア～エのうち，下線部の内容が適当でないもの
を1つ選び，記号で答えよ。

　　発問　日本はさまざまな公害や災害等の被害を体験し，対策を講
じてきました。現在は，その経験を支援として発揮することが，国
際社会で期待されています。では，どのような地域に，どのような
支援をすべきだと思いますか。

　ア　「工場排煙等による大気汚染地域に，排煙脱硫装置や排煙脱硝装
　　　置の技術者の派遣や資金援助をすべきだと思います。」

　イ　「有機水銀汚染が起きている金の採掘地域に対して，水俣病に関
　　　する研究者や技術専門家を派遣すべきだと思います。」

　ウ　「カドミウム汚染が起きている銅の採掘地域に対して，イタイイ
　　　タイ病に関する研究者や医師を派遣すべきだと思います。」

エ 「地震等で倒壊した建物のがれき処理を行っている地域に，<u>ダイ</u><u>オキシン被害</u>の専門家や医師を派遣すべきだと思います。」

(7) 次の地図は，世界各地のおもな食べ物の分布を示したものである。図中のア～オにあてはまる語句の組合せとして最も適当なものを，下の1～8から1つ選べ。

(『朝日百科　世界の食べもの』ほかより作成)

	ア	イ	ウ	エ	オ
1	とうもろこし	いも類	麦類・じゃがいも	小麦・肉	肉・乳製品
2	いも類	肉・乳製品	小麦・肉	とうもろこし	麦類・じゃがいも
3	麦類・じゃがいも	肉・乳製品	とうもろこし	小麦・肉	いも類
4	肉・乳製品	麦類・じゃがいも	いも類	とうもろこし	小麦・肉
5	とうもろこし	いも類	小麦・肉	麦類・じゃがいも	肉・乳製品
6	いも類	とうもろこし	麦類・じゃがいも	肉・乳製品	小麦・肉
7	いも類	小麦・肉	肉・乳製品	麦類・じゃがいも	とうもろこし
8	小麦・肉	麦類・じゃがいも	とうもろこし	いも類	肉・乳製品

(8) 次のア～エは，「肉類」「大豆」「とうもろこし」「木材」について，日本の輸入相手国別輸入額割合(2022年)を示したものである。「肉類」に該当するものを1つ選び，記号で答えよ。(『日本国勢図会2024/25』による)

ア	アメリカ合衆国 64.4%	ブラジル 22.8%	アルゼンチン 6.9%
イ	アメリカ合衆国 71.4%	ブラジル 16.8%	カナダ 1.8%
ウ	アメリカ合衆国 26.8%	タイ 14.5%	オーストラリア 12.4%
エ	ベトナム 12.1%	中国 11.8%	カナダ 10.1%

解答 (1) ア リアス海岸は河食によるＶ字谷が沈水してできたのに対して，フィヨルドは氷食によるＵ字谷が沈水してできたものである。 イ 成帯土壌は気候の影響を強く受けてできた土壌であるのに対して，間帯土壌は気候の影響を受けた土壌ではない点が異なる。 (2) ア (3) 最暖月平均気温と最寒月平均気温との差 (4) X オホーツク海 Y 北西季節 (5) イ (6) エ (7) 5 (8) ウ

解説 (1) ア リアス海岸は，日本の三陸海岸やスペインのリアスバハス海岸などでみられる。フィヨルドは，ニュージーランド南島やノルウェーでみられる。日本では氷食によるＵ字谷がなく，フィヨルドはみられない。 イ 間帯土壌は気候というより母岩の影響が大きい。一方，気候の影響が大きい成帯土壌は，各気候の分布とほぼ等しく土壌が分布している。 (2) 日本の周辺には4枚のプレートが存在する。大陸プレートであるユーラシアプレートと北アメリカプレート，海洋プレートである太平洋プレートとフィリピン海プレートである。糸魚川・静岡構造線の位置から，ウとエが誤りであることがわかる。中央構造線はプレートの境界ではないので，イは誤りである。よって解答はアとなる。

(3) 年較差とは別に，1年間の最高気温と最低気温の差を「絶対年較差」という。 (4) 南の高温湿潤な小笠原気団と北の低温湿潤なオホーツク海気団の境界となる梅雨前線が6月と7月に日本上空に停滞し，雨が続く梅雨となる。北陸の降雪は，シベリア気団からの寒波が日本海からの水蒸気を含み，脊梁山脈によって持ち上げられ降水となり，気温が低いので雪となる。一方太平洋側

は，山からおりてくるからっ風によって乾燥する。　(5)　フェーンとはもともと，ヨーロッパアルプスの北側を吹く風のことである。北陸地方の場合は，低気圧が日本海を通過する際に，中心に向かって吹き込む風が発生する。そのため，日本海側は風下となるので，フェーン現象により高温・乾燥となる。　(6)　イの水俣病は熊本県，ウのイタイイタイ病は富山県神通川流域での公害である。新潟水俣病と四日市ぜんそくをあわせて四大公害病という。エの文は正しくはアスベスト被害。ダイオキシン被害は，日本では都市ゴミの焼却施設からの排出量が多いとされ，それによる被害である。地震等で倒壊した建物のがれき処理を行っている地域に対しては，例えば東日本大震災では陸上自衛隊などの人材が活躍している。　(7)　アはメキシコを代表とする中央アメリカに多いため，とうもろこし。イはアフリカで食されるタロいも，ヤムいもなどのいも類。ウは南北アメリカとオーストラリアに広く分布することから，小麦・肉であると考える。エはヨーロッパの高緯度地域にあることから，麦類・じゃがいも。内陸部に分布するオは遊牧民が多いことから，肉・乳製品。　(8)　まず1位がベトナムであることから，エが木材となる。ウは2位がタイ，3位がオーストラリアであるので，肉類である。ア，イは，アは3位がアルゼンチン，イは3位がカナダであることから，アがとうもろこし，イが大豆である。

例題4

自然環境について，次の(1)～(3)の各問いに答えよ。

(1)　日本の地形と自然災害について，①，②の各問いに答えよ。

　①　次の図1は，岩手県中部から福島県北部の太平洋沖において，東北地方太平洋沖地震の際に起こった津波の特徴を示したもので，●は分析地点である。図中の a ・ b 付近では，津波遡上域の面積の大小，津波遡上限界線付近の標高の高低に明らかな違いがみられる。これらの差異とその理由について述べた文として正しいものをア～エより1つ選び，記号で答えよ。

遡上域ごとの津波の特徴
A：津波遡上域の面積，B：津波遡上限界線付近の平均標高，
C：海水流入量の概算（A×B）．破線は判読範囲を示す．　　　「地理５６－６」（古今書院）より
図1

ア　 a 付近は， b 付近に比べ，津波遡上域の面積は大きい地点が
　　多く，津波遡上限界線付近の平均標高は低い地点が多い。これ
　　は a 付近の沿岸部が， b 付近に比べ，緩傾斜で単調な海岸であ
　　るためである。

イ　 a 付近は， b 付近に比べ，津波遡上域の面積は大きい地点が
　　多く，津波遡上限界線付近の平均標高は低い地点が多い。これ
　　は a 付近の沿岸部が， b 付近に比べ，急傾斜で入り組んだ海岸
　　であるためである。

ウ　 a 付近は， b 付近に比べ，津波遡上域の面積は小さい地点が
　　多く，津波遡上限界線付近の平均標高は高い地点が多い。これ
　　は a 付近の沿岸部が， b 付近に比べ，緩傾斜で単調な海岸であ
　　るためである。

エ　 a 付近は， b 付近に比べ，津波遡上域の面積は小さい地点が
　　多く，津波遡上限界線付近の平均標高は高い地点が多い。これ
　　は a 付近の沿岸部が， b 付近に比べ，急傾斜で入り組んだ海岸
　　であるためである。

②　西日本の太平洋沿岸では，東海から四国の沖合いにのびる南海トラフを震源とする巨大地震や津波の発生が懸念されている。南海トラフは，2つのプレートの境界であるが，この2つのプレートの名称を答えよ。

(2)　次の文は九州の3つの火山について述べたものである。3つの火山の名称の正しい組合せをア～カから1つ選び，記号で答えよ。

D：1990年から始まった噴火で成長した溶岩ドームが崩落し火砕流が発生。多くの被害を出した。溶岩ドームは後に平成新山と名付けられた。

E：20を超える火山群の1つで，2011年1月に噴火。火山灰や軽石が風下の地域に降下。住民の一部は避難を余儀なくされた。

F：始良カルデラの南縁に成長した火山。大正の噴火で半島と陸続きになる。特に夏季には県庁所在都市にも降灰がみられる。

	ア	イ	ウ	エ	オ	カ
D	雲仙普賢岳	雲仙普賢岳	雲仙普賢岳	新燃岳	新燃岳	新燃岳
E	桜島	新燃岳	新燃岳	雲仙普賢岳	雲仙普賢岳	阿蘇山
F	阿蘇山	阿蘇山	桜島	阿蘇山	桜島	桜島

(3)　次の図2は気温の年較差を示したものである。これをみて，①，②の各問いに答えよ。

＊陸地は破線で簡略化し示してある。
＊図中の数字の単位は℃である。

「やさしい気候学」（古今書院）より

図2

①　年較差について述べた次のア～エの文のうち，正しいものを1つ

155

選び，記号で答えよ。
ア　全体的に低緯度より高緯度の方が年較差が大きいのは，地軸が傾いているため高緯度ほど夏と冬の受熱量の差が大きいからである。
イ　全体的に低緯度より高緯度の方が年較差が小さいのは，地軸が傾いているため低緯度ほど夏と冬の受熱量の差が大きいからである。
ウ　全体的に沿岸部と内陸部では，内陸部の方が年較差が大きいのは，比熱が小さい海洋の影響を受けにくいからである。
エ　全体的に沿岸部と内陸部では，沿岸部の方が年較差が大きいのは，比熱が大きい海洋の影響を受けにくいからである。
② 図2から，ユーラシア大陸の中〜高緯度の年較差は，東岸と西岸で大きく異なることがわかるが，これは，特に両岸の冬の気温の違いが影響している。これらの地域の冬の気温の違いについて説明した次の文の空欄に適する語句を答えよ。

ユーラシア大陸の中〜高緯度の西岸では，沖合を(G)が流れるため同緯度の東岸に比べ暖かい。一方，東岸では，冬は(H)高気圧が発達し低温となる。

解答 (1) ① エ　② フィリピン海プレートとユーラシアプレート
(2) ウ　(3) ① ア　② G 暖流(北大西洋海流)
H シベリア

解説 (1) ① 図1のAの地図では，ⓐ付近はⓑ付近よりも円の面積が小さい。これは遡上が長距離にわたって進まないことを示し，斜面が急傾斜であることがわかる。　② 海洋プレートであるフィリピン海プレートは南から北上しており，大陸プレートであるユーラシアプレートとぶつかる。一方，フォッサマグナ以東の大陸プレートは北アメリカプレートとなり，フィリピン海プレートとの境界は相模トラフと呼ばれる。　(2) 雲仙普賢岳は1991年に噴火し，死者・行方不明者44名を出す被害となった。新燃岳は鹿児島県と宮崎県の県境にあり，2011年の噴火では西風の影響で宮崎県を中心に火山灰による被害が出た。桜島は現在も噴火が続い

ており，近隣では噴煙の行方が日々注目されている。　(3)　①極地で白夜や極夜が存在するように，高緯度地域では夏と冬での受熱量が大きく異なる。　②　ユーラシア大陸の中～高緯度の西岸は一年中北大西洋海流とその上空に吹く偏西風の影響を受けるため，気温や降水量の年較差は大きくない。一方，東岸は大陸内部の大気の影響が大きく，季節風の影響を受けるため，気温，降水量の年較差が大きい。

例題5

次の図1は，日本周辺のプレートの分布とその境界を表したものである。この図1を見て，下の①～③の各問いに答えよ。

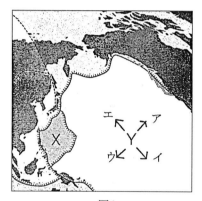

図1

① 図1中のXのプレート名を答えよ。

② 図1中のYのプレートの移動方向として正しいものを，図1中のア～エから1つ選び，記号で答えよ。

③ 異なる方向に動くプレートの境界一帯は，地殻変動が活発で変動帯と呼ばれる。次の写真1は1995年の阪神淡路大震災の原因となった兵庫県淡路島にある野島断層である。この断層に働く力の方向と断層の動きの模式図として適当なものを，後の図2のア～エから1つ選び，記号で答えよ。

157

（新詳地理B　帝国書院より）

写真1

ア　　　　　イ　　　　　　ウ　　　　　　エ

図2

解答　①　フィリピン海プレート　　②　エ　　③　イ

解説　①　日本列島は，4つのプレートの上に乗っている。海側のプレートには，Xのフィリピン海プレートとYの太平洋プレートがあり，陸側のプレートにはユーラシアプレートと北アメリカプレートがある。なお，東日本大震災を引き起こした地殻の破壊が茨城県沖で止まったのは，フィリピン海プレートによるものであることが，海洋研究開発機構の調査で判明している。　②　Yの太平洋プレートは，日本周辺ではエの方向(北西)の方向に移動している。③　イの野島断層は横ずれ成分をもった逆断層で，淡路島の北淡町野島平林付近では，約150mにわたり最大で水平方向210cm，上下方向120cmのずれが生じている。野島断層の全長は，北東から南西方向に伸び，淡路島北部の旧北淡町から旧一宮町(現淡路市)にかけて断続的に地表に現れ，その長さは約9kmに達する。

━━━━━━━━━━━ **例題6** ━━━━━━━━━━━

日本とロシア(ソヴィエト連邦を含む)の国境の変化を示した次のA
～Dの地図を年代の古い順に並べたものとして正しいものを①～⑧の

中から1つ選べ。

A

B

C

D

① A → B → C → D　　② A → B → D → C
③ B → A → C → D　　④ B → A → D → C
⑤ C → A → B → D　　⑥ C → A → D → B
⑦ D → A → B → C　　⑧ D → C → B → A

解答 ⑤

解説 Aは1875年の樺太・千島交換条約，Bは1905年のポーツマス条約，Cは1855年の日露和親条約，Dは1951年のサンフランシスコ平和条約によって決まった国境である。

第 3 章

高校地歴
（日本史）

高校地歴(日本史) 原始・古代

ポイント

　高等学校の日本史は，中学校の歴史と比べると，より専門的な内容になっていると言える。そして，時代を問わず，史料を用いた出題が特に顕著である。これらに対応できるような学習が求められる。加えて，教員を採用するための試験なので，教職教養，特に学習指導要領に関する出題も多い。このことも十二分に留意しておきたい。

　「原始・古代」では，やはり古代の分量が圧倒的に多い。原始は旧石器時代から弥生時代までを含むが，受験予定の地方自治体に遺跡などがあれば，出題の可能性もあるので注意しておきたい。古代は大和時代から平安時代までがおおよその範囲だが，この中では出題に時代的な偏りはあまり見られなかった。ただ，政治の動きだけではなく，文化に関する出題もなされているので，それぞれの文化の特徴や代表的な作品を理解し，問われれば的確な説明ができることが求められよう。史料問題では，特に中国の史書に見える倭国関係の記事，『続日本紀』記載の奈良時代の記事，平安初期の政治の問題点を列挙した三善清行の「意見封事十二箇条」などは，まず原文から覚えておきたい史料だ。何故ならば史料の一部を補えという出題もなされているからである。

　学習指導要領の勉強もしっかりしておこう。こちらの方も内容の仔細を問うたり，場合によっては一部を補足したり，内容を踏まえた上での学習指導の方法を述べたりすることが求められる。必ず最新のものをよく読み込み，頭の中に入れておいてから試験に臨むようにしたい。

□原始日本の遺跡

①岩宿遺跡　　　⑫板付遺跡
②茂呂遺跡　　　⑬菜畑遺跡
③野尻湖遺跡　　⑭泉福寺洞穴遺跡
④浜北人　　　　⑮垂柳遺跡
⑤港川人　　　　⑯登呂遺跡
⑥三内丸山遺跡　⑰唐古・鍵遺跡
⑦亀ヶ岡遺跡　　⑱荒神谷遺跡
⑧加曽利貝塚　　⑲吉野ヶ里遺跡
⑨大森貝塚　　　⑳入江貝塚
⑩夏島貝塚　　　㉑垣ノ島遺跡
⑪鳥浜貝塚　　　㉒大船遺跡

○ 旧石器時代
▲ 縄文時代
◎ 弥生時代

□中国の史書の倭国関係の記事

夫れ楽浪（らくろう）海中に倭人有り。分（わか）れて百余国と為（な）る。歳時を以て来（きた）り献見（けんけん）すと云（い）ふ。

『漢書』地理志。中国の史書に載った倭国の記事では最も古いもの。楽浪は楽浪郡のこと。前漢の武帝は紀元前108年に衛氏朝鮮を滅ぼし，朝鮮に四郡を設置した。楽浪郡もその一つで，現在の平壌付近にあった。紀元前後の日本は小国分立の状態で，中国の王朝とは定期的な交渉があったという内容。

秋田県の社会科

> 建武中元二年，倭の奴国，貢を奉じて朝賀す。使人自ら大夫と称
> す。倭国の極南界なり。光武，賜ふに印綬を以てす。

『後漢書』東夷伝。「建武中元二年」は後漢の年号で，西暦57年。「光
武」は光武帝のことで，後漢の初代皇帝。「印綬」は印章と付随の紐の
ことで，官職を示すもの。のちに福岡県志賀島で「漢委奴国王」と彫
られた金印が土中から発見され(1784年)，この記事が事実と証明され
た。

> 倭人は帯方の東南大海の中に在り。…倭国乱れ，相攻伐して年を
> 歴たり。乃ち共に一女子を立てて王と為す。名を卑弥呼と曰ふ。
> 鬼道を事とし，能く衆を惑はす。…景初二年六月，倭の女王，大
> 夫難升米等を遣し郡に詣り，天子に詣りて朝献せんことを求む。
> …「今汝を以て親魏倭王と為し，金印紫綬を仮し，装封して帯方
> の太守に付し汝に仮授せしむ。」

『魏志』倭人伝。正確には『三国志』魏書・烏丸鮮卑東夷伝といい，
倭人伝はその中の一条。「帯方」は帯方郡のことで，後漢末に楽浪郡の
南部に新設された。「卑弥呼」は邪馬台国の女王で，鬼道(呪術)によっ
て民を導いたとされる。「景初二年」は三国時代の魏の年号だが，この
記述は誤りで，景初三年(西暦239年)が正しいとされている。この年
に卑弥呼は「難升米」たちを帯方郡に派遣して魏に朝貢したとある。
これに対し，魏から「親魏倭王」の称号と「金印紫綬」が贈られた。

> 倭国は高驪の東南，大海の中に在り。…順帝の昇明二年，使を遣
> はして上表して曰く，「封国は偏遠にして，藩を外に作す。昔よ
> り祖禰躬ら甲冑を擐き，山川を跋渉し，寧処に遑あらず。東は毛
> 人を征すること五十五国，西は衆夷を服すること六十六国，渡り
> て海北を平ぐること九十五国，王道融泰にして土を遐畿に廓す。
> 累葉朝宗して，歳を愆らず。」…詔して，武を使持節都督倭・
> 新羅・任那・加羅・秦韓・慕韓六国諸軍事安東大将軍倭王に除す。

『宋書』倭国伝。「高驪」は高句麗のこと。「順帝」は南朝宋の第8代

164

皇帝で，「昇明二年」はその治世中の年号で，西暦478年にあたる。この年，倭王「武」が使者を派遣して上表文を奉った。「武」は倭の五王の一人で埼玉県稲荷山古墳出土鉄剣銘にみえる「獲加多支鹵大王」。雄略天皇に比定されている。この頃の日本は「好太王碑文」に見えるように朝鮮半島に勢力を拡大しており，「武」も自らの権威を増すために南朝宋と交渉をもったと考えられる。このことは「武」に与えられた称号に朝鮮各地の地名が入っていることからもうかがえる。

大業三年，其の王多利思比孤，使を遣して朝貢す。使者曰く，「聞くならく，海西の菩薩天子，重ねて仏法を興すと。故，遣して朝拝せしめ，兼ねて沙門数十人，来りて仏法を学ぶ」と。其の国書に曰く，「日出づる処の天子，書を日没する処の天子に致す。恙無きや，云々」と。帝，之を覧て悦ばず。鴻臚卿に謂ひて曰く，「蛮夷の書，無礼なる有らば，復た以て聞する勿れ」と。明年，上，文林郎・裴(世)清を遣して倭国に使せしむ。

『隋書』倭国伝。「大業三年」は西暦607年にあたり，「帝」すなわち隋の煬帝の年号。聖徳太子が小野妹子に持たせた国書を読んだ煬帝が怒り，鴻臚卿(外務大臣)にもう取り次ぐなと言ったことが記されている。しかしながら，翌年に隋から裴世清という人物が答礼のために日本へ派遣されており，聖徳太子はこれまでの朝貢外交から対等外交へ転換することに成功したといえる。

秋田県の社会科

□古代の土地制度

公地公民制	大化の改新によって豪族の土地私有を廃止。土地と人民を朝廷の直接支配とした。
班田収授法	律令制度の一環として，6歳以上の男女に口分田を班給。6年ごとの実施(六年一班)が原則。
律令農民の困窮	重い負担に耐えかね，農民の浮浪・逃亡・偽籍などが相次ぐ。有力者のもとへ身を寄せる農民も増加。
三世一身法 (723年)	新規開墾は3代，既存の施設による開墾は1代に限っての土地私有を承認。
墾田永年私財法 (743年)	墾田の永久私有を認めたが，身分による制限があった。
荘園の拡大	初期荘園から寄進地系荘園に至り，多くの荘園が摂関家に集中。
荘園整理令	増え続ける荘園の整理は幾度か試みられた。後三条天皇の延久の荘園整理令(1069年)が有名。
知行国制度	院政期から盛んになり，平氏政権は数十か国の知行権を掌握。

□古代の文化

166

□**伽藍配置**　寺院の建物の配置様式。一定の法則が見られ，それぞれに
代表的な寺院の名称が冠されている。

━━━━━━━━━━ **例題1** ━━━━━━━━━━

仏教伝来当初と奈良時代の寺院の伽藍配置の変遷について，代表的な
寺院と建物の役割に触れて80字以内で説明せよ。

解答	仏教伝来当初は，飛鳥寺に代表されるように仏舎利を納める塔が

　　　　寺院の中心であった。奈良時代は，東大寺に代表されるように本
　　　　尊が安置されている金堂が寺院の中心となった。(80字)

解説	伽藍配置は，仏教寺院の堂塔(伽藍)の配置様式のこと。古代寺院，

　　　　特に奈良時代までの寺院は，中門・塔・金堂・講堂などの伽藍を
　　　　一定の様式によって配置していた。塔を中心として，その東・北・
　　　　西に金堂を置く飛鳥寺式伽藍配置が最も古く，塔・金堂・講堂を
　　　　一直線に並べる四天王寺式がこれに次ぐ。以後，法隆寺式・薬師
　　　　寺式・東大寺式などがあり，時代が下るにつれ，塔の位置が中心
　　　　から遠ざかる。一方，奈良時代には金堂が中心となり，金堂の北

に講堂，その間左右に鐘楼，経楼を配置し，僧房は講堂の三方を
取巻き，その北から東に食堂がおかれた。

■■■■■ **例題2** ■■■■■

原始・古代の政治・経済・文化について，次の問いに答えよ。

問1　次の表は旧石器時代から縄文時代にかけて使用された石器を示し
　　ている。表中Ａ〜Ｄについて説明した文として正しいものを，下の
　　ア〜エから1つ選び，記号で答えよ。

（清水書院『要解日本の歴史』より作成）

ア　Ａは，斧形に加工された石斧であり，打製以外にも磨製のもの
　　があって，原始農耕に用いられたと考えられている。

イ　Ｂは，木の葉形をした槍先形尖頭器であり，手槍，投槍の尖端
　　に付けられて狩りの道具として用いられたと考えられている。

ウ　Ｃは，切ったり削ったりすることに用いられたナイフ形石器で
　　あり，北方から日本に伝わったと考えられている。

エ　Ｄは，中小動物を捕らえるために製作された矢の尖端となる細
　　石器であり，三角形や台形などの幾何学的な形状が特徴である。

問2　次の地図中のA～Dは，静岡県内に見られる遺跡の位置を示している。これらの遺跡について説明した文として正しいものを，下のア～エから1つ選び，記号で答えよ。

ア　Aは，弥生時代後期から古墳時代前期にかけての竪穴住居跡や水田跡などが発見された山木遺跡である。

イ　Bは，縄文時代後期から晩期にかけての加曽利貝塚であり，住居群と死者を屈葬した墓地群が見られる。

ウ　Cは，弥生時代後期の集落跡や木製農具が出土した登呂遺跡であり，水田跡からは39個の銅鐸がまとまって発見された。

エ　Dは，弥生時代後期から古墳時代前期にかけて築造された新沢千塚古墳群であり，東国では最大規模の群集墳である。

解答　問1　イ　　問2　ア

解説　問1　イ　昭和24(1949)年に相沢忠洋が岩宿（群馬県）で発見し，日本列島に旧石器時代があったことが確認されるきっかけとなった石器もこのタイプである。　ア　Aは石斧ではなくナイフ形石器である。木や骨にはめ込んで，ナイフ・槍・鎌として用いられた。なお，石斧は表のいちばん左である。　ウ　Cの細石器は，東日本からは北方型（シベリア型），西日本からは南方型（華北型）が出土し，関東と中部地方の一部では両者が混在している。

エ　Dは縄文時代の石器なので，細石器ではなく石鏃である。

問2　ア　伊豆の国市の山木遺跡は，Cの登呂遺跡（静岡市）とともに，弥生時代後期の大規模な水田跡や竪穴住居跡が発見されている。　イ　Bは下田市の了仙寺横穴遺跡である。古墳時代の有

力者の墓と推定される洞窟遺跡である。加曽利貝塚は千葉市にある。　ウ　Cは登呂遺跡だが，39個の銅鐸がまとまって発見されたのは島根県雲南市の加茂岩倉遺跡である。　エ　Dは浜松市の伊場遺跡である。弥生時代から平安時代の複合遺跡である。新沢千塚古墳群は奈良県橿原市にある。

━━━━━━━━━ 例題3 ━━━━━━━━━

次の文章を読んで，下の各問いに答えよ。

> 　古代の日本ではたびたび(a)宮都が移され，持統天皇は本格的な都城である藤原京への遷都を行った。8世紀初めに元明天皇は平城京に遷都した。平城京には官営の市も開かれ，(b)調・庸など律令制下で徴収された税も集められるなど経済の中心地であるとともに，大寺院が多く建立されて仏教文化の中心地でもあった。桓武天皇は平城京から山背国の長岡京に遷都したが，藤原種継の暗殺などもあり，平安京に再遷都した。

問1　下線部(a)に関連して，7世紀の宮都について述べた文X・Yにあたる場所と，地図中a〜dの組合せとして正しいものを，下の1〜4から1つ選べ。

X　大化改新の際，飛鳥からこの地に宮都が移された。

Y　白村江の戦いの後，中大兄皇子によってこの地に宮都が移され

た。

1　X・a　　Y・c

2　X・a　　Y・d

3　X・b　　Y・c

4　X・b　　Y・d

問2　下線部(b)に関連して，飛鳥時代から平安時代にかけての税制・土地制度について述べた文として正しいものを，次の1～4から1つ選べ。

1　改新の詔では豪族の田荘・部曲を廃止し，人民・田地の調査，統一的な税制の施行などが目指された。

2　律令制度では成人男性を中心に租・調・庸・雑徭などの税が課せられ，口分田は6歳以上の男女に班給されたが，私有の奴婢の分は班給されなかった。

3　8世紀後半～9世紀には農民の貧窮化が進んで班田収授が困難となったため，桓武天皇は畿内に公営田を設けて財源の確保に努めた。

4　10世紀には受領が田に耕作を請け負わせ，田堵(負名)に官物・臨時雑役といった税を課すようになり，土地へ課税する律令体制の原則は崩れていった。

解答	問1　1　　問2　1

解説　問1　X　645年に行われた大化の改新の際，都は飛鳥から難波宮(a)に移された。　　Y　663年に起きた白村江の戦いの後，都は琵琶湖のほとりの大津宮(c)に移された。　　問2　2　私有の奴婢も，良民の3分の1の班田を支給された。　　3　公営田は，財政の確保を目的とした官田で，平安時代の823年に初めて大宰府管内でつくられた。桓武天皇は，それ以前の809年に没している。　　4　律令体制の税制は，「土地へ課税」するのではなく，戸籍に基づく「人身支配」を原則とした。10世紀以降，律令制による税制は維持できなくなったため，戸籍に基づく人身支配に代わり，土地に対する課税へと切り替えられた。

━━━━━━━ **例題4** ━━━━━━━

次の各問いに答えよ。

(1) 縄文時代の人びとの生活について述べた文として適当なものを，
A〜Dから1つ選び，記号で答えよ。

　A　狩猟には弓矢が使用され，矢の先端には青銅製の鏃がつけられた。

　B　植物性食糧の重要性が高まり，木の実をすりつぶす鉄製の小刀が数多く出土している。

　C　釣針・銛・やすなどの骨角器とともに石錘・土錘がみられ，網を使用した漁法も盛んであった。

　D　日本最古の船は，弥生時代の丸木船であることから，縄文人は外洋航海術をもっていなかったことが考えられる。

(2) 弥生時代の遺跡とその所在する県の組合せとして適当なものを，
A〜Dから1つ選び，記号で答えよ。

　A　加茂岩倉遺跡－島根県　　　B　菜畑遺跡－福岡県

　C　唐古・鍵遺跡－兵庫県　　　D　板付遺跡－大分県

解答　(1)　C　　(2)　A

解説　(1)　AとBについて，金属器は縄文時代には存在しない。Dは，縄文時代，すでに丸木船は存在していた。　(2)　Bの菜畑遺跡は佐賀県の遺跡である。Cの唐古・鍵遺跡は奈良県の遺跡である。Dの板付遺跡は福岡県の遺跡である。

━━━━━━━ **例題5** ━━━━━━━

中国・朝鮮半島と日本の外交関係について，次の(1)〜(6)の問いに答えよ。

(1) 百済から日本に論語・千字文をもたらしたとされる人物名を漢字で答えよ。

(2) 渤海と日本との通交について，その時期や周辺諸国との関係を含め，説明せよ。

(3) 次の史料を読んで，(a)・(b)の問いに答えよ。

　　…（　　）は朕の東藩なり。日本は（　　）に密邇し，開国以来，亦時

に中国に通ず。朕の躬に至つて一乗の使も以て和好を通ずること無
し。…故に特に使を遣はし，書を持して朕が志を布告せしむ。冀く
ば，今より以往，問を通じ好を結び，以て相親睦せん。…

(『蒙古国牒状』より)

(a) （　　　）内には同じ国名が入る。あてはまる国名を漢字で答えよ。

(b) この国書が到着して以後の，朝廷や幕府がとった態度について
説明せよ。

(4) 1419年に朝鮮が日本に対し起こした事件について説明せよ。

(5) 大隈内閣期と寺内内閣期に日本が中華民国に対してとった行動を，
次の中からそれぞれ1つずつ選び，記号で答えよ。

ア　西原借款　　イ　張作霖爆殺事件　　ウ　山東出兵

エ　二十一カ条の要求

(6) 次の文章は，ある外交文書の一節である。この外交文書の名称を
漢字で答えよ。

…日本側は，中華人民共和国政府が提起した「復交三原則」を十
分理解する立場に立って国交正常化の実現をはかるという見解を再
確認する。…

解答 (1) 王仁　　(2) 渤海は唐・新羅との対抗関係から727年に日本
に国交を求め，日本も新羅との対抗関係から友好的に通交した。
(3) (a) 高麗　　(b) 幕府が返牒を拒否した後も，再三にわたり
使者が来日したため，朝廷は返牒することを決定したが，幕府が
反対して中止となった。　　(4) 宗氏の当主が交代し，倭寇の活
動が活発になったため，朝鮮軍が倭寇の本拠地と考えていた対馬
を襲撃した。　　(5) 大隈内閣期：エ　　寺内内閣期：ア
(6) 日中共同声明

解説 (1) 『古事記』によれば，王仁(和邇吉師)が応神天皇のときに論語・
千字文を伝えたとされる。　　(2) 渤海は高句麗の遺民の大祚栄が，
契丹の反乱で唐の支配が動揺した隙をついて建てた国で，最盛期
には遼東半島から朝鮮北部までの地域を支配し，「海東の盛国」と
称された。　　(3) (a) 高麗は1259年にモンゴル帝国に服属して
いた。　　(4) 事件とは応永の外寇のこと。朝鮮が倭寇の根拠地と

173

みなした対馬を襲撃した事件。　(5)　イの張作霖爆殺事件(満洲某重大事件，1928年6月4日)とウの山東出兵(1927～28年)は田中義一内閣のときのできごとである。日本は蒋介石の北伐に干渉して山東出兵を行い，北伐軍の侵攻で北京を脱出し本拠地である満洲に戻ろうとした奉天軍閥の張作霖の乗る列車を爆破して殺した。張作霖爆殺事件は関東軍により実行されたもので，首相の田中義一は関東軍に対する処分の曖昧さを昭和天皇に叱責され退陣することになった。　(6)　資料中に「中華人民共和国政府」「国交正常化の実現」といった文言があるので，田中角栄首相が訪中して日中国交を正常化させた日中共同声明であると分かる。

例題6

次のA～Eの文を読み，問いに答えよ。

A　この人物は，鳥羽法皇の死後，藤原通憲(信西)らの進言により，(a)平清盛・源義朝らの武士を動員して(b)崇徳上皇方を攻撃して破った。

B　(c)この人物は，畿内・西国の武士や大寺院の僧兵などを味方として，北条義時追討の兵を挙げたが失敗し，土御門・順徳両上皇とともに配流された。

C　この人物は，(d)時の執権の外戚であり有力御家人でもあったが，幕政の主導権を巡って内管領の平頼綱と対立して滅ぼされた。

D　(e)この人物は，当時，陸奥守の任にあったため，清原氏一族の内紛に介入し，藤原清衡を援助して内紛を平定した。

E　(f)この人物は，藤原定家に学んで和歌に励むなど京風文化の摂取に熱心であったが，右大臣拝賀のため鶴岡八幡宮に詣でた直後，甥の公暁により殺害された。

(1)　下線部(a)は，日宋貿易を推進するため，どのようなことを行ったか，説明せよ。

(2)　下線部(b)の中心人物で，学問にすぐれ日記「台記」を著したほか，左大臣をつとめたことでも知られる人物は誰か，答えよ。

(3)　下線部(c)の人物のような朝廷の主宰者を意味し，上皇が朝廷を主宰する院政の確立にともなって用いられるようになった用語を答えよ。

(4) Bの文で説明する出来事の後，新補率法が定められ，新しく置かれた地頭の一部について，その給与を保障することとしたが，新補率法について説明せよ。

(5) 下線部(d)は誰か，答えよ。

(6) 下線部(e)は誰か，答えよ。

(7) 下線部(f)が編纂した歌集の名称を答えよ。

(8) A・B・Cの各文で説明する出来事はそれぞれ何と呼ばれているか，その名称を答えよ。

(9) A～Eの各文で説明する出来事を，それらが起こった年代の古いものから順に並べ替えよ。

解答 (1) 摂津の大輪田泊を修築するなど，瀬戸内海航路を整備して，宋商人を積極的に畿内へ招こうとした。 (2) 藤原頼長
(3) 治天(治天の君) (4) 田畑11町ごとに1町の土地，田地1段につき5升の米(加徴米)，山や川からの収益の半分，をそれぞれ地頭に与えるというもの。 (5) 北条貞時 (6) 源義家
(7) 金槐和歌集 (8) A 保元の乱 B 承久の乱 C 霜月騒動(弘安合戦) (9) D→A→E→B→C

解説 (1) この人物は後白河天皇。大輪田泊がキーワード。 (2) 関白藤原忠通の弟。保元の乱で敗死した。 (3) この人物は後鳥羽上皇で鎌倉時代に院政を行ったが，このような立場の上皇に対する尊称。 (4) 1223年に制定された法定率。免田(荘園領主に対する年貢や課役を免除された田地)・加徴米・山川からの収益の三点を書くこと。 (5) Cは霜月騒動に関する文章。この人物は安達泰盛，北条貞時は時宗の子で9代執権。 (6) Dは後三年合戦に関する文章である。源義家は頼義の子である。前九年合戦と混同しないこと。 (7) この人物の源実朝は，鎌倉幕府の3代将軍。歌集の名は鎌倉の大臣の歌集という意味。 (8) Aは平治の乱と混同しないこと。Bは1221年に起こり，朝廷に対し幕府側が優位になった事件。 (9) A 1156年。 B 1221年。 C 1285年。D 1083年。E 1219年。

■■■■■■■■■ **例題7** ■■■■■■■■■■■■■■■■

次のＡ～Ｄの史料について，下の(1)～(10)の設問に答えよ。

Ａ　夫れ楽浪海中に倭人有り，_ア分れて百余国と為る。歳時を以て来り
　　献見すと云ふ。(『漢書』地理志)

Ｂ　其の一に曰く，昔在の天皇等の立てたまへる子代の民，処々の
　　(　イ　)，及び，別には臣・連・伴造・国造・村首の所有る_ウ部曲の民，
　　処々の田荘を罷めよ。仍りて食封を大夫より以上に賜ふこと，各差
　　あらむ。(日本書紀)

Ｃ　(養老七年四月)辛亥，太政官奏すらく，「頃者，百姓漸く多くして，
　　田池窄狭なり。望み請ふらくは，天下に勧め課せて，田疇を開闢か
　　しめん。其の新たに溝池を造り，開墾を営む者有らば，多少を限ら
　　ず，給ひて(　エ　)に伝へしめん。若し旧き溝地を逐はば，其の一
　　身に給せん」と。(続日本紀)

Ｄ　夫れ往生極楽の教行は，_オ濁世末代の目足なり。道俗貴賤，誰か帰
　　せざる者あらんや。但し_カ顕密の教法は，其文，一に非ず。事理の
　　業因は，其の行惟れ多し。(往生要集)

(1)　史料Ａは，日本の何世紀の様子を述べたものか，書け。

(2)　下線部アについて，当時のどのような状況を述べたものか，書け。

(3)　(　イ　)に適する語句を書け。

(4)　下線部ウの読み方を書け。

(5)　史料Ｂの詔が出された時の天皇は誰か，書け。

(6)　(　エ　)に適する語句を書け。

(7)　史料Ｃは，土地政策に関する法令である。この法令が出された背
　　景について説明せよ。

(8)　下線部オの背景となったのは末法思想である。この思想について
　　説明せよ。

(9)　下線部カについて，密教における中心仏であり，宇宙の根本仏と
　　されるのは何か，書け。

(10)　史料Ｄにみられる信仰にもとづいて建立された寺院として適当で
　　ないものを，次の①～④から1つ選び，その番号を書け。

　　①　中尊寺　　②　興福寺　　③　平等院　　④　法成寺

解答 (1) 紀元前1世紀　　(2)　百余の小国に分立し，中国に定期的に朝貢していた。　　(3)　屯倉　　(4)　かきべ　　(5)　孝徳天皇
(6)　三世　　(7)　律令制下，租税負担や労役に苦しむ農民の中には，土地を捨てて浮浪・逃亡するものがあらわれ，口分田の多くが荒れ果てたり，豪族が不正に占有するようになり，口分田の減少が深刻化した。　　(8)　釈迦が没した後の時代を，正法・像法・末法の三つにわけて考え，特に釈迦の教えが及ばなくなった末法の時代には，正しい仏法が行われなくなるという終末論のことである。特に，日本では1052(永承7)年が末法元年とされ，人々に恐れられた。　　(9)　大日如来　　(10)　②

解説 (3)～(5)　史料Bは孝徳天皇が646年に発した改新の詔の一部である。　　(6)　史料Cは723年に発布された三世一身法である。
(7)　三世一身法では開墾地が3代で収公されるため，3代目になると耕作されず荒廃してしまうので，更に743年に墾田永年私財法が発せられることになった。　　(10)　Dの源信著『往生要集』は浄土信仰の教えを説いた書物である。奈良の興福寺は南都六宗の一つ法相宗の本山であり，浄土信仰とは無関係である。

例題8

縄文時代の人々の信仰や呪術的な風習について，遺物や葬法に触れながら述べよ。

解答 自然に大きく依拠した生活を送っていた縄文時代の人々は，あらゆる自然物や自然現象，道具などに精霊が宿ると考えた。これをアニミズムとよぶ。そして，呪術によって災いを避け，豊かな収穫を祈った。こうした呪術的な習俗を示す遺物として，女性をかたどった土偶や男性を表現した石棒などがある。人々は自然の恵みや子孫の繁栄を願い，集落中央の広場などで，これらを用いて祭祀を行ったと考えられている。

解説 縄文時代の中頃から盛んになった抜歯は，通過儀礼の一つとして成人式の際などに行われた風習と考えられ，集団の統制の厳しさを窺わせる。また，死者の多くは屈葬されているが，これについ

ては，死後の安らぎを願って母の胎内での姿をとらせたとする考え方や，死者の霊が生者に災禍を及ぼすことを恐れたためなど，幾つかの理由が考えられている。

━━━━━━ 例題9 ━━━━━━

日本を訪れた外国人に関する次の史料について，下の(1)〜(5)の問いに答えよ。

　時に①大和上揚州大明寺に在り，衆僧のために律を講ず。栄叡・普照師大明寺に至り，大和上の足下に頂礼して具に本意を述べて曰く，「②仏法東流して日本国に至る，其の法有りと雖も，法を伝ふるの人無し。本国に昔聖徳太子有りて曰く，二百年後に聖教日本に興らむと。今此の運に鍾る。願はくは和上東遊して化を興せ」と。……和上曰く，「是法事のためなり。何ぞ身命を惜しまむ。諸人去かざれば，我即ち去くのみ」と。……天平十二載歳次癸巳十月十五日壬午，日本国使大使特進藤原朝臣清河等来りて延光寺にいたり，和上に白して曰く，……十五日壬子，③四舟同じく発つ。

(1) 下線部①の「大和上」とは誰か。その人物名を書け。

(2) 下線部①の人物の肖像彫刻が作られて国宝となっている。その制作に使われた技法は何と呼ばれるか。その呼び名を書け。

(3) 下線部②に関して，わが国に仏教が公伝した年代には二つの説がある。そのうち戊午年(538年)説の根拠となっている史料は何か。その史料名を一つ書け。

(4) 下線部③に関して，この時四つの船がすべて帰国できたわけではなかった。帰国できず，大使藤原清河と同様，中国にとどまって亡くなり，望郷の和歌を残したことで知られる人物は誰か。その人物名を書け。

(5) 寺院の建物の配置様式を伽藍配置という。時代による伽藍配置の変遷について生徒に説明するとき，あなたはどのような説明をするか。塔と金堂の二つの語句を使って，簡潔に書け。

解答 (1) 鑑真　(2) 乾漆像　(3) 『上宮聖徳法王帝説』または『元興寺縁起』　(4) 阿倍仲麻呂　(5) 〈解答例〉最初は仏舎利を

納める塔が尊ばれて中心に配置されたが，仏像が重視されるように
なると，それを安置した金堂が中心に置かれるようになった。

解説 (1) この史料は『唐大和上東征伝』。 (2) 唐招提寺の鑑真和上
像のこと。 (3) 壬申(552年)説の根拠は『日本書紀』。 (4) 百
人一首に「天の原ふりさけみれば…」というその和歌が入っている。

■■■■■■ 例題10 ■■■■■■

次の史料を参考にし，下の各問いに答えよ。

　(延暦二十四年十二月壬寅) 是の日，中納言近衛大将従三位藤原朝臣
内麻呂，殿上に侍す。勅有りて参議右衛士督従四位下藤原朝臣緒嗣と
参議左大弁正四位下菅野朝臣真道とをして天下の徳政を相論せしむ。
時に緒嗣，議して云く，「方今，天下の苦しむ所は_a軍事と_b造作とな
り。此の両事を停めば百姓安んぜむ」と。真道，異議を確執して肯え
て聴かず。_c帝，緒嗣の議を善しとし，即ち停廃に従ふ。(『日本後紀』)

問1　下線部a，bの軍事と造作とは，具体的にそれぞれ何を指すか，
　答えよ。

問2　下線部cの帝とは誰を指すか，答えよ。

問3　下線部cの帝の時代の政治及び社会の状況について，正しいもの
　を次のア～エのうちから1つ選び，記号で答えよ。

　ア　増加する初期荘園の増大に際し，政府は南都の寺院などの保護
　　の立場から，寺院領を除き加墾禁止を命じた。

　イ　東北や九州を除いて軍団と兵士を廃止し，かわりに郡司の子弟
　　を健児として採用し，各国の軍事力とした。

　ウ　社会の実情にあわなくなった律令を補足・修正するため弘仁格
　　式を編纂し，以降三代格式と総称される格式の編纂が続けられた。

　エ　南都の寺院が政治に介入し弊害をもたらした反省から，最澄の
　　伝えた密教が支持され，その拠点の延暦寺には戒壇が設けられた。

問4　奈良時代から平安時代にかけて，律令に規定されていない官，い
　わゆる令外官が多く設けられた。次のア～キのうち，下線部cの帝
　の時代に設置されたものを2つ選び，記号で答えよ。

　ア　蔵人頭　　イ　参議　　ウ　検非違使　　エ　征夷大将軍

オ　関白　　カ　勘解由使　　キ　追捕使

解答　問1　a　蝦夷征討　　b　平安京造営　　問2　桓武天皇
問3　イ　　問4　エ・カ

解説　延暦24年は西暦805年で，桓武天皇の治世の晩年にあたる。
問3　アは称徳天皇の765年。ウは嵯峨天皇の820年。エの延暦
寺の(大乗)戒壇は嵯峨天皇の822年に実現した。　問4　ア・ウ
は嵯峨天皇，イは聖武天皇，オは藤原基経を実質的に任じた光孝
天皇，キは朱雀天皇。

―――――― **例題11** ――――――

次の(1)〜(6)の文章は，考古学上重要な遺跡について記したものである。それぞれの遺跡名を都道府県名を付して答えよ。

(1)　旧石器文化の遺跡。1946年関東ローム層の中から石器が発見され，1949年に発掘調査が行われて関東ローム層中に石器の存在が確認された。この発掘調査が日本旧石器文化の本格的研究の端緒となった。

(2)　約5,500年前から4,000年前まで長期間にわたって定住生活が営まれた縄文時代最大級の集落遺跡。1992年からの発掘調査により，ヒョウタン，ゴボウ，マメなどの栽培植物が出土し，DNA分析によって栗の栽培が明らかになった。

(3)　弥生時代の大規模な多重環濠集落を中心とする遺跡。環濠の周辺には墓域が形成され，1996年には2つの突堤からなる船着場の遺構も見つかっている。『魏志倭人伝』に記載された一支国の拠点集落である。

(4)　弥生時代の青銅器出土地。1984年の発掘調査により，それまで知られていた弥生時代の銅剣の出土総数約300本を上回る358本の銅剣が出土した。さらに翌年には，銅剣出土地から約7メートル離れて銅鐸6個，銅矛16本が出土した。

(5)　弥生時代の青銅器出土地。1996年道路工事中に，一か所の出土としてはこれまで最多の39個の銅鐸が発見された。銅鐸の多くは大鐸の中に小鐸を入れた状況で埋められ，同じ鋳型で鋳造した銅鐸も3組みられた。

(6)　1998年多数の富本銭や鋳棹が出土し，富本銭の鋳造場所であるこ

とがわかった7世紀後半から8世紀初めの工房遺跡。富本銭はまじないの目的で作られた厭勝銭とみられていたが，この発見によって『日本書紀』天武12(683)年に「今より以後，必ず銅銭を用いよ」と記載されている銅銭にあたる可能性が高くなった。

解答 (1) 群馬県岩宿遺跡　　(2) 青森県三内丸山遺跡　　(3) 長崎県原の辻遺跡　　(4) 島根県荒神谷遺跡　　(5) 島根県加茂岩倉遺跡　　(6) 奈良県飛鳥池遺跡

解説 (1) 相沢忠洋が旧石器の最初の発見者。　(2) 本州北端の地。縄文時代のイメージがかなり変わった発掘であった。　(3) 九州の壱岐島にある。　(4)・(5) 出雲王権の存在をうかがわせる。　(6) 大和政権の中心地であり，高松塚古墳などもある。

■■■■■■ 例題12 ■■■■■■

次の古代の都の変遷図をみて，下の各問いに答えよ。

> 藤原京　→　平城京　→　A　長岡京　→　B　平安京
> →　福原京　→　平安京

問1　畿内の国のうち，Aが造営された国はどこか，当時の表記で答えよ。

問2　Bの造営に協力した秦氏は渡来系氏族である。機織りの技術を伝え，秦氏の祖とされる人物は誰か，次の1〜4から1つ選べ。
　1　弓月君　　2　王仁　　3　司馬達等　　4　阿知使主

解答 問1　山背　　問2　1

解説 問1　長岡京は，桓武天皇が人心一新のため784年より現在の京都府長岡京市と向日市を中心とした地に造営したものである。この地があったのは，旧国名では山背国であった。山背国は，平安京遷都の折に山城国となった。　問2　2は西文氏の祖。3は古代の渡来人で，継体天皇のときに来日し，蘇我馬子と協力して仏教の興隆に努めた。4は東漢氏の祖である。

高校地歴（日本史） 中世

ポイント

　「中世」では，鎌倉時代が頻出である。我が国最初の武家政権の意義，守護・地頭の設置による土地制度の変容，経済・産業の新局面などが問われるだろう。また文化に関しては，いわゆる鎌倉新仏教の学習が不可欠である。各宗派の開祖や教義の内容，及び互いの相違点などがかなり細かく問われている。

　次いで，室町時代が多い。南北朝の動乱から幕府支配の確立，内紛や一揆の頻発，戦国大名の割拠までの流れをおさえておくことも必要だが，この時代には経済や文化の面で見るべき発展があったので，そちらの方もしっかりと学習してほしい。経済では諸産業の発達や座の成立，または惣村の形成などの民衆の自立についての設問が見られ，文化では北山・東山の両文化の特徴と比較，絵画・芸能の新展開などについての出題が見られている。

　史料問題の多さは「原始・古代」と変わらない傾向だが，「中世」においては絵画の利用も増えている。鎌倉時代では伯耆国の東郷荘のような下地中分の絵図や『一遍上人絵伝』など，室町時代では如拙が開拓し雪舟が大成した水墨画などが割合よく用いられている。勿論，文献史料も頻出である。『御成敗式目』や『建武以来追加』のような武家法，室町時代にしばしば起こった騒動を記録した史料などをおさえておこう。

□鎌倉時代の流れ

守護・地頭設置	征夷大将軍就任	承久の乱	御成敗式目
1185年	1192年	1221年	1232年
源頼朝の奏請で朝廷が承認。	源頼朝が武家の棟梁となる。	幕府の西国支配を強化。	最初の武家法が成立。

元寇	霜月騒動	永仁の徳政令	幕府滅亡
1274・1281年	1285年	1297年	1333年
文永の役と弘安の役の2回。	得宗専制政治の確立へ。	御家人の窮乏，幕府への不満。	最後の得宗北条高時が自害。

□御成敗式目（貞永式目）

> 一、諸国守護人奉行の事
> 右，右大将家の御時定め置かるる所は，大番催促・謀叛・殺害人（付，夜討・強盗・山賊・海賊）等の事也。…

　『御成敗式目』は1232年に第3代執権・北条泰時が制定した我が国最初の武家法であり，その年号をとって『貞永式目』ともいう。全51カ条。上に引用したのはその第3条である。文中の「右大将家」とは源頼朝のことである。彼が守護の基本的権限として定めたのは，（京都）大番役の催促や謀叛人・殺害人の逮捕の大犯三カ条だというのが上の条文の大意であり，その後の省略した部分は守護の職権濫用を戒めた内容となっている。この第3条は試験などでよく出題される箇所である。

> 　さてこの式目をつくられ候事は，なにを本説として注し載せらるるの由，人さだめて謗難を加ふる事に候歟。ま事にさせる本文にすがりたる事候はねども，ただどうりのおすところを被記候者也。…この式目は只かなをしれる物の世間におほく候ごとく，あまねく人に心えやすからせんために，武家の人へのはからひのためばかりに候。これによりて京都の御沙汰，律令のおきて，聊かもあらたまるべきにあらず候也。

　これは『御成敗式目』を定めた泰時が，六波羅探題だった弟の重時に送った手紙の一部であり，式目制定の意図がはっきりと示されている。「どうり（道理）」を基準にしたと3行目に書かれている。この武家社会の道理と先の『御成敗式目』第3条からもうかがえるような頼朝以来の先例が，式目制定の二本柱である。そして5行目辺りから記されて

いるように，『御成敗式目』は全国一円に適用される法律ではなく，朝廷管轄下の公家法・荘園領主管轄下の本所法と住み分けをしながら施行された**武家法**だったのである。式目制定の基準と適用範囲についても，よく問われるところである。

□鎌倉新仏教

	宗 派	開 祖	特 色	著 書	本 山
浄土教系	浄土宗	法然	専修念仏 他力易行	『選択本願念仏集』	知恩院 (京都)
	浄土真宗	親鸞	悪人正機 絶対他力	『教行信証』 『歎異抄』 (弟子の唯円の著)	本願寺 (京都)
	時宗	一遍	踊念仏 遊行	『一遍上人語録』 (没後)	清浄光寺 (神奈川)
	日蓮宗 (法華宗)	日蓮	題目 四箇格言	『立正安国論』 『開目抄』	久遠寺 (山梨)
禅宗系	臨済宗	栄西	公案 不立文字	『興禅護国論』 『喫茶養生記』	建仁寺 (京都)
	曹洞宗	道元	只管打坐 身心脱落	『正法眼蔵』 『正法眼蔵随聞記』 (弟子の懐奘の著)	永平寺 (福井)

□鎌倉文化の建築様式

▲大仏様(天竺様)〔東大寺南大門〕

▲禅宗様(唐様)〔円覚寺舎利殿〕

▲和様〔蓮華王院本堂(三十三間堂)〕

▲折衷様(新和様)〔観心寺金堂〕

□鎌倉・室町両幕府のしくみ

＜鎌倉幕府＞

＜室町幕府＞

□室町時代の流れ

□土一揆

天下の土民蜂起す。徳政と号して酒屋・土倉・寺院等を破却せしめ雑物等恣に之を取り，借銭等悉く之を破る。管領之を成敗す。凡そ亡国の基，之に過ぐべからず。日本開白以来，土民蜂起是れ初めなり。

『大乗院日記目録』より正長の土一揆の記録。1428年に近江の馬借の蜂起から始まり，私徳政が行われた。管領畠山満家が出陣するなど大規模な一揆だった。

近日，四辺の土民蜂起す。土一揆と号し，御徳政と称して借物を破り，少分を以て押して質物を請く。…侍所多勢を以て防戦するもなお承引せず，土民数万の間，防ぎ得ずと云々。…今土民等，代始に此の沙汰は先例と称すと云々。言語道断の事なり。

『建内記』より嘉吉の土一揆の記録。将軍の代替わりの徳政を求めて起こった。幕府は要求に屈し，正長の時には出さなかった公式の徳政令を山城一国平均に発布した。幕府の権威は失墜し，その後も同様の一揆がしばしば起こった。

□足軽の登場

此たびはじめて出で来れる足がるは超過したる悪党なり。其故は洛中洛外の諸社・諸寺・五山十刹・公家・門跡の滅亡はかれらが所行なり。かたきのたて籠たらん所にをきては力なし，さもなき所々を打ちやぶり，或は火をかけて財宝をみさぐる事は，ひとへにひる強盗といふべし。かかるためしは先代未聞のこと也。

『樵談治要』より足軽出現の記録。「此たび」とは応仁の乱のこと。著者の一条兼良は都の荒廃を「ひる(昼)強盗」たる彼らのせいだと断じている。足軽とは徒歩の雑兵をいうが，戦国時代には各大名によって組織化され，長槍や鉄砲を用いて集団戦を行う主要な戦力となった。

例題1

次の史料Ａ～Ｄを読み，あとの問１～問10に答えよ。

Ａ　もろこし，我が朝に，もろもろの智者達の沙汰し申さるる観念の
念にも非ず。又，学文をして念の心を悟りて申念仏にも非ず。ただ
往生極楽のためには，南無阿弥陀仏と申て疑なく往生するぞと思ひ
とりて申外には別の子細候はず。…(中略)…念仏を信ぜん人は，た
とひ一代の法を能々学すとも，一文不知の愚どんの身になして，尼
入道の無智のともがらに同して，智者のふるまひをせずして，唯一
向に念仏すべし。…(後略)

(『一枚起請文』)

Ｂ　「ₐ善人なをもちて往生をとぐ，いはんや悪人をや。しかるを，世
のひとつねにいはく，『悪人なを往生す，いかにいはんや善人をや』
と。この条，一旦そのいはれあるにたれども，本願他力の意趣に
そむけり。そのゆへは，自力作善のひとは，ひとへに他力をたのむ
こころかけたるあひだ，弥陀の本願にあらず。…(後略)」

Ｃ　それ往生極楽の教行は，濁世末代の目足なり。道俗貴賤，誰か帰
せざる者あらん。ただし♭顕密の教法は，その文，一にあらず。事
理の業因，その行これ多し。利智精進の人は，いまだ難しと為さざ
らんも，予が如き頑魯の者，あに敢てせんや。
　　この故に，念仏の一門に依りて，いささか経論の要文を集む。こ
れを披いてこれを修るに，覚り易く行ひ易からん。惣べて十門あ
り。分ちて三巻となす。…(後略)

(『往生要集』)

Ｄ　年ニソヘ日ニソヘテハ，物ノ[　　]ヲノミ思ツヅケテ，老ノネザメ
ヲモナグサメツツ，イトド，年モカタブキマカルママニハ，世中モ
ヒサシクミテ侍レバ，昔ヨリウツリマカル[　　]モアハレニオボエ
テ，神ノ御代ハシラズ，人代トナリテ神武天皇ノ御後，百王トキコ
ユル，スデニノコリスクナク，八十四代ニモ成ニケルナカニ，保元
ノ乱イデキテノチノコトモ，マタ꜀世継ガモノガタリト申スモノモ
(「ヲイ」と傍記)カキツギタル人ナシ。…(後略)

(『愚管抄』)

問1　史料Aの著者が，1198年に九条兼実の要請で撰述した書物は何か，書け。

問2　京都栂尾に高山寺を開き，『摧邪輪』で史料Aの著者の所説に反論した人物は誰か，書け。

問3　史料Bの中の「善人」，「悪人」の意味を明確にしながら，下線aの内容を書け。

問4　史料Bは，著者の師の法語とその教説に反する異議への批判を編さんしたものである。この書物は何か，書け。

問5　史料Cの著者が往生極楽するために，何がもっとも重要だと説いたか，漢字2字で書け。

問6　史料Cの下線bに関して，律宗の僧侶で戒律の復興に努め，病人救済などの社会事業を行い，北山十八間戸を設立した人物は誰か，次のア〜エの中から1つ選び，記号で答えよ。

　　ア　貞慶　　イ　忍性　　ウ　覚盛　　エ　叡尊

問7　史料Dでは，著者は歴史の変化を何によって説明しようとしたか，[　　]にあてはまる語句を書け。

問8　史料Dの下線cは，藤原道長を中心とする藤原氏の栄華を，対談形式で説いた歴史物語である。それは何というか，書け。

問9　史料Dはある出来事の直前に書かれたとされている。その出来事とは何か，次のア〜エの中から1つ選び，記号で答えよ。

　　ア　承平・天慶の乱　　イ　平治の乱　　ウ　治承・寿永の乱
　　エ　承久の乱

問10　鎌倉仏教(新仏教)が，旧仏教と比べより広く民衆に受け入れられた理由を，比較して書け。

解答　問1　選択本願念仏集　　問2　明恵(高弁)　　問3　自分の力だけで悟りをひらくことが出来ると考えている善人ですら救ってくださるのだから，自らの内なる悪と戦いながらそれでもなお必死に救いを求めてやまない悪人を救ってくださらない筈がない。
問4　歎異抄　　問5　念仏　　問6　イ　　問7　道理
問8　大鏡　　問9　エ　　問10　すべての人が実践できるやさしい行(易行)をすすめたから。

解説　問1　史料Aの著者は法然。浄土宗の教義を説いた書。
問2　明恵(高弁)は華厳宗の復興者で，鎌倉新仏教に対する理論的批判の第一人者。　問3　史料B『歎異抄』の著者は親鸞の弟子唯円。　問4　唯円はその師親鸞の教えが正しく伝えられていないのを憂えてこの本を著した。　問5　史料Cの著者は源信。浄土信仰の根拠を示した。　問6　北山十八間戸は奈良市にある現存最古の慈善救済施設で，ここで忍性はハンセン病患者を救済した。　問7　史料D『愚管抄』の著者は慈円。古今を通しての当然の筋道として時勢の推移を説明した観念。　問8　『大鏡』は『世継物語』ともよばれ，四鏡の一つ。大宅世継の翁と夏山繁樹の対話形式で書かれている。　問9　『愚管抄』は13世紀初めの成立。アは931〜941年，イは1159年，ウは1180〜1185年，エは1221年。　問10　浄土諸宗の称名念仏，日蓮宗の題目にそれが見られる。

━━━━━━━━━━━━━━━ 例題2 ━━━━━━━━━━━━━━━

次の文を読み，下の各問いに答えよ。

　1183年，(a)源頼朝は[　ア　]から(b)「東国」の支配権を承認され，1190年には右近衛大将に任命された。その後，[　ア　]の没後の1192年には征夷大将軍に任命され，名実ともに鎌倉幕府が成立したといわれている。源氏将軍が三代で絶えると，後鳥羽上皇は権威を取り戻す絶好の機会ととらえ，1221年，執権[　イ　]追討の命令を出し挙兵した。しかし，逆に幕府側に京都へ攻め込まれ敗北し，これにより，後鳥羽上皇は[　ウ　]へ流された。また，幕府は京都に六波羅探題を設置し朝廷の監視と京都の警備にあたらせ，武家政権は大きく伸張していった。

問1　下線部(a)について，彼が伊豆に配流されることになった事件として最も適当なものを，次の①〜④から1つ選べ。
①　石橋山の戦い　　②　保元の乱　　③　平治の乱
④　鹿ヶ谷事件

問2　[　ア　]にあてはまる最も適当な人物を，次の①〜④から1つ選べ。

189

① 白河法皇　　② 後白河法皇　　③ 崇徳上皇　　④ 鳥羽上皇

問3　下線部(b)について，このとき支配権を承認された「東国」として最も適当なものを，次の①～④から1つ選べ。

① 東山道・東海道　　　② 東山道・北陸道
③ 東海道・北陸道　　　④ 東海道・南海道

問4　[イ]にあてはまる最も適当な人物を，次の①～④から1つ選べ。

① 北条時政　　② 北条時宗　　③ 北条泰時　　④ 北条義時

問5　[ウ]にあてはまる最も適当な場所を，次の①～④から1つ選べ。

① 壱岐　　② 隠岐　　③ 讃岐　　④ 佐渡

解答　問1 ③　　問2 ②　　問3 ①　　問4 ④　　問5 ②

解説　問1　源氏の嫡流源義朝は敗死し，その子頼朝は捕らえられ，配流された。こののち平氏政権の時代になる。　問2　鳥羽上皇の子で，後鳥羽上皇の祖父。源頼朝に平氏を打倒させた。

問3　北陸道は木曽義仲の勢力範囲であり，南海道は平氏の支配下にあった。　問4　北条時政の子で，2代執権。　問5　後醍醐天皇も配流されている。なお，佐渡へは順徳上皇が流されている。

例題3

　1425年，室町幕府の5代将軍足利義量が嗣子を残さず死去すると，幕府は4代将軍義持の僧籍に入っていた弟たちの中から青蓮院義円をくじ引きで次の将軍に決定した。これが6代将軍足利義教である。しかし義教の将軍就任には反対者も多く，特に自ら将軍就任の意志を持ち，これに敗れた鎌倉公方足利持氏はあからさまに対立の姿勢を見せていた。義教は持氏討伐のため関東に遠征軍を送って1438年これを滅ぼした。これを永享の乱という。義教は4・5代将軍時には途絶えていた日明貿易を再開し，幕府収益の改善を図る現実的な政策も展開したが，一方で身分・男女を問わず自分の意に沿わない者を弾圧するなど恐怖政治を展開する専制君主化がはなはだしかった。その結果1441年有力守護の赤松満祐に暗殺されてしまうことになる。現役の将軍が暗殺さ

れたこの事件の結果，将軍の権威は揺らぎ，その権力は弱体化していくのである。

(1) 足利義教の時代に起きた出来事として正しいものを，次のa〜dから1つ選び，記号で答えよ。

a 猿楽能の観阿弥を見いだしてこれを保護し，猿楽能発展に寄与した。

b 日蓮宗の日親は他宗と過激な宗論を戦わせるなどしたので，幕府に迫害された。

c 東山に山荘を建設したが，そのなかで採用された書院造とよばれる建築様式は，その後の和風住宅の基本となった。

d 夢窓疎石を政治顧問として重用したため，この後臨済宗は幕府の保護を受けて大いに栄えることになる。

(2) 永享の乱以後の15世紀に，鎌倉府の長官である鎌倉公方はどのような変遷をたどるか。次の2つの用語を使用して説明せよ。

「関東管領」「北条早雲」

解答 (1) b (2) 永享の乱以降，鎌倉公方は古河公方と堀越公方に分裂して弱体化し，実権は関東管領の上杉氏に移った。そして15世紀末に堀越公方は北条早雲によって滅ぼされてしまう。

解説 (1) aは足利義満，cは足利義政，dは足利尊氏の時代。日親は，日蓮が辻説法により他宗を攻撃した伝統を受けついだ。 (2) 鎌倉公方が堀越公方と古河公方に分裂したこと，その後関東管領に実権を奪われたこと，堀越公方は北条早雲に滅ぼされたことの3点がポイント。古河公方も事実上北条氏康に滅ぼされた。

■■■■■■ 例題4 ■■■■■■

次の史料を読んで，あとの各問に答えよ。

爰に京都の聖断を聞奉るに，記録所・決断所をゝかるといへども，近臣臨時に内奏を経て非義を申行間，綸言朝に変じ暮に改りし程に，諸人の浮沈掌を返すが如し。(略)又，天下一統の掟をもて安堵の綸旨を下さるゝといへども，所帯をめさるゝ輩，恨をふくむ時分，公家に口ずさみあり。尊氏なしといふ詞を好みつかひける。

〔問1〕この史料で示された政権によって置かれた職や職制に関する次の記述ア～エの組合せとして適切なものは，下の1～4のうちのどれか。

ア　政所が一般政務や財政を担当し，長官を別当といった。

イ　京都の警備を担当する機関として武者所をおいた。

ウ　東北地方の軍事・民政を担当するために，奥州探題・羽州探題が置かれた。

エ　地方には国ごとに国司と守護を置き，行政と治安維持にあたらせた。

　　1　ア・ウ　　2　ア・エ　　3　イ・ウ　　4　イ・エ

〔問2〕この史料が成立した時代の文化に関する記述として適切なものは，次の1～4のうちのどれか。

1　一条兼良が有職故実や古典の研究に力を入れ，『公事根源』をあらわした。

2　世阿弥が能の真髄をのべた理論書である『風姿花伝』(花伝書)を残した。

3　二条良基が『菟玖波集』を撰し，連歌の規則書として『応安新式』を制定した。

4　古今伝授が東常縁によって整えられ，宗祇によってまとめられていった。

| 解答 | 問1　4　　問2　3 |

解説　史料中に「記録所」「決断所(雑訴決断所のこと)」，「綸旨」とあることから，綸旨を乱発した建武の新政について述べたものであることが窺える。出典史料は1349(貞和5)年頃に成立したと考えられる梅松論である。　問1　鎌倉幕府，建武の新政，室町幕府それぞれの政治機構について問う形式で，頻出である。本問は史料で示された政権の機構を問うており，つまり建武の新政の政治機構を答えればよい。アは鎌倉幕府の，ウは室町幕府の機構を説明している。　問2　室町時代の文化についての問題で，頻出ではあるがやや難。室町時代の文化は時期的に，南北朝文化，北山文化，東山文化に分類されるため，どの文化に各人物や著作があて

はまるのかを考える必要がある。1の一条兼良は，政治意見書『樵談治要』を将軍義尚に送ったことでも有名であり，東山文化に該当する。2で述べられている能の大成は北山文化である。4にある東常縁から宗祇への古今伝授は，正風連歌の確立と関係しており，東山文化に分類される。正答は3となるが，二条良基とその著書『菟玖波集』は，連歌の地位向上に寄与した南北朝期の文化である。

■■■■■■■■■■■■■■■■■■■■■■ 例題5 ■■■■■■■■■■■■■■■■■■■■■■

次の史料を読み，下の各問いに答えよ。

> 一，足がるといふ者，長く停止せらるべき事。
> 　昔より天下の乱るることは侍れど，足がるといふことは旧記などにもしるさざる名目也。…　此たびはじめて出来れる足がるは超過したる悪党なり。其故は①洛中洛外の諸社・諸寺・②五山十刹・公家・門跡の滅亡はかれらが所業也。

問1　下線部①に関連して述べた次の文X・Yの正誤の組合せとして正しいものを，下のア～エの中から1つ選び，記号で答えよ。

　X　龍安寺の一休宗純に弟子入りした村田珠光は茶と禅の精神の統一を主張し，侘茶を創出した。

　Y　吉田兼倶は反本地垂迹説にもとづき，神道を中心に儒学・仏教を統合しようとする唯一神道を完成した。

　　ア　X　正　　Y　正　　　イ　X　正　　Y　誤
　　ウ　X　誤　　Y　正　　　エ　X　誤　　Y　誤

問2　下線部②に関連して，五山・十刹の制について100字以内で説明せよ。

問3　史料の出典を答えよ。

解答　問1　ウ　　　問2　五山・十刹の制は南宋の官寺の制にならい，足利義満の時代にほぼ完成した。臨済宗の寺院を保護・統制する制度で，南禅寺を五山の上におき，京都五山と鎌倉五山の下に十刹があった。　　問3　樵談治要

解説　問1　Xは龍安寺が誤り。一休宗純は大徳寺の住持であった。

　問2　臨済宗の寺院の保護・統制を目的とした寺格ということを柱に，南禅寺を五山の上に置き，京都五山，鎌倉五山の下に十刹があったことを説明したい。この制度によって，幕府は禅宗を管理した。また，制度の概要として，南宋の官寺の制度にならったことや，足利義満の頃に制度が整ったことを補記したい。

　問3　足軽の出現について記された，公家である一条兼良の著。

■■■■■■■■■■■■■■■■ **例題6** ■■■■■■■■■■■■■■■■

中世におこった飢饉について述べた文として最も適当なものを，次の1〜4から1つ選べ。

1　養和の飢饉では，坂本の馬借の蜂起を契機に，畿内で徳政を要求した一揆がおこった。

2　寛喜の飢饉では，飢饉の惨状に遭遇した浄土真宗の開祖親鸞が，絶対他力を提唱した。

3　寛正の飢饉では，8代将軍足利義政の無策に対して，光明天皇がその失政を批判した。

4　正嘉の飢饉では，社会不安が増大するなかで，日親が『立正治国論』で悟りの道を説いた。

解答　2

解説　1の養和の飢饉は，1181年に発生した大飢饉。記述の後半は，1428年の正長の土一揆に関するものである。3の寛正の飢饉は，1461年の飢饉。失政を批判したのは，光明天皇ではなく後花園天皇である。4の正嘉の飢饉は，1258年以後数年間続いた全国的飢饉。『立正治国論』が成立したのは，1439年のことである。なお，正答の2の寛喜の飢饉は，1230年から1231年に発生した大飢饉である。

高校地歴（日本史）　近世

ポイント

　「近世」では，何といっても江戸時代が中心となる。幕藩体制の成立や鎖国，対外関係，諸改革の子細，文化の特色，幕末の動乱など内容は多岐にわたる。できれば，政治，経済，文化などの各々の分野についてしっかりと学習することを勧めたい。

　安土桃山時代については，時期こそ短かったものの，歴史上の意義は大きな時代だったため，出題の頻度は決して少ないものではない。土地や商業などの経済面での動き，豪華絢爛な文化面の内容などがよく問われている。

　史料問題はここでも頻出である。安土桃山時代では太閤検地や刀狩，江戸時代では幕藩体制の基礎となった各種の法令，享保・寛政・天保のいわゆる三大改革の史料，そして経世済民の各思想家の文章などはまずおさえておきたい所である。国内だけではなく，イエズス会士や朝鮮通信使の文章も設問に用いられたケースがあったので，それにも対応できるような広く深い学習が必要になるだろう。

□織豊政権の政策

```
　　定　　安土山下町中
一、当所中楽市として仰せ付けらるるの上は，諸座・諸役・諸公
　事等，悉く免許の事。
一、分国中徳政，之を行ふと雖も，当所中免除の事。
一、他国并に他所の族，当所に罷越し有付候はゞ，先々より居
　住の者と同前，誰々の家来たりと雖も異儀あるべからず。…
```

　織田信長が安土山下町に出した楽市令の一部。1番目の条文では楽座のこと，2番目の条文では信長の領国で徳政が行われても当所(安土山下町)では除外することを述べている。3番目の条文は，当所(安土山下町)では誰が新しく来ても古くからの住民と待遇に差異はないことを述

べている。

> 一、仰出され候趣，国人幷に百姓共ニ合点行き候様ニ，能々
> 申し聞かすべく候。…百姓以下ニ至るまで，相届かざるニ付い
> てハ，一郷も二郷も悉くなでぎり仕るべく候。

豊臣秀吉が**太閤検地**を行うにあたり，五奉行の一人・**浅野長政**に送った手紙の一部。検地の趣旨を国人や百姓によく説明し，納得しない者がいたら村の1つ2つを皆殺しにすべしという内容で，秀吉の検地にかける峻烈な意志が見られる。

> 一、諸国百姓，刀・脇指・弓・やり・てつはう，其外武具のたぐ
> ひ所持候事，堅く御停止候。
> 一、右取をかるべき刀・脇指，ついえにさせらるべき儀にあらず
> 候の間，今度大仏御建立の釘，かすかひに仰せ付けらるべし。

同じく豊臣秀吉の**刀狩令**。1番目の条文が刀狩の命令部分で，2番目の条文ではその名目として，没収した武器は**方広寺**の**大仏建立**の釘などに用いられることを述べている。

□桃山文化の特色

城郭建築

▲姫路城天守閣

茶道の大成（千利休）

▲妙喜庵待庵

障壁画

▲狩野永徳「唐獅子図屏風」

□江戸幕府のしくみ

＜江戸幕府＞

将軍

大老　老中　若年寄　寺社奉行　京都所司代　大坂城代

目付　書院番頭

高家　大目付　町奉行（江戸）　勘定奉行　遠国奉行（伏見・長崎など）

郡代　代官

□**鎖国**　江戸幕府の初期は豊臣秀吉と同じように，キリスト教と貿易を分け，前者を禁止し後者を推進する政策をとっていたが，次第に後者も厳しく制限するようになった。鎖国令はいくつかに分けて出されたので，年代に注意したい。なお，「鎖国」の言葉は19世紀初めに志筑忠雄が洋書の翻訳で使用したのが最初。

> 一、異国江奉書船の外，舟遣すの儀堅く停止の事。
> --- 寛永10年の鎖国令(1633)
> 一、異国江日本の船遣すの儀，堅く停止の事。
> 一、異国江渡り住宅仕り之有る日本人来り候ハバ，死罪申付くべき事。
> --- 寛永12年の鎖国令(1635)
> 右，茲に因り，自今以後，かれうた渡海の儀，之を停止せられ訖。
> --------------------------- 寛永16年の鎖国令(1639)→鎖国の完成
> (参考)一、日本ハ神国たる処，きりしたん国より邪法を授け候の儀，太だ以て然るべからず候事。
> --------------------------- 豊臣秀吉の伴天連(バテレン)追放令(1587)

□江戸時代の対外関係

□**経世論** 「経世」は「経世済民」の略で，中国の古い言葉。世を経め民を済うという意味で，江戸時代には政治や社会の変革を主張する経世家が多く出た。また「経世済民」は別の略によって「経済」の語源にもなった。

> 一般に，直耕して，大小・上下すべて二品なきは自然なり。…真の仁は耕織する衆人に在り。耕さず，織らずして衣食を貪ること止むれば，鰥寡孤独窮民無し。

　八戸で医者を開業していた**安藤昌益**の文章。彼は封建制そのものに疑問を感じ，武士が農民の収穫物を搾取する社会構造を批判した。その上で**農本主義**の平等社会，**万人直耕の自然世**を理想としたが，著書はあまり出回らず一般への影響力はなかった。上は『統道真伝』からの引用，他に『自然真営道』という大著がある。

> 当世の俗習にて，異国船の入津ハ長崎に限りたる事にて，別の浦江船を寄ル事ハ決して成らざる事ト思リ。実に太平に鼓腹する人ト云べし。…細カに思へば，**江戸の日本橋より唐・阿蘭陀迄境なしの水路也**。然ルを此に備へずして，長崎にのミ備ルは何ぞや。

　海外事情に関心の高かった経世家・**林子平**の文章。彼は当時の沿岸

防備体制の甘さを批判し，外国の侵略を防ぐための**海防論**を展開したが，**寛政の改革**で処罰された。上は『**海国兵談**』からの引用で，前半は海防を甘く考えている平和ボケへの批判である。そして，後半は「鎖国していても日本は海を通じて世界とつながっている」ことを指摘した箇所であり，試験にもよく出てくる。林子平には他に『三国通覧図説』などの著書がある。

> 日本ハ海国ナレバ，渡海・運送・交易ハ固ヨリ国君ノ天職最第一ノ国務ナレバ，万国へ船舶ヲ遣リテ，国用ノ要用タル産物及ビ金銀ヲ抜取リテ日本へ入レ，国力ヲ厚クスベキハ海国具足ノ仕方ナリ。

　天文学や数学にも明るかった経世家・**本多利明**の文章。彼は開国によって重商主義的な貿易を行い，経済力の強化すなわち**富国策**を行うべきだと説いた。上は『**経世秘策**』からの引用で，他に『西域物語』などがある。ちなみに，蝦夷地を探検した最上徳内は彼の弟子である。

> 生熟スルモノハ，年数ノ短長ハアレドモ，大テイソレゾレノ持マヘアリテ死枯セザルハナシ。…**人ノ死シタルヲ鬼ト名ヅク**。是レ亦死シタル後ハ性根ナシ，心志ナシ，コノ鬼ノ外ニ鬼ナシ。

　懐徳堂にも学んだ大坂の町人・**山片蟠桃**の文章。彼は独自の**無鬼論**(無神論)を展開したが，これは徹底した合理主義に立ったがためであり，天文学では地動説，経済学では自由経済を主張している。上は『夢の代』からの引用で，文中の「鬼」とは霊魂をさす。

例題1

18世紀終わりから19世紀なかばまでの江戸幕府の外交政策について述べた次の文章を読み，あとの問いに答えよ。

　18世紀終わり頃から，ロシア，イギリス，アメリカ船が日本近海に頻繁に現れるようになり，幕府は①外交政策の転換を迫られるようになった。1792年，ロシアの(あ)が根室に来航し②漂流民を届けたことを機会に，幕府は江戸湾・蝦夷地の海防の強化を諸藩に命じ，1798

年には最上徳内，近藤重蔵に蝦夷地・千島を調査させ，翌年，東蝦夷地を直轄地とした。1804年にはロシア使節③レザノフの来航をめぐってロシアとの関係が緊張したため，幕府は1807年に松前藩と蝦夷地をすべて直轄地とし，翌④1808年には（　い　）に樺太とその対岸を調査させた。ロシアとの関係は⑤ゴローウニン事件を機にひとまず改善されたため，幕府は1821年に蝦夷地を松前藩に還付したが，その後も各地の沿岸に頻繁に姿を見せる⑥外国船への対応に迫られた。

1　文中の（　あ　），（　い　）に入る人物名を書け。

2　下線部①について，次の史料1を読み，問いに答えよ。

〈史料1〉

> …当時長崎に厳重に石火矢の備有て，却って安房，相模の海港に其備なし。此事甚不審。細カに思へば江戸の日本橋より唐，阿蘭陀迄境なしの水路也。然ルを此に備へずして長崎にのミ備ルは何ぞや。

　(1)　史料1の著者名を書け。

　(2)　史料1は何を説いているか，書け。

　(3)　史料1が幕政への批判にあたるとして著者が処罰されたが，この時期の幕政改革の名を書け。

3　下線部②について，漂流民の名と，彼がロシアで謁見した女帝の名を書け。

4　下線部③について，レザノフの行動と幕府の対応，それに対するロシアの動きを書け。

5　下線部④について，同じ年に長崎で外国船が起こした事件の名を書け。

6　下線部⑤について，この事件でゴローウニンの釈放に尽力した淡路生まれの廻船業者の名を書け。

7　下線部⑥について，次の史料2の法令名と，それによって1837年に撃退されたアメリカ商船の名を書け。

〈史料2〉

> …一体いきりすニ限らず，南蛮・西洋の儀は，御制禁邪教の国ニ候間，以来何れの浦方ニおゐても…

解答 1 あ ラクスマン（ラックスマン）　い 間宮林蔵
2 (1) 林子平　(2) 海岸の防備の必要性（海防論）　(3) 寛政の改革　3 漂流民：大黒屋光太夫　女帝：エカチェリーナ2世　4 レザノフはラクスマンの持ち帰った入港許可証を持って長崎に来航したが，幕府が追い返したため，ロシア船は樺太や択捉島を攻撃した。　5 フェートン号事件　6 高田屋嘉兵衛　7 法令名：異国船打払令（無二念打払令）　商船名：モリソン号

解説 1 あ レザノフと混同しないこと。　い 間宮海峡を発見し，樺太が島であることを確認した。　2 (1) 史料は『海国兵談』(2) 列強の接近に危機感を持ち書かれた。　(3) 寛政の改革の時期で，洒落本作家山東京伝らも処罰されている。　3 エカチェリーナ2世は，ロシアの啓蒙専制君主。エカテリーナまたはカザリンでもよい。　4 長崎に来航，幕府の通商拒否，択捉島などへの攻撃などを柱に論述する。　5 イギリス船名で呼ばれている。この事件で長崎奉行松平康英が引責自殺している。　6 択捉航路を開拓したが，ロシア側に捕らえられ，翌年解放された。7 外国船が接近したら有無を言わせず撃退することを内容としている。なお，モリソン号事件後，幕府の外交政策を批判した高野長英や渡辺崋山らが逮捕される蛮社の獄が起きている。

―――――――――― **例題2** ――――――――――

江戸時代の社会経済に関する次の文章を読んで，文中の空欄（　①　）～（　⑳　）に入る適切な語句を答えよ。

　17世紀から18世紀にかけて，新田開発による耕地の拡大，深耕用の（　①　）・脱穀用の千歯扱など農具の発明・改良，品種改良や（　②　）・油粕・〆粕など金肥の使用，農書の出版による農業技術の普及などに

より，農業生産力は著しく向上した。また，四木〈(③)・茶・楮・桑〉や三草〈麻・(④)・藍〉などの商品作物の栽培が普及した。水産業では，網漁が摂津・和泉・紀伊などの上方漁民によって全国に普及し，九十九里浜では(⑤)網が発達した。製塩業では，中世の(⑥)法から潮の干満の差を利用した入浜法が発達した。鉱山は幕府・藩によって積極的に開発されていたが，1690年に住友吉左衛門が発見した民営の(⑦)銅山もあった。商品流通の進展とともに，交通・通信制度の整備も進んだ。陸上交通では五街道が整備され，宿駅には問屋場と大名・公家が宿泊する本陣や一般旅行者用の(⑧)などがつくられた。海上交通では，江戸・大坂間の南海路に(⑨)廻船や樽廻船が就航し，(⑩)は東廻り航路・西廻り航路を整備した。河川交通では(⑪)により天竜川・富士川などの水運が開かれた。

　産業・交通・都市の発達により，さらに商品流通が促進された。諸大名が徴収した年貢米や国産品は蔵物とよばれ，換金のために江戸や大坂に送られたが，これらの物資は，まず諸大名が設けた蔵屋敷に送られ，その出納・管理には(⑫)とよばれる町人があたり，(⑬)とよばれる町人が売却代金の保管や送金にあたった。江戸では蔵米取の旗本や御家人の代理として，幕府の米蔵から扶持米を受け取り委託販売を業とする(⑭)が現われた。蔵物とは別に，農村から直接問屋に入る(⑮)とよばれる商品も全国から三都へ流入したので商人の間に問屋・仲買・小売などの分業がすすんだ。また，商人の中には同業者で仲間を組織し，営業の独占をはかろうとする動きが現われた。幕府は金座などの特殊な業種にしか認めていなかった同業組合を，統制をしやすくするとともに，運上・(⑯)などの収益をあげるために，他の業種にも公認した。これを株仲間といい，大坂の(⑰)問屋や江戸の十組問屋などが有名である。こうして大都市で一時に大量の商品取引が行われるようになると，主要商品ごとに専門の卸売市場が設けられ，流通の円滑化がはかられた。大坂では三大市と称し，堂島の米市・天満の青物市・(⑱)の魚市が活況を呈した。商業の発達とともに，貨幣の流通も盛んになった。幕府は貨幣の鋳造権を独占して，三貨を発行した。金貨の単位は両・分・(⑲)で，1両は16(⑲)

だった。金貨・銭貨が計数貨幣であるのに対し，銀貨は(　⑳　)貨幣であり，1609年には金1両は銀50匁と定められていた。

解答 ①　備中鍬　②　干鰯　③　漆　④　紅花　⑤　地引
(地曳)　⑥　揚浜　⑦　別子　⑧　旅籠　⑨　菱垣
⑩　河村瑞賢(軒)　⑪　角倉了以　⑫　蔵元　⑬　掛屋
⑭　札差(蔵宿)　⑮　納屋物　⑯　冥加　⑰　二十四組
⑱　雑喉場　⑲　朱　⑳　秤量

解答 ②は鰯や鰊を日干しにしたもの。④は花弁から赤色染料を採る。⑯は商工業者の営業免許税である。⑰は大坂でつくられた商品別の荷積問屋の仲間。

■■■■■■■■■■ **例題3** ■■■■■■■■■■

次の文章を読んで，(1)～(3)の問いに答えよ。

　江戸時代，①朱子学は幕府や藩に受け入れられた。江戸幕府では，徳川家康によって(　②　)が用いられ，その子孫は代々儒者として幕府に仕えて教学を担った。阿波では，藩主蜂須賀重喜の時代に(　③　)が儒官として迎えられ朱子学を講義した。この人物は，後に幕府に召されて寛政の改革に参画し「寛政の三博士」の一員として知られることになる。また，各藩では藩士子弟教育のために藩学が設立され，農村部には藩士や庶民を対象として④郷学がつくられた。

(1)　下線部①について，その理由を説明せよ。
(2)　(　②　)，(　③　)にあてはまる人物名をそれぞれ漢字で答えよ。
(3)　下線部④について，岡山藩主池田光政により設立された郷学の名称を漢字で答えよ。

解答 (1)　幕府や藩による支配を正当化する必要から，君臣・父子の別をわきまえ，上下の秩序を重んじる学問であった朱子学が受け入れられた。　(2)②　林羅山　③　柴野栗山　(3)　閑谷学校

解説 (1)　儒学には，他に中国から伝わった陽明学や日本で生まれた古学などがあったが，幕府は寛政の改革の際に，昌平坂学問所では朱子学のみを講じることとし(寛政異学の禁)，朱子学優位の風潮

が広まっていった。　(2)　②　林羅山は林家の祖。藤原惺窩に師事した。　③　柴野栗山は讃岐の人で，江戸で林復軒に学び，徳島藩に仕えた後，幕府に召されて，昌平黌の教官となり，古賀精里・尾藤二洲とともに寛政の三博士の一人に数えられる。寛政異学の禁の立案者の一人でもあった。　(3)　閑谷学校は学校領が設定され，学田が作られるなど独自の財源を持ち，他領の人々へも門戸を開いていた。講堂が国宝に指定されたほか，24棟が重要文化財に指定されている。

例題4

近世の我が国の農民に関する次の各問いに答えよ。

問1　18世紀における農村の変化について，次の三つの語句を全てあげて説明せよ。なお，三つの語句には下線を引くこと

> 地主　　村方騒動　　商品経済

問2　次の史料はある書物の一部である。この書物の著者の主張を「武士」という語句を用いて簡潔に説明せよ。

> ……各耕シテ子ヲ育テ，子壮ニナリ，能ク耕シテ親ヲ養ヒ子ヲ育テ，一人之ヲ為レバ万万人之為テ，貪リ取ル者無レバ貪ラルル者モ無ク，転定モ人倫モ別ツコト無ク，転定生ズレバ，人倫耕シ，此ノ外一点私事無シ。是レ自然ノ世ノ有様ナリ。
>
> 　　　　　　　　　　　　　　　　　　　　　　　(『自然真営道』)

解答　問1　農村では，商品経済が浸透するとともに，農業経営に失敗して土地を失う農民と，土地を集積して地主経営を行う有力農民とに階層分化が進んだ。その結果，両者の対立が深まり，村役人の不正を追及し，村の公正な運営を求める村方騒動が各地でみられるようになった。　問2　武士が農民を搾取する社会や身分制度を批判した。

解説　問1　18世紀の農村は，経済の変化の影響を受け，従来の本百姓を中心とした形態から異なるものへ変質していった。具体的には，

商品経済が浸透した農村で，農業経営に失敗した農民と，その土地を集め地主経営を行う豪農とに階層分化が進んだことを記すとよい。また指定語句から考え，小百姓・小作人と豪農との間に対立が生まれ，村役人の不正の追及や公正な村の運営を求める村方騒動が各地で頻発したことまで指摘するようにしたい。

問2　『自然真営道』の著者である安藤昌益は，史料にも記されているように，身分の上下・男女の別のない社会，誰もが自ら耕作する社会などを理想とした。つまり「武士」が農民を搾取する社会を，安藤昌益は批判していたということを記せばよい。

―――――――― 例題5 ――――――――

次の各問いに答えよ。

問1　寛政の改革について述べた文として適当なものを，A～Dから1つ選び，記号で答えよ。

A　諸大名に，石高1万石につき100石の米穀を蓄えさせる囲米を命じた。

B　町入用節約分の7割を積み立てさせる七分積金を命じた。

C　旗本・御家人の救済を図るため，棄捐令を出して借上の債権を放棄させた。

D　全国の藩校において，朱子学以外の儒学を禁じる寛政異学の禁を発した。

問2　林子平の著書『三国通覧図説』の「三国」として適当でないものを，A～Dから1つ選び，記号で答えよ。

A　朝鮮　　B　琉球　　C　蝦夷地　　D　清

解答　問1　B　　問2　D

解説　問1　A　囲米は石高1万石につき，50石の備蓄を命じた。
C　借上は鎌倉～南北朝時代の高利貸し。正しくは札差。
D　寛政異学の禁で朱子学以外の学問を禁じたのは，湯島聖堂学問所での講義である。　問2　『三国通覧図説』では，日本を中心に朝鮮・琉球・蝦夷3国を図で示し解説している。

次の作品の作者について説明した文として最も適当なものを，下の
1～4から1つ選べ。

1　多色刷版画の錦絵を完成させ，その技法で美人大首絵や役者絵，相
撲絵を描いた。

2　画俳一致を主張した俳人で，明や清の影響を受け南宗画(文人画)を
大成した。

3　西洋画法を学ぶとともに，エレキテルや寒暖計を製作した物理学者
でもあった。

4　狩野派の画法を学び，さらに西洋や中国の遠近法を習得して客観的
な写生画を創造した。

| 解答 | 4 |

| 解説 | 図の作品は，円山応挙作の国宝「雪松図屏風」である。応挙は18 |

世紀に活躍した円山派の祖で，洋画の遠近法を取り入れ新しい画
法を創造した。円山派は写生を重んじ，立体感のある作品を残し
た。1の多色刷りの浮世絵版画である錦絵は，鈴木春信が始めた。
勝川春章らが完成させた「大首絵」の手法は，寛政期に喜多川歌麿，
東洲斎写楽によって最高期を迎えた。歌麿は美人画，写楽は役者
絵の傑作を残した。2は与謝蕪村についての説明である。蕪村は
18世紀に活躍した俳人・画家である。3はエレキテルの記述です
ぐに判断できるが，平賀源内についての説明である。

高校地歴（日本史） 近代・現代

ポイント

　「近代・現代」は時代を大まかに分けると，明治，大正，昭和の戦前と戦後(平成・令和含む)になるが，概ね偏りのない出題となっている。内容的には政治，外交，経済，文化など多岐に及び，また幾つかの時代にまたがる設問も見られ，試験問題の形式は様々である。

　史料問題の頻度も変わらず多いが，「近代・現代」の傾向として外交文書を出典とするものが多い。それらは例えば，日清・日露戦争の講和条約や韓国併合に関する各協定，ヴェルサイユ体制下での各軍縮条約，第二次世界大戦の各種の会談・宣言，戦後の対外条約などであり，史料集などでチェックしておきたい所である。他には，文明開化期の思想家や近代の政治家の文章なども用いられており，こちらの方にも注意を払っておくべきだろう。

　用語集などを見てもらえば分かるだろうが，「近代・現代」ではそれまでの日本史と比べて習う事項の数が急増する。現場の教師にとっては限られた時間数の中でいかに効率よく教えるかが悩みの種になっているそうだが，教員採用試験を受験しようとする者にとっても他人事ではない。それぞれの事項がどのような背景で生じたのかをまず自分が理解し，かつ他の事項と関連性はないのか，同時期には何が起こっていたのかもおさえ，整然と生徒に説明ができるようにしたい。そのような出題もなされているので要注意である。

□明治維新

- 政治制度 …太政官制 (1868)→内閣制度 (1885)→大日本帝国憲法発布 (1889)
- 土地制度 …版籍奉還 (1869)→廃藩置県 (1871)→地租改正 (1873)
- 軍事制度 …徴兵告諭 (1872)→徴兵令 (1873)→軍人勅諭 (1882)
- 身分制度 …四民平等 (1869)→秩禄処分 (1876)→華族令 (1884)
- 教育制度 …学制 (1872)→教育令 (1879)→学校令 (1886)→教育勅語 (1890)
- 殖産興業 …郵便制度・新貨条例 (1871)→国立銀行条例・富岡製糸場開業・鉄道開業 (1872)→内務省設置 (1873)→第 1 回内国勧業博覧会 (1877)

207

□明治の外交

	主な事項	条約改正関係
1869	外務省設置	
1871	日清修好条規	岩倉使節団出発(～73)
	琉球漁民殺害事件	
1873	征韓論争	
1874	台湾出兵	
1875	樺太・千島交換条約	
	江華島事件	
1876	日朝修好条規	
	小笠原領有宣言	
1879	琉球処分	
1882	壬午軍乱	
1883		鹿鳴館建設(欧化政策の一端)
1884	甲申事変	
1885	天津条約	
1886		ノルマントン号事件
1889		大隈外相襲撃事件
1891		大津事件
1894	甲午農民戦争(東学党の乱)	日英通商航海条約
	日清戦争(～95)	(領事裁判権撤廃・関税自主権 の一部回復)
1895	下関条約	
	三国干渉	
1900	北清事変	
1901	北京議定書	
1902	日英同盟	
1904	日露戦争(～05)	
1905	ポーツマス条約	
	桂・タフト協定	
1910	韓国併合	
1911		日米通商航海条約改正 (関税自主権回復)

□**韓国併合**　日露戦争で朝鮮の指導権を確立した日本は一気に韓国併合を行ったのではなく，日韓議定書(1904年)から3次に及ぶ日韓協約を経て，1910年の韓国併合条約というように段階を踏んで進めた。それぞれの細かい差異まで問われることがあるので要注意。なお，下関条約の後に朝鮮は清から独立して大韓帝国と改称した。そのため，「朝鮮併合」と答えたりすると間違いとなる。

---

① 第四条　第三国ノ侵害ニ依リ若ハ内乱ノ為，大韓帝国ノ皇室ノ安寧或ハ領土ノ保全ニ危険アル場合ハ大日本帝国政府ハ速ニ臨機必要ノ措置ヲ取ルヘシ。…

② 一　韓国政府ハ日本政府ノ推薦スル日本人一名ヲ**財務顧問ト**シテ韓国政府に傭聘シ，…
一　韓国政府ハ日本政府ノ推薦スル外国人一名ヲ**外交顧問ト**シテ韓国政府に傭聘シ，…

③ 第一条　日本国政府ハ，**在東京外務省ニ依**リ今後韓国ノ外国ニ対スル関係 及 事務ヲ監理指揮スヘク，…
第三条　日本国政府ハ，其代表者トシテ韓国皇帝陛下ノ闕下ニ一名ノ**統監**(レヂデントゼネラル)ヲ置ク，統監ハ専ラ外交ニ関スル事項ヲ管理スル為メ京城ニ駐在シ親シク韓国皇帝陛下ニ内謁スルノ権利ヲ有ス。

④ 第二条　韓国政府ノ法令ノ制定 及 重要ナル行政上ノ処分ハ予メ**統監ノ承認**ヲ経ルコト。

⑤ 第一条　韓国皇帝陛下ハ韓国全部ニ関スル**一切ノ統治権**ヲ完全且永久ニ日本国皇帝陛下ニ譲与ス。

---

　①は日韓議定書(1904.2)で，日露戦争勃発を背景に韓国での軍事行動を認めた内容。②は第一次日韓協約(1904.8)で，日本政府推薦の財政・外交顧問を置く顧問政治を定めた内容。③は第二次日韓協約(1905)で，韓国の外交権を接収して保護国化した内容で，**統監府**が京城(漢城)に置かれた。④は第三次日韓協約(1907)で，**ハーグ密使事件**を契機に締結され，日本が韓国の内政権を掌握した内容。⑤は**韓国併合条約**(1910)で，その前年に併合反対派の**伊藤博文**が暗殺されている。

□**大正デモクラシー**　大正期には自由主義・民主主義的風潮が高揚し，社会・労働運動や教育運動など各方面で成果が見られた。政治面でも2度の護憲運動や普選運動が起こったが，その裏付けとして新しい政治思想の鼓吹があったことが挙げられる。

> 我々が視て以て憲政の根柢と為すところのものは，政治上一般民衆を重んじ，其間に貴賤上下の別を立てず，而かも国体の君主制たると共和制たるとを問はず，普く通用する所の主義たるが故に，**民本主義**といふ比較的新しい用語が一番適当であるかと思ふ。

　「民本主義」を提唱した**吉野作造**の文章。彼は政策の決定を一般民衆の意向によるべきだと主張し，その具体的な目標として**政党内閣制**と**普通選挙**の実現を掲げた。前者は第二次護憲運動後の「憲政の常道」，後者は1925年に制定され，それぞれ成果を収めた。なお，民本主義も民主主義も"democracy"の訳語だが，主権在君の明治憲法下にあって主権在民の民主主義と一線を画するために，民本主義の方を用いたと考えられている。

> 所謂**機関説**ト申シマスルノハ，国家ソレ自身ヲ一ツノ生命アリ，ソレ自身ニ目的ヲ有スル恒久的ノ国体，即チ法律学上ノ言葉ヲ以テ申セバ，**一ツノ法人**ト観念イタシマシテ，天皇ハ此法人タル国家ノ元首タル地位ニ在マシ，国家ヲ代表シテ国家ノ一切ノ権利ヲ総攬シ給ヒ，天皇ガ憲法ニ従ッテ行ハセラレマスル行為ガ，即チ国家ノ行為タル効力ヲ生ズルト云フコトヲ言ヒ現ハスモノデアリマス。

　「天皇機関説」は法人としての国家が主権の主体で，君主(天皇)はその国家の最高機関とする学説。東大の学者などが唱え，**美濃部達吉**は『憲法撮要』などの著書で論述した。昭和に入ると軍部から危険思想として攻撃されるようになり，美濃部自身(当時は貴族院議員)が釈明せざるを得なくなった。上の文章はその演説の一部である。それでも攻撃は止まず，時の岡田啓介内閣は**国体明徴声明**を発して天皇機関説を禁止するに至った。

□第二次世界大戦後の主権回復と外交

	事 項	内 閣
1951	サンフランシスコ平和条約	第 3 次吉田茂内閣
	日米安全保障条約	〃
1954	MSA(日米相互防衛援助)協定	第 5 次吉田茂内閣
1956	日ソ共同宣言	第 3 次鳩山一郎内閣
	国際連合加盟	〃
1960	日米新安保条約	第 2 次岸信介内閣
1965	日韓基本条約	第 1 次佐藤栄作内閣
1968	小笠原諸島復帰	第 2 次佐藤栄作内閣
1972	沖縄復帰	第 3 次佐藤栄作内閣
	日中共同声明	第 1 次田中角栄内閣
1978	日中平和友好条約	福 田 赳 夫 内 閣
1985	プラザ合意	第 2 次中曽根康弘内閣
1992	PKO(国連平和維持活動)協力法成立	宮 沢 喜 一 内 閣
2002	日朝首脳会談	第 1 次小泉純一郎内閣

━━━━━━━━ 例題1 ━━━━━━━━

次のＡ～Ｅの史料を読み，下の各問いに答えよ。

Ａ

　余かつて桐生・(a)の機業地に遊び，聞いて極楽，観て地獄，職工自身がしかく口にせると同じく余もまたその境遇の甚だしきを見てこれを案外なりとせり。しかも(a)・桐生を辞して前橋に至り，製糸職工に接し更に織物職工より甚だしきに驚けるなり。労働時間の如き，忙しき時は朝床を出でて直に業に服し，夜業十二時に及ぶこと稀ならず。食物はワリ麦六分に米四分，寝室は豚小屋に類して醜陋見るべからず。　　　　　　　　　　　(『日本之下層社会』による)

問1　史料Ａの作者を，次のア～エの中から1つ選び，記号で答えよ。

　ア　西川光二郎　　イ　横山源之助　　ウ　細井和喜蔵

　エ　黒岩涙香

問2　空欄(a)にあてはまる地名は何か，答えよ。

問3　この書物は1899(明治32)年に刊行されている。この書物の刊行以

前に起きた出来事を，次のア～エの中から1つ選び，記号で答えよ。

　ア　綿織物業の分野では，豊田佐吉が日本最初の木製動力織機を発明し，大量生産への道が開かれた。

　イ　安部磯雄・片山潜・幸徳秋水らによって，日本で最初の社会主義政党である社会民主党が結成された。

　ウ　憲政党は，政党結成をめざしていた伊藤博文に接近し，解党して伊藤派の官僚とともに立憲政友会を結成した。

　エ　政府は軍事・経済上の必要から鉄道国有法を公布し，主要幹線の民営鉄道17社を買収して国有とした。

B

　元始，女性は実に（　b　）であつた。真正の人であつた。今，女性は月である。他に依つて生き，他の光によつて輝く，病人のやうな蒼白い顔の月である。…(中略)…私共は隠されて仕舞つた我が（　b　）を今や取戻さねばならぬ。　　　　　　　　　　　（『青鞜』創刊号による）

問4　空欄（　b　）にあてはまる語句は何か，答えよ。

問5　青鞜社は平塚らいてうを中心とした若い女性たちにより結成された文学団体である。平塚とともに青鞜社で活動した人物を，次のア～エの中から1つ選び，記号で答えよ。

　ア　景山(福田)英子　　イ　山川菊栄　　ウ　奥むめお

　エ　伊藤野枝

問6　『青鞜』は1916年に財政難のため52号で廃刊となったが，平塚と市川房枝らは1920年に新婦人協会を結成し，女性の政治活動を禁止した□□□□□第5条の改正運動をすすめた。空欄に入る漢字5文字は何か，答えよ。

C

　漸次に選挙権を拡張する事は何等異議なき処にして，又他年国情こゝに至れば，所謂普通選挙も左まで憂ふべきにも非らざれども，階級制度打破と云ふが如き，現在の社会組織に向て打撃を試んとする趣旨より（　c　）資格を撤廃すと云ふが如きは，実に危険極る次第にて，…(以下略)　　　　　　　　　　　　　　（『原敬日記』による）

問7　空欄（　c　）にあてはまる語句は何か，答えよ。

問8　原敬内閣の時以外に起きた出来事を，次のア～エの中から1つ選び，記号で答えよ。

　ア　国際平和維持の機関として国際連盟が発足し，日本はその常任理事国の1つとなった。

　イ　株式市場の暴落を口火に戦後恐慌が発生し，綿糸・生糸の相場は半値以下に暴落した。

　ウ　大学令が制定されて，総合大学の帝国大学のほかに，単科大学や公立・私立の大学が認められた。

　エ　堺利彦・山川均らによって，日本共産党がコミンテルンの支部として非合法のうちに結成された。

問9　史料Cに見られるように，原内閣の時には普通選挙法は制定されなかった。普通選挙法が制定された時の内閣を，次のア～エの中から1つ選び，記号で答えよ。

　ア　第1次若槻礼次郎内閣　　イ　加藤高明内閣

　ウ　高橋是清内閣　　　　　　エ　第2次山本権兵衛内閣

D

第1条　両締約国ハ両国間ニ平和及友好ノ関係ヲ維持シ且相互ニ他方締約国ノ領土ノ保全及不可侵ヲ尊重スヘキコトヲ約ス

第2条　締約国ノ一方カ一又ハ二以上ノ第三国ヨリノ軍事行動ノ対象ト為ル場合ニハ他方締約国ハ該紛争ノ全期間中中立ヲ守ルヘシ

　　　　　　　　　　　　　　　（『日本外交年表竝主要文書』による）

問10　史料Dは，「日ソ中立条約」の一部である。モスクワでこの条約に調印した外務大臣を，次のア～エの中から1つ選び，記号で答えよ。

　ア　幣原喜重郎　　イ　広田弘毅　　ウ　加藤友三郎

　エ　松岡洋右

問11　この条約が調印された1941(昭和16)年に起きた出来事を，次のア～エの中から1つ選び，記号で答えよ。

　ア　政府は，援蔣ルートの遮断と南方進出の足がかりとして，北部仏印(フランス領インドシナ)進駐を開始した。

　イ　国家総動員法第4条に基づき国民徴用令が公布され，一般国民が軍需産業に動員されるようになった。

　ウ　野村吉三郎駐米大使とハル国務長官との間で日米交渉がおこなわれたが，ハル＝ノートの提示で交渉は決裂した。

　エ　津田左右吉の日本古代史の実証的研究が，皇室の尊厳を傷つけるものとして，彼の著書が発禁となった。

問12　ソ連が，この条約を無視して日本に宣戦布告したのは西暦何年のことか，答えよ。

E

1　日本国とソヴィエト社会主義共和国連邦との間の戦争状態は，この宣言が効力を生ずる日に終了し，両国の間に平和及び友好善隣関係が回復される。

4　ソヴィエト社会主義共和国連邦は，（　d　）への加入に関する日本国の申請を支持するものとする。

9　日本国及びソヴィエト社会主義共和国連邦は，両国間に正常な外交関係が回復された後，平和条約の締結に関する交渉を継続することに同意する。

　　ソヴィエト社会主義共和国連邦は，日本国の要望にこたえかつ日本国の利益を考慮して，（　e　）及び（　f　）を日本国に引き渡すことに同意する。ただし，これらの諸島は，日本国とソヴィエト社会主義共和国連邦との間の平和条約が締結された後に現実に引き渡されるものとする。　　　　　　（『日本外交主要文書・年表』による）

問13　史料Eは，「日ソ共同宣言」の一部である。空欄（　d　）にあてはまる語句は何か，答えよ。

問14　空欄（　e　）・（　f　）にあてはまる語句の組合せとして正しいものを，次のア～エの中から1つ選び，記号で答えよ。

　ア　e　国後島　　　f　択捉島

　イ　e　択捉島　　　f　歯舞群島

　ウ　e　色丹島　　　f　国後島

　エ　e　歯舞群島　　f　色丹島

問15　モスクワを訪問してこの宣言に調印した内閣総理大臣を，次のア～エの中から1つ選び，記号で答えよ。

　ア　吉田茂　　イ　岸信介　　ウ　鳩山一郎　　エ　片山哲

解答　問1　イ　　問2　足利　　問3　ア　　問4　太陽　　問5　エ
問6　治安警察法　　問7　納税　　問8　エ　　問9　イ
問10　エ　　問11　ウ　　問12　1945年　　問13　国際連合
問14　エ　　問15　ウ

解説　問1　アは社会主義者で，『労働世界』・『平民新聞』を発行。ウは
『女工哀史』の著者。エは『万朝報』社主。　問2　足利は栃木県
で桐生は群馬県。絹織物で有名。　問3　ア　1896年に発明。
イ　1901年に結成。　ウ　1900年に結成。　エ　1906年に制定。
問4　原始・古代には，女性は社会生活の中心であったという意
味。　問5　アは自由民権家，イは女性運動家で，赤瀾会を結成，
ウは雑誌『婦人運動』を主宰。　問6　1900年，第二次山県有朋
内閣が制定した。　問7　選挙権の有資格者の基準であった。
問8　1922年，加藤友三郎内閣の時に非合法で結成された。
問9　1925年，護憲三派内閣の時。　問10　国際連盟脱退通告
の時の日本代表であり，三国同盟も締結した。　問11　ア　1940
年に進駐。　イ　1939年に公布。　エ　1940年の出来事。
問12　原爆投下とソ連参戦が，日本降伏の直接原因となった。
問13　国際連盟としないこと。　問14　千島列島には属さない
島々。　問15　第5次吉田茂内閣の後の首相。55年体制成立時
の首相でもある。

━━━━━━━━━━ **例題2** ━━━━━━━━━━

次の年表を見て，問1〜問3に答えよ。

年表

西　暦	主　な　で　き　ご　と
1871 a ⇕	政府は⑦廃藩置県を断行し，府知事・県令が地方行政にあたった。
1881 b ⇕	④明治十四年の政変によって，薩長藩閥の政権が確立した。
1889 c ⇕	大日本帝国憲法が発布された。
1900 d ⇕	伊藤博文を総裁として，立憲政友会が結成された。
1913 e ⇕	第一次護憲運動により，桂太郎内閣が倒された。
1925 f ⇕	加藤高明内閣は⑦普通選挙法を成立させ，協調外交を展開した。
1935 g ⇕	岡田啓介内閣は国体明徴声明を出し，天皇機関説を否認した。
1949 h ⇕	経済安定九原則の実行のため，⑦ドッジとシャウプが来日した。
1955	日本民主党と自由党が合流して新たな政党が結成され，⑦55年体制とよばれる政治体制が始まった。

問1　年表について，(1)〜(6)に答えよ。

(1)　下線部⑦について，この政策の目的を簡潔に書け。

(2)　下線部④の際に出された「国会開設の勅諭」の内容を簡潔に書け。

(3)　下線部⑦について，1925年に成立した普通選挙法に関して述べた文として誤っているものを，ア〜エから選べ。

ア　25歳以上の男子に選挙権を与え，30歳以上の男子に被選挙権を与えた。

イ　選挙人は全人口の20パーセントを超えた。

ウ　選挙人はそれまでの約4倍に増加した。

エ　選挙人の納税に関する条件を，「直接国税納入額10円以上」から「制限なし」とした。

(4)　下線部⑦は，1ドル＝360円の単一為替レートを設定した。単一為替レートを設定した理由を簡潔に説明せよ。

216

(5) 下線部㋑の55年体制下において成立した内閣を述べた文として正しいものを，ア～エから選べ。

ア　田中角栄内閣は，日韓基本条約を結び，日韓間の1910年以前の諸条約の失効を確認し，韓国との国交が樹立された。

イ　鳩山一郎内閣の下で，日米相互協力及び安全保障条約が調印され，アメリカの日本防衛義務が明文化された。

ウ　池田勇人内閣は，「寛容と忍耐」を唱えて革新勢力との対立をさけ，「所得倍増」をスローガンに経済政策を展開した。

エ　吉田茂内閣の下で，日ソ共同宣言が調印され，日本の国連加盟をソ連が支持したため，日本の国連加盟が実現した。

(6) 次のア～ウは，それぞれ年表のa～hのどの時期にあてはまるか，記号で答えよ。

ア　ロシアでは，首都のペテルブルクで労働者の大規模なストライキが起こり，駐屯する兵士もそれを支持したため，皇帝ニコライ2世は退位した。

イ　イギリスによる海上封鎖に対抗して，ドイツは中立国の商船をも攻撃する無制限潜水艦作戦を開始した。

ウ　清朝が幹線鉄道の国有化令を出すと革命派が武装蜂起して，14省が清朝からの独立を宣言し，翌年，南京で孫文を臨時大総統とする中華民国が樹立された。

問2　年表に関連した事項をまとめたカードA～Fについて，(1)，(2)に答えよ。

〈カードA〉
○文官任用令を改正した（　①　）内閣は官僚に対する政党の影響力拡大に努めたが，シーメンス事件で退陣した。

〈カードB〉
○満州では，関東都督府が租借地を管理し，半官半民の（　②　）が，長春・旅順間の鉄道を経営した。

〈カードC〉
○外務大臣（　③　）は条約改正に努力したが，極端な欧化政策と，外国人裁判官採用を批判され，辞職した。

〈カードD〉
○下関条約調印後，満州進出をねらうロシアはドイツ，フランスともに（　④　）半島の返還を日本に勧告した。

〈カードE〉
○（　⑤　）を中心にして薩摩の不平士族らが起こした西南戦争は，規模が大きく，政府は鎮圧に7か月を要した。

〈カードF〉
○首相（　⑥　）は，盧溝橋事件後，不拡大方針を声明したが，華北への派兵を認め，戦線を拡大した。

(1) （ ① ）〜（ ⑥ ）にあてはまる語句や人物の名を書け。

(2) カードA〜Fのできごとは，それぞれ年表のa〜hのどの時期にあてはまるか，記号で答えよ。

問3 次の写真，風刺画について，(1)，(2)に答えよ。

写真

説明
○この人物は，浜口内閣の蔵相として，一時的な不況を覚悟して，産業界の合理化を進め，日本経済の国際的競争力を育成しようと，金解禁を断行した。

風刺画

説明
○この風刺画は，料亭でろうそくがわりに百円札を燃やす「成金」を風刺している。当時は，海運業，造船業が著しく伸び，いわゆる船成金が続出した。

(1) 写真の人物の名を書け。また，この人物が行った金解禁は，年表のa〜hのどの時期にあてはまるか，記号で答えよ。

(2) 風刺画に描かれている内容は，年表のa〜hのどの時期にあてはまるか，記号で答えよ。

解答 問1 (1) 中央集権化するため (2) 10年後には国会を開設する。 (3) エ (4) 日本経済を国際経済と結びつけ，輸出の増加を図った。 (5) ウ (6) ア e イ e ウ d
問2 (1) ① 山本権兵衛 ② 南満洲鉄道株式会社
③ 井上馨 ④ 遼東 ⑤ 西郷隆盛 ⑥ 近衛文麿
(2) A e B d C b D c E a F g
問3 (1) 名：井上準之助 記号：f (2) e

解説 問1 (1) 旧領主である知藩事を東京に集め，中央政府から県令・

府知事を派遣した。　　(2)　開拓使官有物払い下げ事件や政府内で大隈重信の国会早期開設論があって自由民権運動が高まり，危機感を持った政府は大隈を罷免し，国会開設の勅諭を出した。

(3)　1919年，原敬内閣のときに「直接国税3円以上」と改正されている。　　(4)　経済安定九原則には，インフレ抑制・円の価値の安定・輸出増進などが掲げられている。　　(5)　ア　日韓基本条約は佐藤栄作内閣が調印した。　　イ　日米安保条約を最初に調印したのは吉田茂内閣。1960年には岸信介内閣が新安保条約を結んでいる。　　エ　日ソ共同宣言は鳩山一郎内閣の時に調印。

(6)　ア　1917年のロシア革命中。　　イ　1917年の第一次世界大戦中。　　ウ　1911～12年の辛亥革命。　　問2　(1)　ほとんど基本問題，全問正解が望ましい。　　(2)　A　1914年　　B　1906年　　C　1887年　　D　1895年　　E　1877年　　F　1937年
問3　(1)　のちに血盟団事件で暗殺されている。金解禁は1930年。金融恐慌以後不況が続いている時期。　　(2)　第一次世界大戦中の好景気のころ。

■■■■■■■■■■　**例題3**　■■■■■■■■■■

次のグラフは，日本の産業における生産額に関するものである。1914年から1919年にかけての工業生産額の変化の要因について150字以内で述べよ。その際，あとの語句を必ず使用し，解答文中で用いた語句には下線をつけて明示すること。

グラフ

グラフの出典は『新詳日本史』（浜島書店）

> アジア市場　　ドイツ　　米国

解答 この期間の工業生産額の大幅な増加は，重化学工業においては，ドイツからの輸入が途絶えたことによる化学工業の勃興や，世界的な船舶の不足による造船業の活況を要因としている。軽工業においては，大戦で好景気となった米国向けの生糸やヨーロッパ諸国が撤退したアジア市場への綿織物の輸出の増加を要因としている。(147字)

解説 第一次世界大戦が始まった1914年と終戦翌年の1919年の日本の産業生産額統計を比較すると，生産総額が約4倍にも大きく増えていること，工業の割合が50％を超え，特に重化学工業の伸びが著しいことなどがわかる。重化学工業が大幅に伸びたのはドイツに依存していた肥料・薬品などの輸入が途絶えたために化学工業が勃興したこと，船舶が戦場のヨーロッパをはじめ世界的に不足したため，造船業が活況を呈したことがあげられる。また，軽工業では大戦景気に沸くアメリカ向けの生糸の輸出や，ヨーロッパからの輸入がほとんどなくなったアジア市場への綿織物の輸出が増加したことが考えられる。

■■■■■■■■ **例題4** ■■■■■■■■

ポツダム宣言にもとづいて連合国の占領下におかれた日本は，GHQ(連合国軍最高司令官総司令部)の指示を受け，経済の民主化を進めた。その一環として行われた第二次農地改革について，改革の実施にあたって制定された法律と改革の内容，及び成果について，120字以内で述べよ。その際，次の語句を必ず使用し，解答文中で用いた語句には下線をつけて明示すること。

> 小作人　　寄生地主制

解答 自作農創設特別措置法を制定し，不在地主の全貸付地，在村地主の貸付地のうち一定面積をこえる分を国が強制的に買い上げ，小作人に優先的に安く払い下げた。その結果，小作地が大幅に減少

する一方で自作農が広範に創設され，寄生地主制が解体された。
(116字)

解説 政府は，1946年に行った第一次農地改革ではGHQ(連合国軍最高司令官総司令部)の同意を得られなかったため，GHQの勧告案に基づいて同年10月に自作農創設特別措置法を制定し，翌1947年から1950年にかけて第二次農地改革を実施した。この改革では在村地主の保有限度を1町歩(北海道のみ4町歩)に制限した上で，これを超える分は国が強制的に買い上げて小作人に優先的に安く払い下げるという方法で行われた。これにより小作地は1割程度に減少して大量の自作農が創出され，農村の封建的な体質の根幹を支えていた，不在地主による寄生地主制は解体された。

例題5

次の文を読んで，下の各問いに答えよ。

　教育制度の自由主義改革を実施するべく，1945年10月にGHQは，教科書の不適切な記述の削除と軍国主義的な教員の追放を指示し，つづいて修身・日本歴史・地理の授業を一時禁止した。ついでアメリカの教育使節団の勧告により，1947年，教育の機会均等や男女共学の原則をうたった(　①　)が制定された。また，大学も増設されて大衆化し，女子学生も増加した。

　一連の占領改革によって，思想や言論に対する国家の抑圧が取り除かれ，従来の価値観・権威は大きく否定された。人文・社会科学各分野の研究に新しい分野が開かれ，西欧近代との比較により日本の後進性を批判する(　②　)の政治学，大塚久雄の経済史学などが学生・知識人に大きな影響をおよぼした。また，1949年の(　③　)金堂壁画の焼損をきっかけとして，伝統的価値のある文化財を保護するために，翌年文化財保護法が制定された。さらに，伝統ある文化財を保護し，文化を復興するために，1968年には(　④　)が設置された。

(1)　(　①　)に入る語として適当なものを，次のA〜Dから1つ選び，記号で答えよ。
　A　教育基本法　　B　教育令　　C　学校令　　D　学校教育法

(2) (②)に入る人物として適当なものを，次のA～Dから1つ選び，記号で答えよ。

　A　大岡昇平　　B　野間宏　　C　丸山真男　　D　川島武宜

(3) (③)に入る語として適当なものを，次のA～Dから1つ選び，記号で答えよ。

　A　法隆寺　　B　東大寺　　C　興福寺　　D　薬師寺

(4) (④)に入る語として適当なものを，次のA～Dから1つ選び，記号で答えよ。

　A　科学技術庁　　B　環境庁　　C　総務庁　　D　文化庁

解答　(1)　A　　(2)　C　　(3)　A　　(4)　D

解説　(1)　義務教育が実質6年から，中学校までの9年間に延長された。なお，Bは1879年，Cは1886年に出された。Dは教育基本法と同時に出され，六・三・三・四制など学校制度の基本を定めた。
(2)　政治学者で東京大学教授。『日本政治思想史研究』『現代政治の思想と行動』などで，戦前から戦後に至るまでの日本の国家体制などを批判的に分析した。なお，Aは『俘虜記』，Bは『真空地帯』などで知られる小説家，Dは法社会学者・民法学者で東京大学教授である。　(3)　白鳳文化の貴重な壁画12面が焼損した。
(4)　文部省の外局として文化財保護委員会が設置され，1968年に同委員会と文化局(文部省の内部部局)を統合して発足した。初代長官は作家の今日出海。2001年の中央省庁再編により文部科学省の外局となり，現在に至っている。

第 4 章

高校地歴
（世界史）

高校地歴(世界史) 近代までのアジア

ポイント

　日本史と世界史を合わせた中学校の歴史では日本史の比重が大きいのに対して，高等学校の世界史は独立した専門科目として扱われ，かつ内容がより広くより深いものとなっている。これに加えて，教員を採用する試験であるため，教職教養，特に学習指導要領に関する出題が多い。これらのことを踏まえて，学習をしっかりと進められたい。

　まず，高校世界史について概観すると，日本史のような史料問題は少ない。その代わりに地図や画像を用いた問題が多い。また，交易，制度，技術などのあるテーマにスポットを当てた設問も見受けられる。これらは目先が変わっていて戸惑うこともあろうが，基本的な学習を確実に行っておけば対応できるものなので，基礎・基本を確実に身につけておきたい。

　「近代までのアジア」を地域別に見ると，中国が頻出である。ただひと口に中国といっても，中国本土のみならず周辺民族との関係やいわゆる征服王朝も含まれるので，北方遊牧民族や内陸アジア・東南アジアの歴史とも関連付けて学習しておきたい。

　次いで，イスラーム諸国の興亡が多い。アラビア半島に起こったイスラーム教は西アジアから北アフリカ，または中央アジアや南アジア，東南アジアに拡大したので，それだけ範囲は広くなるが，まずは開祖ムハンマドと教義，それから正統カリフ時代～アッバース朝，及び各地のイスラーム諸王朝などというように系統立てて学習を進めたい。また，イスラーム文化の学習も必要である。固有の学問と外来の学問の相違点，各地域で栄えたイスラーム文化のそれぞれの特色などを学んでおきたい。

　その次に多いのは南アジアである。これはインド史が中心となるが，古代，イスラーム化～ムガル帝国，イギリスの植民地化と民族

運動，独立後の動き，の4点が主な内容となっている。

また，アジア全体を対象とした設問もよく見られる。モンゴル帝国による東西の一体化や欧米列強の侵略，近代の民族活動などが主題となっているが，地域だけに目を向けるのではなく，横断的に歴史を見る力も養っておきたい。

最後に，地図を用いた設問が多いので，それぞれの王朝や首都の位置などを確認しておくことも怠らないようにしておきたい。

□四大文明

文　明	成立年代	河　川	民　族	特　徴
メソポタミア	BC3500年ごろ〜3000年ごろ	ティグリス・ユーフラテス川	シュメール人アッカド人アムル人など	太陰暦六十進法楔形文字
エジプト	やや遅れて	ナイル川	エジプト人	太陽暦十進法ヒエログリフ
インダス	BC2500年ごろ	インダス川	モエンジョ=ダーロ	計画都市インダス文字印章
中　国	BC1500年ごろ	黄河	原中国人	仰韶文化(彩陶)竜山文化(黒陶)甲骨文字(殷)

□**春秋五覇**　中国の春秋時代に「尊王攘夷」をスローガンに諸侯を指導

225

した有力者を覇者という。斉の桓公・晋の文公・楚の荘王・呉王の闔閭・越王の勾践が代表的な5人の覇者とされるが，異説もある。

□**諸子百家**　春秋時代の末期から戦国時代にかけ，中国では実力主義の風潮が盛んとなり，様々な思想が噴出した。諸学派と書物の総称。

学派	人　物	内　容
儒家	孔子	儒家の祖。魯の出身。「仁」や「礼」を重視し，「修身・斉家・治国・平天下」を説く。儒家では『論語』『春秋』『書経』などを重視。
	孟子	**性善説**…人の本性は善とする説。 **易姓革命**…為政者が不徳ならば天命を失い，王朝の交替もやむを得ないとする説。
	荀子	**性悪説**…人の本性は悪とする説。だから「礼」による規制が必要とした。
墨家	墨子	墨家の祖。**兼愛**(無差別愛)・**非攻**(侵略否定)・**尚賢**(能力主義)などを説く。
道家	老子	道家の祖。孔子と同時期の人物とされる。**無為自然**を説く。
	荘子	万物斉同や逍遥遊などを説き，精神の自由の獲得を説く。
法家	商鞅	**秦の孝公**に仕えた政治家。**法治主義**に基づく改革を行って秦を強くしたが，その厳格さが憎まれて孝公の死後に処刑された。
	韓非	韓の公子。荀子に学び，師の教えを取り入れて法家思想を大成した。同門の李斯の陰謀のために自殺したと伝わる。
	李斯	秦王政(**始皇帝**)に仕えた政治家。丞相として法家思想に基づく政治を行い天下統一に貢献。始皇帝の死後に刑死。
兵家	孫子	春秋呉の孫武と戦国斉の孫臏の2人がいる。勝敗の機微を説くが，戦争はむしろ避けて，政略に意を用いるべきだとした。
	呉子	兵法家として各国に仕え功を立てた呉起のこととされる。
縦横家	蘇秦	**合従策**…強大化する秦に対抗するために他の6国が同盟する外交政策。蘇秦の遊説活動により一時的に成功。
	張儀	**連衡策**…秦が他国の共闘を防ぐため，それぞれ1対1の同盟関係に持ち込む外交政策。張儀は秦の宰相となってこれを実現させ，蘇秦の合従策を破った。
陰陽家	鄒衍	**陰陽五行説**を大成。後世の中国人の思考方法に大きな影響を及ぼし，また日本にも伝わった。
名家	公孫竜	名(名称)と実(本質)の関係を論ずる論理学の一派。次第に詭弁に陥った。

□**イスラーム教**　預言者ムハンマドにより創始。唯一神アッラーと聖典
　『コーラン』を奉じ，六信五行を守り，メッカを聖地とする宗教。

□**ムスリム**　「神に帰依する者」の意で，イスラーム教の信徒の呼称。

□**カリフ**　「神の使徒(ムハンマド)の代理人」の意で，ムハンマド亡き後
　のイスラーム世界の指導者の呼称。

□**正統カリフ**　ムハンマドの没後，信徒から選ばれたアブー＝バクル，
　ウマル，ウスマーン，アリーの4人のカリフを指す。時代的には632年
　から661年までをいい，ササン朝などを破って勢力を拡大した。

□**ウマイヤ朝**　アリーの暗殺後，シリア総督のムアーウィヤが創始した
　王朝。661〜750年。都は**ダマスクス**。カリフはウマイヤ家が世襲。ア
　ラブ人を優遇。西ゴート王国を滅ぼしてイベリア半島を征服したが，
　トゥール＝ポワティエ間の戦い(732)でフランク王国に敗れる。

□**アッバース朝**　アブー＝アルアッバースが創始した王朝。750〜1258
　年。2代マンスールが新都バグダードを建設。5代ハールーン＝アッラ
　シードが全盛期。ムスリムのアラブ・非アラブの不平等を解消。**タラ
　ス河畔の戦い**(751)で唐軍を破り，**製紙法が西伝**。

□**後ウマイヤ朝**　ウマイヤ家の一族がイベリア半島に建国。756〜1031
　年。アッバース朝に対抗しカリフを自称(西カリフ国)。都はコルドバ。

□**シーア派**　アリーの子孫を指導者(イマーム)と仰ぐイスラーム教の一
　派。現在はイランやイラクに多い。イスラーム教全体では1割ほど。
　シーア派以外の多数派をスンナ(スンニ)派という。

□**ファーティマ朝**　エジプトを支配したシーア派の王朝。909〜1171年。
　アッバース朝に対抗してカリフを自称(中カリフ国)。カイロを建設し
　て遷都。カイロ・バグダード・コルドバはイスラーム文化の中心地。

□**ブワイフ朝**　イランを支配したシーア派の軍事政権。932〜1055年。
　946年にバグダードに入城し，アッバース朝から政治の実権を奪う。

□**セルジューク朝**　西アジア一帯を支配したスンナ派のトルコ系王朝。
　建国者はトゥグリル＝ベク。1038〜1194年。ブワイフ朝を倒した功に
　より，アッバース朝から**スルタン**の称号を授かる。

□**スルタン**　イスラーム世界の世俗君主の称号。宗教の最高権威のカリ
　フに対し，政治権力の最高実力者と位置づけられる。

□モンゴルのユーラシア支配

国名 (興亡年)	建国者	領域 (首都)	宗教	滅亡
モンゴル帝国 (1206〜71)	チンギス= ハン	ユーラシア (カラコルム)		元と4ハン国に 分裂

国名 (興亡年)	建国者	領域 (首都)	宗教	滅亡
元 (1271〜1368)	フビライ (世祖)	中国 (大都)	上層部は チベット仏教	紅巾の乱
チャガタイ=ハン国 (1227〜14c)	チャガタイ	中央アジア (アルマリク)	イスラーム教	東西分裂。西はティ ムールに奪われた
キプチャク=ハン国 (1243〜1502)	バトゥ	南ロシア (サライ)	イスラーム教	モスクワ大公 国の独立
イル=ハン国 (1258〜1353)	フラグ	西アジア (タブリーズ)	イスラーム教	ティムール朝の 征服

□インドの植民地化

17c	英仏の進出開始
1757	プラッシーの戦い →仏勢力を駆逐
1764	ブクサールの戦い →ベンガル支配
1767	マイソール戦争(〜99) →南インド支配
1775	マラータ戦争(〜1818) →デカン高原支配
1845 1848	シク戦争(〜46／〜49) →パンジャブ地方支配
1857	インド大反乱 (シパーヒー(セポイ)の反乱)
1858	ムガル帝国滅亡
	東インド会社解散 →本国が直接統治
1877	英領インド帝国成立

▨ 1765年のイギリスの支配地域　　▲ イギリスの通商基地
▨ 18世紀末のムガル帝国領域　　■ フランスの通商基地

■■■■■■■■■■■■■■■■ 例題1 ■■■■■■■■■■■■■■■■

次の①～⑤のうちから，(ア)が誤りで(イ)が正しいものを1つ選べ。

① (ア) イブン＝ルシュドは，アリストテレス哲学の注釈で中世ヨー
ロッパに名を知られていた。
(イ) イスラーム哲学を完成したイブン＝シーナーは，『医学典範』
でギリシア・アラビア医学も集大成した。

② (ア) ファーティマ朝時代，カイロに建てられたアズハル学院は，
のちにイスラーム正統派神学の中心となった。
(イ) スンナ派のセルジューク朝では，宰相ニザーム＝アルムルク
により学術の振興がはかられた。

③ (ア) イル＝ハン国の宰相ラシード＝ア(ウ)ッディーンが著した
『集史』は，モンゴル史の重要史料として知られる。
(イ) 14世紀に登場したイブン＝ハルドゥーンは，『世界史序説』
を著し，都市と地方(遊牧民)との関連をもとに歴史の法則を考
察した。

④ (ア) ウマル＝ハイヤームの『ルバイヤート』は，ペルシア語の代
表的な詩として世界的に著名である。
(イ) インド・イランなどの説話も融合された，『千夜一夜物語』
は，アラビア語文学の傑作である。

⑤ (ア) モロッコ人イブン＝バットゥータは，『世界の記述』を著し
た。
(イ) イブン＝バットゥータは，インドや中国をおとずれたが，
ちょうどそれは元が中国を支配している時代であった。

解答 ⑤

解説 ⑤の(ア)の『世界の記述』はマルコ＝ポーロ。イブン＝バットゥー
タは『三大陸周遊記』。

■■■■■■■■■■■■■■■■ 例題2 ■■■■■■■■■■■■■■■■

東アジア，東南アジアの歴史について，次の(1)～(4)に答えよ。

(1) 前漢の武帝の行ったこととして正しいものを，次のA～Dより1
つ選び，記号で答えよ。

229

A　赤眉の乱に乗じて挙兵し，農民や豪族とともに王莽を敗死させ，新を滅ぼした。

B　郡県制をしいて中央集権体制を確立し，文字・度量衡・貨幣などを統一した。

C　豪族の土地所有を制限し，自作農に土地を確保させる占田・課田法を発布した。

D　塩や鉄，酒を国家の専売品とし，物資の流通の調整と物価の安定を名目とした均輸・平準法を実施した。

(2)　唐の太宗(李世民)の治世を元号にちなみ何というか答えよ。

(3)　日本と東アジア諸国で起こったできごとのうち，同じ世紀に起こったできごとの組合せとして正しいものを，次のA～Dより1つ選び，記号で答えよ。

A　中大兄皇子らが蘇我氏を滅ぼす　―　隋が中国を統一する

B　菅原道真が遣唐使派遣の中止を建議する　―　李成桂が，高麗を倒して朝鮮(李朝)を建てた

C　白河天皇は上皇となり，院政を開始した　―　王安石が新法を行う

D　源頼朝が征夷大将軍に任ぜられる　―　テムジンがチンギス＝ハンの称号を得た

(4)　図は，8～9世紀ごろジャワ島中部で建立された仏教遺跡である。遺跡名を答えよ。

図

解答　(1)　D　　(2)　貞観の治　　(3)　C　　(4)　ボロブドゥール遺跡

解説　(1)　A　後漢の光武帝　B　秦の始皇帝　C　西晋の武帝
(2)　官制は整備され，国力は充実した。

■■■■■■■■■■■■■ **例題3** ■■■■■■■■■■■■■

次の文は，世界史の教材研究にあたってのＡ先生とＢ先生の会話である。この会話文を読んで，あとの(1)〜(7)の問いに答えよ。

Ａ先生：最近ますます生徒の世界地理に関する基礎知識が薄くなっているねえ。この現状を踏まえて，高校生に世界史を教える必要があると思うんだが。

Ｂ先生：そうですね。私は各章の冒頭では必ずその地域の地理的な必須事項を概説しています。一般的な地理知識ばかりでなく，例えば，黄河・長江の流域で発生した中国古代文明については，農耕での雑穀と水稲との違いが，《　ａ　》のラインで区分される気候風土に因るということを話しました。

Ａ先生：それは中国史の特徴である南北朝の分裂を理解する上で，非常に分かりやすいね。①中国史では「南北朝時代」といえば，4世紀から隋の統一までのものが最も一般的だけど，見方を変えれば戦国時代の(　ｂ　)と他の六国との関係や，紹興の和議で国境が決まった南宋と(　ｃ　)との関係も南北朝時代だとも言えるよ。

Ａ先生：さてもう一つ，中学校では日本史中心で歴史を学んできているから，②世界史の学習では時代感覚のズレを日本史で修正するという方法も意外と有効だよ。中国史では紀元前から王朝が存在しているため，だいたい元ぐらいまで学習を進めてくると生徒はよく時代錯誤を起こすんだ。

Ｂ先生：そうですね，後の③明清時代が長く続いているため，余計に錯覚してしまうようです。授業では「元寇」を用いて日本の(　ｄ　)時代が元と対応すると説明したら，ほとんどの生徒が「何やまだそんな時代なんか」という顔をしたのを覚えています。

Ａ先生：最近は東アジア地域の一部として，日本史の事柄を見直す視点も重要になってきている。特に近現代史では，アジアの近代化の動きに与えた日本の影響を教えることは，生徒の視野の拡大を促し，自国を客観的にとらえる姿勢につながるんじゃないだろうか。例えば，日清戦争は清朝に(　ｅ　)運動の不十分さを知らしめたばかりでなく，全世界に清朝の弱体化を証明することとなった。また，日露

戦争では西欧列強の一国であるロシア帝国に，アジアの日本が勝利したということで，ロシアの南下政策にさらされていたトルコばかりでなく，フランスから植民地侵略を受けていたベトナムでもファン＝ボイ＝チャウが（　f　）運動を唱えているからね。

B先生：アジアの中の日本という視点は，現在の私たちの立場を再考する意味からも大切ですね。

(1)　文中の《　a　》にあてはまる事柄として，適切なものを(ア)～(エ)から選び，記号で答えよ。

(ア)　淮河―秦嶺山脈　　　(イ)　渭水―太行山脈

(ウ)　松花江―大興安嶺　　(エ)　珠江―南嶺山脈

(2)　文中の（　b　）～（　f　）にあてはまる語句を正しい漢字で答えよ。ただし，b，cには漢字1字(国名)で，d～fには漢字2字で答えよ。

(3)　下線部①について，この時代の北朝に該当しない事項を，(ア)～(エ)から1つ選び，記号で答えよ。

(ア)　均田制の実施　　　(イ)　黄巾の乱　　(ウ)　道教の成立

(エ)　鳩摩羅什の渡来

(4)　唐の滅亡から約50年ほどの間も，華北に5つの王朝が次々に建てられ，長江流域とは異なった動きを見せている。この間，北宋の歴史に大きな影響を与えることになるある地域が異民族の支配下に入った。その地域を何というか，漢字5字で答えよ。

(5)　下線部②について，高校の授業で用いる場合に適切であると考えられる日中関係史上の事例を1つ取り上げ，解答例のように授業での説明ポイントを簡潔に答えよ。

解答例：弥生時代の卑弥呼が受けた親魏倭王の金印にある国名は，三国時代の魏のことである。

注)　日本史の事項と対応させる中国史の事項には，それぞれ王朝名または時代名を記せ。

(6)　下線部③について，明末～清前期はスペイン・ポルトガルのアジア進出期である。そこでは中国宮廷でのイエズス会宣教師団の活躍が大きな鍵を握っていた。当時の宣教師としてあてはまらない人物を(ア)～(オ)から1つ選び，記号で答えよ。

(ア)　フェルビースト　　　(イ)　マテオ＝リッチ

(ウ)　アダム＝シャール　　(エ)　プラノ＝カルピニ

(オ)　カスティリオーネ

(7)　19世紀以降のアジア諸国の近代化(＝西欧化)では，専制君主制を改革して西欧的な政治体制の確立を目指した。各国では新しい政治の柱として，何がつくられていったか。漢字2字で答えよ。

解答　(1)　(ア)　　(2)　b　楚　　c　金　　d　鎌倉　　e　洋務
f　東遊　　(3)　(イ)　　(4)　燕雲十六州　　(5)　室町時代の足利義満が始めた日明貿易は，靖難の変によって即位したばかりの明の永楽帝との間に行われた。　　(6)　(エ)　　(7)　憲法

解説　(1)　淮河―秦嶺山脈のラインで北は畑作地域，南は米作地域に大別される。　　(2)　b　楚は戦国の七雄の一つ。　　c　金は南宋を圧迫した。　　(3)　(ア)　均田制は北魏の孝文帝がはじめた。
(イ)　黄巾の乱は184年張角が起こしたもの。後漢末。　　(ウ)　道教は，北魏の寇謙之が，古くからの神仙思想に道家の説を入れて，新天師道をはじめ，国家宗教として教団の形成に努めたもの。中国人一般の要求に合っていたので，長く民衆に信仰された。
(エ)　鳩摩羅什は西域からやってきて，華北での仏教の布教や仏典の翻訳に活躍した。　　(4)　遼(契丹)は五代の後晋の建国を助けた代償として河北・山西の北部(燕雲十六州)を領土に加え，宋が中国統一の余勢をかって奪回を企てた時も，これを撃退した。
(6)　プラノ＝カルピニは元代にローマ教皇が遣わした使節である。

▰▰▰▰▰▰▰▰▰▰▰▰ **例題4** ▰▰▰▰▰▰▰▰▰▰▰▰

東南アジアの諸王朝について，次の(1)〜(8)の問いに答えよ。

(1)　現在の中国における広東・広西からベトナム北部を支配した南越を滅ぼした皇帝として適当なものを，A〜Dから1つ選び，記号で答えよ。

　A　始皇帝　　B　高祖(劉邦)　　C　武帝　　D　光武帝

(2)　ベトナム中部にあったチャンパーは，海上交易で栄え，中国とも通交した。次のうち，この国の中国名として適当でないものを，A

233

～Dから1つ選び，記号で答えよ。

A　林邑　　B　環王　　C　占城　　D　大越

(3)　7世紀頃，扶南に代わりメコン川流域を領有したカンボジアの主な
民族として適当なものをA～Dから1つ選び，記号で答えよ。

A　ピュー　　B　モン　　C　クメール　　D　トーアン

(4)　(3)の王国の最盛期に在位したジャヤヴァルマン7世は，仏教を篤
く信仰したが，この王が造営した王都遺跡として適当なものを，A
～Dから1つ選び，記号で答えよ。

A　アンコール＝ワット　　　B　アンコール＝トム
C　ボロブドゥール　　　　　D　プランバナン

(5)　マラッカ海峡の航路をおさえて隆盛し，7世紀に中国の僧義浄が滞
在した王国として適当なものを，A～Dから1つ選び，記号で答えよ。

A　シュリーヴィジャヤ王国　　B　アチェ王国
C　マタラム王国　　　　　　　D　アクスム王国

(6)　ミャンマー最初の統一王朝で，上座部仏教を取り入れて栄えたが，
のちに元の侵入によって滅んだ王朝として適当なものを，A～Dか
ら1つ選び，記号で答えよ。

A　パガン朝　　B　ペグー朝　　C　アユタヤ朝
D　トゥングー朝

(7)　13世紀後半，ベトナムはモンゴル軍を撃退して独立を保ったが，
このときの王朝として適当なものを，A～Dから1つ選び，記号で
答えよ。

A　李朝　　B　陳朝　　C　黎朝　　D　阮朝

(8)　13世紀末から16世紀にかけて，ジャワ島中東部で成立したマジャ
パヒト王国の主要な宗教として適当なものを，A～Dから1つ選び，
記号で答えよ。

A　ヒンドゥー教　　B　ゾロアスター教　　C　マニ教
D　イスラーム教

解答　(1) C　(2) D　(3) C　(4) B　(5) A　(6) A
(7) B　(8) A

解説　(1)　Aの始皇帝が滅ぼしたベトナム北部の国家は，百越である。

Bの高祖(劉邦)は，南越を冊封している。Dの光武帝が即位した，25年より130年以上前の前111年に南越は滅亡している。

(2)　Dの大越は，チャンパーではなくベトナム北部の国家の国号。大越は，李朝第3代皇帝の聖宗によって採用された国号。チャンパーは，中国では林邑，8世紀半ば以降は環王と呼ばれ，その後，占城と呼ばれた。　(3)　Aのピューは，ミャンマーのイラワディ川流域の民族である。Bのモンは，ミャンマーのイラワディ川流域やタイのチャオプラヤ川下流域の民族である。Dのトーアンは，ミャンマー北部から中国南部の民族である。　(4)　Aのアンコール＝ワットは，寺院遺跡である。カンボジアのアンコール朝のスールヤヴァルマン2世によって造営された。Cのボロブドゥールは，アンコール朝ではなくジャワ島中部にシャイレーンドラ朝が造営した大乗仏教遺跡。Dのプランバナンは，ジャワ島中部にマタラム朝が造営したヒンドゥー教寺院である。　(5)　Bのアチェ王国は，15世紀末に成立した，スマトラ島北部のイスラーム国家。Cのマタラム王国は，16世紀末に成立した，ジャワ島東部のイスラーム国家。Dのアクスム王国は，エチオピアに存在した国家である。　(6)　Bのペグー朝は，16世紀にトゥングー朝に滅ぼされた。Cのアユタヤ朝は，タイの王朝。Dのトゥングー朝は，ミャンマー最初ではなく二番目の統一王朝であるので誤り。　(7)　Aの李朝は，13世紀前半に滅亡した王朝。Cの黎朝は，15世紀前半に成立した王朝。Dの阮朝は，19世紀初頭に成立した王朝である。　(8)　マジャパヒト王国は，東南アジア最後のヒンドゥー教国家である。

高校地歴（世界史）　近代までの欧米

ポイント

　「近代までの欧米」では，古代ギリシア・ローマ，近代ヨーロッパと海外進出，及びキリスト教関連の設問が頻出といえる。古代ギリシア・ローマは政治の変遷や文化，近代ヨーロッパは度々行われた国際戦争や条約の内容，封建制度から中央集権体制，絶対主義そして市民社会への流れをしっかりつかむことが肝心だろう。海外進出については，大航海時代の事項やイギリスの植民地形成の過程がよく問われている。キリスト教関連では，初期の成立〜迫害〜公認という流れ，宗教会議などによる教義の確定，教皇権の伸張と絶頂，及び宗教改革が問われる。キリスト教史という場合，いわゆる新旧両教を中心に捉えがちだが，ギリシア正教についても取り上げられることがあるので注意しておきたい。

　また，各国史としての出題もしばしば見受けられたが，イギリス，フランス，ドイツなど西欧の主要国と，アメリカ合衆国が個別によく取り上げられているので，こちらも留意しておきたい。

　設問形式として人名を答えさせるものもあるが，ヨーロッパの歴史上の人物にはかなり似通った名前が多い。国王などは誰々の何世までしっかり解答できるようはっきりと区別をつけて認識しておきたい。

□共和政ローマの内政の推移

年代	事　項	内　　　容
前494	護民官設置	聖山事件の後，平民保護のために設置。
前5c	平民会設置	貴族に対抗するために置かれ，立法に参与。
前451	十二表法	最初の成文法。従来の慣習法を明文化。
前367	リキニウス＝セクスティウス法	・2名のコンスル(執政官)のうち1名を平民から選出。 ・公有地の占有を制限。
前287	ホルテンシウス法	・平民会の決議は元老院の承認がなくても法律となる。 ・平民の法的平等化の達成

前133	グラックス兄弟の改革	大土地所有の制限などのためにリキニウス法復活を目指すが失敗　→ "内乱の１世紀" へ

□帝政ローマの推移

元	アウグストゥス帝	前27～後14	帝政開始・**元首政**・元老院尊重・トイトブルクの戦い
首	五賢帝時代	96～180	版図最大(トラヤヌス帝)　・辺境防衛(ハドリアヌス帝)　・哲人皇帝(マルクス＝アウレリウス＝アントニヌス帝)・大秦王安敦(〃)
政	カラカラ帝	211～217	**市民権拡大**・カラカラ浴場
	軍人皇帝時代	235～284	この間に26人の皇帝擁立・帝国混乱
専制君主政	ディオクレティアヌス帝	284～305	**専制君主政**・四分統治・元老院無視・皇帝崇拝
	コンスタンティヌス帝	306～337	ミラノ勅令・ニケーア公会議・コンスタンティノープル遷都
	テオドシウス帝	379～395	キリスト教の国教化・帝国の東西分割

□初期キリスト教の展開

237

□中世の東西ヨーロッパ

西ヨーロッパ世界		東ローマ(ビザンツ)帝国
聖俗の権力主体が分裂	政治	皇帝が聖俗両権を掌握(皇帝教皇主義)
(契約的・双務的)封建制度	社会	官僚制(中央)・軍管区(テマ)制(地方)
荘園制・自給自足経済 貨幣経済浸透で商工業が復活	経済	屯田兵制・プロノイア制 東西貿易の要衝として商工業盛ん
ローマ文化とゲルマン文化が融合	文化	ギリシア文化の尊重
ラテン語	共通語	ギリシア語
ローマ＝カトリック教会	宗教	ギリシア正教
イスラーム・ビザンツから文化吸収 十字軍による人と物の移動	意義	東方勢力に対する西欧の防波堤 ギリシア文化の保護と西欧への伝播

□大航海時代

エンリケ航海王子	15c前半	アフリカ西岸の探検を奨励
バルトロメウ＝ディアス	1488	**喜望峰**到達
コロンブス	1492	大西洋を渡って**西インド諸島**に到達
カボット父子	1497・98	北アメリカ沿岸を探検
ヴァスコ＝ダ＝ガマ	1498	インドの**カリカット**に到達
カブラル	1500	ブラジルに漂着
アメリゴ＝ヴェスプッチ	1501	コロンブスが到達したのはアジアではない"新大陸"と確認
ヴァルトゼーミューラー	1507	新大陸を**アメリカ**と命名
バルボア	1513	パナマ地峡を横断し**太平洋**を発見
マゼラン船隊	1519～22	世界周航を行って地球の球形を実証

□宗教改革

イタリア	ドイツ	フランス・スイス	イギリス
16c初 **贖宥状販売**	1517 **95カ条の論題**		
1521 **教皇レオ10世**，ルターを破門	1521 **ヴォルムス帝国議会** 1524 **ドイツ農民戦争**（～25）	1523 **ツヴィングリの宗教改革**（チューリヒ）	1521 **ヘンリ8世**，ルターを批判
	1529 ルター派再禁止 1530 **シュマルカルデン同盟**		1527 ヘンリ8世の**王妃離婚問題**
1534 **イエズス会創設**(パリ)		1531 **ツヴィングリ戦死**	1534 **首長法** 1536 修道院解散
	1546 シュマルカルデン戦争	1541 **カルヴァンの宗教改革**（ジュネーヴ）	1549 一般祈祷書
1545 **トリエント公会議**(～63)	1555 **アウクスブルクの宗教和議**		1555 メアリ1世の旧教復帰
		1562 **ユグノー戦争**（～98）	1559 **統一法**(エリザベス1世)
		1598 **ナントの勅令**	
⬇	⬇	⬇	⬇
旧教支配	ルター派優勢	旧教優勢	英国国教会支配

□近代ヨーロッパの美術

◎ルネサンス（14～16ｃ）

▲レオナルド＝ダ＝ヴィンチ
「モナ・リザ」

◎バロック様式（16ｃ後半～18ｃ初）

▲レンブラント「夜警」

◎ロココ様式（18ｃ後半）

▲ワトー「シテール島への巡礼」

◎古典主義（18ｃ末～19ｃ初）

▲ダヴィッド「ナポレオンの戴冠式」

◎ロマン主義（19ｃ前半）

▲ドラクロワ「民衆を導く自由の女神」

◎自然主義（19ｃ後半）

▲ミレー「晩鐘」

◎写実主義（19c後半）

▲クールベ「オルナンの埋葬」

◎印象派（19c後半〜20c初）

▲モネ「印象・日の出」

例題1

次のA〜Cの文は，世界史の主題学習として多く扱われる「暦」「情報」「綿」に関するものである。これらの文を読んで，あとの(1)〜(7)の問いに答えよ。

A　現在，世界で最も多く使われている暦はグレゴリウス暦である。古代エジプトの太陽暦が(ア)古代ローマに伝えられて整備され，さらに16世紀にローマ教皇グレゴリウス13世によって改革されたものである。この暦は，ヨーロッパ諸国やその植民地では18世紀頃までには広く使用されるようになり，アジア諸国では19〜20世紀にかけて日本，韓国，そして中国でそれぞれ採用された。一方，イスラーム世界では月が神聖なシンボルとされ，太陰暦が守られている。このイスラーム世界の暦はムハンマドが迫害を逃れるためにメッカからメディナへ移住した年を起源とすることから（　イ　）暦と呼ばれている。

B　情報を伝達する最も一般的な手段は言語である。人類は北京原人の頃にはことばを話していたと考えられているが，限られた時間と空間だけの情報伝達であった。やがて，(ウ)人類は時間と空間を越えた情報伝達の手段として文字を考案した。以来，今日まで人類は文字を情報伝達の基本としている。しかし，（　エ　）の活版印刷術発明によって広域への情報伝達は大きく変革をとげたものの，情報伝達の手段としての文字の場合，その速さには限界があった。そこで，(オ)人類は19世紀には新しい交通手段・通信技術を開発し，さらに20

241

　世紀にはマスメディアを発展させ，情報伝達の高速化を図ってきた。

C　綿はインドが原産地といわれ，綿布は古くからインドの主要輸出品
　であった。16世紀にヨーロッパにもたらされたインド綿布は珍重さ
　れた。17〜18世紀のイギリスでは，キャラコの名で呼ばれたインド
　産綿布が爆発的な人気を集め，国策会社であった東インド会社はイ
　ンド産綿布を大量に確保するためにインド支配に力を注いだ。しか
　し，18世紀後半に(ヵ)産業革命がイギリスではじまると，機械生産に
　よる安価な綿布が大量に生産されるようになった。この結果，イギ
　リス産綿布は逆にアジアに向かって大量に輸出されるようになり，
　(キ)この逆流現象は19世紀のアジアを大きく変えていった。

(1)　下線部(ア)において，エジプトの太陽暦をもとにユリウス暦を制
　　定した統治者の名前を答えよ。

(2)　空欄（　イ　）に，あてはまる適切な語句を答えよ。

(3)　下線部(ウ)に関して，フランスのシャンポリオンが古代エジプト
　　文字である神聖文字(ヒエログリフ)解読の手がかりとしたロゼッタ
　　＝ストーンの特色を簡潔に説明せよ。

(4)　空欄（　エ　）に，活版印刷術の発明者の名前を答えよ。

(5)　下線部(オ)に関する組合せとして誤っているものを，次のa〜dか
　　ら1つ選び，記号で答えよ。

　　a　スティーヴンソン(英)―蒸気機関車試運転

　　b　モールス(米)―電話機発明

　　c　ダイムラー(独)―ガソリン自動車開発

　　d　マルコーニ(伊)―無線電信発明

(6)　下線部(カ)に関する発明品を時代順に正しく配列しているものを，
　　次のa〜cから1つ選び，記号で答えよ。

　　a　アークライトの水力紡績機　→　クロンプトンのミュール紡績機
　　　→　ハーグリーヴズの多軸紡績機

　　b　クロンプトンのミュール紡績機　→　ハーグリーヴズの多軸紡績
　　　機　→　アークライトの水力紡績機

　　c　ハーグリーヴズの多軸紡績機　→　アークライトの水力紡績機
　　　→　クロンプトンのミュール紡績機

(7) 下線部(キ)に関して，「19世紀のイギリスとインド」という授業の
導入部で，19世紀前半におけるイギリス・インドの関係を経済的観
点から説明したいと考えた。次のグラフを読み取った上で，両国の経
済的な立場がどう変化していくのかを生徒に分かるように説明せよ。

(100万ポンド)

イギリスから東洋へ
輸出された綿布

インドからヨーロッパへ
輸出された綿布

松井透『世界市場の形成』より

解答 (1) カエサル (2) ヒジュラ (3) 同一内容の文が神聖文
字(ヒエログリフ)，民用文字(デモティック)，ギリシア文字の3
種類で刻まれている。 (4) グーテンベルク (5) b
(6) c (7) インドが世界に誇っていた綿布生産はイギリスの
機械製綿布の流入により圧倒され，1820年前後には輸出入が逆転
した。以降，インドは一次産品の輸出国・製品の輸入国に転落し，
イギリスの植民地として経済的に従属した関係を強いられた。

解説 (1) ユリウス暦は紀元前46年にエジプトの太陽暦を導入して制定
された。1582年にグレゴリウス13世が改定してグレゴリウス暦と
なった。 (2) ヒジュラとは，622年，イスラームの開祖ムハン
マドと信者が，メッカからメディナ(ヤスリブ)へ遷住したことを
いう。「聖遷」ともいう。この年をイスラーム暦(ヒジュラ暦)の元
年と定めた。 (3) ロゼッタ石は1799年ナポレオンのエジプト遠
征の際に，ナイル川のデルタ地方のロゼッタで一将校が発見した。
3様の文字で刻まれていることを述べればよい。 (4) グーテン
ベルクはドイツ人である。1450年頃に発明した。 (5) モールス
は電信機を発明し，モールス信号を考案した。電話機の発明はベ
ルである。 (6) ハーグリーヴズの多軸紡績機の発明は1764年頃，

アークライトの水力紡績機の発明は1769年，クロンプトンの
ミュール紡績機の発明は1779年である。　(7)　イギリスで始まっ
た産業革命は18世紀後半のことである。これから約1世紀に渡っ
て技術革新や社会・経済上の変革があったのと時期を同じくして
いることに着目すればよい。

━━━━━━ 例題2 ━━━━━━

次は，アテネの民主政治の発展について説明するために作成した略年
表と資料の一部である。略年表中の(a)，(b)に入る適切な人名
を下の語群の中から選び，記号で答えよ。また，下の(1) ～ (6)について，
それぞれの問いに答えよ。

年代	出来事
前8世紀	(1) ポリスが形成される
前7世紀	(a)の成文法
前594年	(2) ソロンの改革
前561年	(b)の独裁
前508年	(3) クレイステネスの改革
前500～前449年	(4) ペルシア戦争
前443～前429年	(5) ペリクレス時代

資料1

これは，僭主の出
現を予防するため
の制度で使われた
ものです。人びと
は，僭主になりそ
うな人物の名前を
これに刻んで投票
したそうです。…

資料2

語群　A　タレース　　　　B　ホルテンシウス　　　C　ドラコン
　　　D　リキニウス　　　E　ペイシストラトス

(1)　下線部(1)に関して，アテネとならぶポリスである農業国スパルタ
　で農耕に強制的に従事させられた隷属農民を何というか，答えよ。

(2)　下線部(2)について，この改革の内容を，簡潔に説明せよ。

(3)　下線部(3)について，次のア，イの各問いに答えよ。

　ア　この改革では，部族制を4部族制から10部族制に改めた。その

目的について，部族制の性格の変化にふれながら簡潔に説明せよ。

イ　この改革について説明するために，資料1を作成した。資料1中の下線部の制度を何というか，答えよ。

(4)　下線部(4)に関して，次のア～エの各問いに答えよ。

ア　この戦争が始まったときのペルシアの王は誰か，答えよ。

イ　前490年にアテネ軍がペルシア軍を退けた戦いが行われた場所を，次の地図中の①～⑥から選び，記号で答えよ。

地図

ウ　この戦争の後，ペルシア軍の再来にそなえ，アテネを中心に結成された軍事同盟の本部が置かれた場所を，地図中の①～⑥から選び，記号で答えよ。

エ　この戦争を物語風につづった『歴史』の著者は誰か，答えよ。

(5)　下線部(5)の時代について，次のア，イの各問いに答えよ。

ア　この時代にアテネで活躍した，弁論術や修辞法を教えた職業教師を何というか，答えよ。

イ　前432年頃，ペリクレスの命により再建されたドーリア式建築の代表とされる神殿は何か，答えよ。

(6)　アテネの民主政治の発展について，生徒に説明するために，資料2を作成したい。資料中の点線の枠に入る説明文を，次の三つの語句を使って作成せよ。

[　重装歩兵　　国防の主力　　武具　]

解答 a C　b E　(1) ヘイロータイ(ヘロット)　(2) 債務を帳消しにし，債務奴隷を禁止し，財産に応じた参政権と兵役の義務を定めた。　(3) ア　血縁的な部族制を解体し，地縁的部族制に改編して行政・軍事の単位とした。　イ　陶片追放(オストラシズム)　(4) ア　ダレイオス1世　イ　③　ウ　④　エ　ヘロドトス　(5) ア　ソフィスト　イ　パルテノン神殿　(6) 商工業の発達に伴い武具を自弁で装備した平民層の重装歩兵が国防の主力となったため，平民層の政治的発言力が強まり，貴族政から民主政へと移行していった。

解説 a　ドラコンはアテネの立法者。　b　ペイシストラトスは貴族出身の政治家で，平民層の支持を得て貴族層を抑え僭主政を敷いたが，その子供のヒッピアスがスパルタの後援を得たクレイステネスにより追放され，僭主政は打倒された。　(1) ヘイロータイはドーリア人がラコニアに南下した際に征服された人々の子孫であった。　(2) ソロンの改革の骨子は，財産政治と債務問題の解決(重荷降ろし)。財産政治は妥協的な性格のため，貴族・平民双方に不評で両者の対立を解消できなかった。　(3) イ　追放期間は10年で，その後は帰国することができた。デマゴーゴスに悪用されたため，前5世紀末に中止された。　(4) ア　ペルシア戦争が始まった時の王はアケメネス朝のダレイオス1世。　イ　③はマラトンの戦いの戦場を指している。　ウ　④はデロス同盟の本部が置かれたデロス島である。　エ　ヘロドトスは"歴史の父"と呼ばれる。　(5) ア　有名な「人間は万物の尺度である」とはソフィストの代表プロタゴラスの言葉である。　(6) 国防の主力が貴族層の騎兵から，商工業の発達に伴い成長した富裕な平民層の重装歩兵へと移ったことで，平民層の発言力が強まり，更にペルシア戦争で無産市民が三段櫂船の漕ぎ手として活躍したことで，彼らの発言力が増大して，ペリクレスの時代に民主政治が完成した。

▰▰▰▰▰ **例題3** ▰▰▰▰▰

南北アメリカ大陸史に関連して，次の問いに答えよ。

〔問〕次のア～エの写真と関係の深い中南米各地の古代文明の組合せと
して適切なものは，下の1～4のうちのどれか。

| ア | イ | ウ | エ |

1　アーアステカ文明　　　　イーオルメカ文明

2　ウーオルメカ文明　　　　エーインカ文明

3　アーチャビン文明　　　　ウーアステカ文明

4　イーテオティワカン文明　エーマヤ文明

| 解答 | 4 |

解説　アはアステカ文明の仮面，イはテオティワカン文明の太陽のピラ
ミッド，ウはオルメカ文明の巨人石頭，エはマヤ文明の遺跡チチェ
ン・イッツァにある階段ピラミッドである。

▰▰▰▰▰ **例題4** ▰▰▰▰▰

奴隷制について述べた次の文の空欄に適する語句を答えよ。また，下
線部に関する問いに答えよ。

　古代のアテネは市民，在留外国人，奴隷の3つの身分で構成され，奴
隷には対外戦争による捕虜奴隷のほか，①債務奴隷も存在した。一方，
②スパルタでは奴隷身分の者は（　ア　）と呼ばれ，農耕労働を強制され
た。

　古代ローマは，当初，③中小農民である平民が国家の中核であったが，
領土の拡大の中で彼らは次第に没落し，代わって奴隷使役の（　イ　）と
呼ばれる大土地経営が広まった。過酷な労働に対し，④シチリアでの反
乱，前73年からの剣奴（　ウ　）が指導した奴隷反乱が起こり，ローマ
を恐怖に陥れた。帝政末期になると，奴隷経営の非生産性や捕虜奴隷
の供給減によって，従来の奴隷制に立つ大土地経営は衰退し，代わっ

て（　エ　）と呼ばれる小作人が使われるようになった。彼らは家族を持ち，農具の一部を所有できたが，移動の自由を持てなかったという点で，中世農奴の起源をなすものであった。

　中世ヨーロッパの農奴は耕地や家庭を保有する一方で，⑤領主に対する経済的な負担を課せられたのを始め，世襲的な隷属などの身分的束縛を受けていた。しかし，貨幣経済の発達によって，彼らの地位は次第に向上し，⑥領主による収奪強化に対しては激しい抵抗をおこした。特に，イギリスでは農奴解放がいち早く進み，（　オ　）と呼ばれる独立自営農民が誕生していった。この点において，⑦フランスでは解放は遅れ，⑧東ヨーロッパは近代以降にむしろ農奴制が強化される現象が生じた。

　農奴など隷属的立場からの解放が進む中で，奴隷制度は世界史の中で依然として存続していった。コロンブスの新大陸到達以後，南北アメリカや西インド諸島ではアフリカ大陸からの奴隷貿易で運び込まれた黒人奴隷による農業経営が盛んに行われた。イギリスやフランスで法的に奴隷制度が廃止されるのは19世紀前半，アメリカでは1863年の（　カ　）による奴隷解放宣言と南北戦争による南部の崩壊であった。しかし，⑨解放された黒人奴隷には新たな経済的隷属が待ち構えていた。

(1)　下線部①に関し，アテネにおいて前6世紀初頭に平民と貴族の調停者として改革にあたり，債務の取り消しを実施した人物名を答えよ。

(2)　下線部②に関し，スパルタでは，主に商工業に従事する，市民より劣った身分の住民がいた。彼らは"周辺に住む者"という意味から何と呼ばれたか答えよ。

(3)　下線部③に関し，平民会の決議は元老院の認可なしに国法となることが定められ，貴族と平民の法的平等化を達成した法律名を答えよ。

(4)　下線部④に関し，シチリアがローマに属州化される契機となった戦争を答えよ。

(5)　下線部⑤に関し，領主に対する保有地からの収穫物を主にする生産物地代を何というか。

(6)　下線部⑥に関し，1358年にフランスで起きた農民反乱の名称を答

えよ。

(7) 下線部⑦に関し，フランスで完全に農奴制が廃止されたのは何世紀か，答えよ。

(8) 下線部⑧に関し，ロシアで農奴解放令を公布したツァーリを答えよ。

(9) 下線部⑨に関し，奴隷制廃止後のアメリカ南部にあらわれた小作制度を何というか，答えよ。

解答 ア　ヘイロータイ(ヘロット)　　イ　ラティフンディウム
ウ　スパルタクス　エ　コロヌス　オ　ヨーマン
カ　リンカン　　(1)　ソロン　　(2)　ペリオイコイ
(3)　ホルテンシウス法　　(4)　第1回ポエニ戦争　　(5)　貢納
(6)　ジャックリーの乱　　(7)　18世紀　　(8)　アレクサンドル2世　　(9)　シェアクロッパー

解説 (4)　ポエニ戦争の長期化によってローマの国土は荒廃し，植民地からの安価な穀物の流入により中小農民が没落した。そして，貴族の大土地所有によるラティフンディウムが拡大していった。

(7)　フランス革命の成果の1つであり，1793年のジャコバン政権による封建的貢租の無償廃止により一応完了した。　(9)　分益小作人ともいう。奴隷解放宣言ののち多くの黒人奴隷は解放されたが，特に南部においては，この制度のために彼らの過酷な境遇はそれほど改善しなかった。

高校地歴(世界史) 第一次世界大戦とヴェルサイユ体制

ポイント

　「第一次世界大戦とヴェルサイユ体制」の学習としては，まず帝国主義と世界分割，列強の利害衝突とバルカン問題といった背景をおさえてから第一次世界大戦に進み，そしてヴェルサイユ体制及び国際連盟の概要，国際協調と新勢力ソ連(ロシア革命)，及び大きな転換点となった世界恐慌とファシズムと学んでいくのが標準的だろう。短期間の割に覚えるべき事項が多いので，最初に大まかな歴史の流れをつかんでおくようにすれば，細部についての理解も進みやすい。

　この時期の国際情勢は複雑な上に，数年程度のスパンでも様相ががらりと変わったりする。列強の利害や植民地の民族運動が相互に影響を与えたり与えられたりしているのも見逃さないようにしたい。また，多くの条約や協定などの概要，及び特定の事象に関する国際的あるいは国内的な背景についても詳細な説明ができるようにすることが求められる。

□帝国主義

第2次産業革命	重工業が発達し，企業の競争が激化。
生産・資本の独占化	競争を抑制するため，カルテルやトラストなどによる企業の集中・独占。
金融資本の成長	独占的になった産業資本は多くの資金が必要となって銀行資本と結合，金融資本を形成。
海外への進出	資源と低廉な労働力の確保，及び市場を求めて，海外へ資本や商品を輸出。
国家政策との結合	国家と金融資本の利害が一致し，植民地獲得の政策を推進。
世界分割	帝国主義化した列強による植民地再分割の競争が激しくなり，やがて互いの利害が衝突。

□アフリカ分割

　西欧列強7ヵ国による植民地分割が進み，20世紀初頭の段階で独立国

はエチオピアとリベリア(アメリカ解放奴隷の居住地。1847年独立)の
み。

□ファショダ事件

1898年，イギリスの縦断政策とフランスの横断政策がスーダンのファ
ショダで衝突。最初の帝国主義の衝突となったが，フランス側が譲歩
した。このことから英仏両国に協調の気運が生じ，1904年の英仏協商
の成立につながった。

□三国同盟

ドイツ	３Ｂ政策でイギリス，モロッコ事件でフランスと対立。
オーストリア	バルカン半島進出をめぐってロシアと対立。
イタリア	「未回収のイタリア」問題で大戦中に同盟を離脱。

□三国協商

イギリス	３Ｃ政策でドイツと対立。勢力圏分割でロシアと妥協。
フランス	露仏同盟で孤立状態脱出。モロッコ事件でドイツと対立。
ロシア	バルカン半島進出をめぐってオーストリアと対立。

◎日本…日露戦争直前に日英同盟締結。戦後はロシアとも協約を締結。
第一次世界大戦では日英同盟を理由にして連合国側で参戦。

□ヨーロッパの火薬庫　大戦前夜のバルカン半島の表現。オーストリア
を中心とするパン＝ゲルマン主義と，ロシアを中心とするパン＝スラ
ヴ主義が交錯し，半島諸国の戦意を煽り立てていた状況をいう。

□バルカン戦争　1912年と1913年の2回にわたってバルカン半島で起
こった戦争。第1次戦争でトルコ，第2次戦争でブルガリアが敗退し，
この両国は三国同盟に接近するようになった。

□第一次世界大戦のまとめ

勃発	1914.6.28　サライェヴォ事件
構図	同盟国…ドイツ・オーストリア・オスマン帝国・ブルガリア王国 連合国…イギリス・フランス・ロシア・日本など
戦局	東部戦線と西部戦線でドイツ軍の進撃が止められて膠着化 イタリアがロンドン密約により同盟を破棄して連合国側で参戦

転換	ドイツが無制限潜水艦作戦開始 (1917.2) →アメリカが連合国側で参戦 (1917.4) ロシア十一月革命で「平和に関する布告」(1917.11) →ブレスト＝リトフスク条約で戦線離脱 (1918.3)
終戦	1918.11.3　キール軍港の水兵暴動 1918.11.10　ドイツ革命(共和国宣言・皇帝退位) 1918.11.11　ドイツ休戦条約(ドイツ降伏)
意義	総力戦・新兵器(戦車・毒ガス・潜水艦・飛行機)・欧州諸国の消耗

□第一次世界大戦後の講和条約

条約	相手国	年代	主な内容
ヴェルサイユ条約	ドイツ	1919.6	全植民地の放棄・軍備制限・多額の賠償金など
サン＝ジェルマン条約	オーストリア	1919.9	二重帝国解体・領土割譲など
ヌイイ条約	ブルガリア	1919.11	領土割譲など
トリアノン条約	ハンガリー	1920.6	完全独立・領土割譲など
セーヴル条約	オスマン帝国	1920.8	治外法権の存続・軍備制限・領土割譲など

◎トルコはケマル＝パシャ(ムスタファ＝ケマル)新政権がギリシアの侵略を撃退した上で，亡国的なセーヴル条約を改定し，連合国側と新たにローザンヌ条約を締結し直した。(1923.7)

□国際連盟　ウィルソン米大統領の「十四カ条の平和原則」を下敷きにして，1920年に正式発足。史上初の集団的国際安全保障機構であり，その役割に大きな期待が寄せられたが，多くの問題点を内包していた。

□**ヴェルサイユ体制**　1920年代はヴェルサイユ体制が機能し，国際協調や軍備縮小などの動きが盛んだったが，一面では欧州以外の民族運動への弾圧やファシズムの萌芽など不安要因も見られ，世界恐慌を契機に一気に崩れ去った。

国　際　協　調	各　国　の　動　向
1921-22　ワシントン会議　　→九ヵ国条約・四ヵ国条約	1919　ヴァイマル憲法制定(独)
	1922　ローマ進軍(伊)
1925　ロカルノ条約	1923　ルール占領(独←仏・ベルギー)
1927　ジュネーヴ軍縮会議　→不調	1924　ドーズ案(独の新賠償方式)
1928　不戦条約	1929　ヤング案(独の新賠償方式)
1930　ロンドン軍縮会議	〃　　世界恐慌

□**世界恐慌**　1929年10月24日，“暗黒の木曜日”ニューヨーク・ウォール街での株価大暴落から，世界中に大不況が波及した史上最大規模の恐慌。

□**ニューディール政策**　フランクリン＝ローズヴェルト米大統領が実施した恐慌克服のための諸政策。これまでの自由放任政策から**修正資本主義**政策に転換したことが大きなポイント。

対策	略称	内　　容
農業調整法	ＡＡＡ	農業生産の管理。農産物価格の引き上げが目的。
全国産業復興法	ＮＩＲＡ	企業への国家統制強化。景気回復が目的。
テネシー川流域開発公社	ＴＶＡ	政府主導の総合地域開発で，失業者救済の側面もあった。
ワグナー法		労働者の権利拡張を認めた労働法。

□**ブロック経済**　本国と植民地との提携を強化して形成された，排他的・封鎖的な経済圏のこと。世界恐慌を克服するために，「持てる国」はブロック経済によって自国の市場から他国を締め出した。他方で，「持たざる国」は独自のブロック経済を設立するために侵略膨張政策を行ったが，このことも第二次世界大戦の要因となった。

□**ファシズム** 第一次世界大戦後に現れた，反民主主義・反自由主義的な政治体制及びイデオロギーをいう。独裁体制や国家優先主義・膨張主義などを特徴とし，**イタリア(ファシスト党)やドイツ(国家社会主義ドイツ労働者党(通称ナチス))**などでファシズム政権が誕生した。

━━━━━━━━━━ **例題1** ━━━━━━━━━━

次の各問いに答えよ。

問1　次のア～ウはアメリカ合衆国の太平洋進出について述べた文である。それぞれの内容の正誤について，その組合せとして正しいものを，下の(1)～(4)の中から1つ選べ。

ア　1867年，リンカン大統領は，ハワイ諸島をロシアから買収して領土とした。

イ　1898年，米西戦争に勝利したアメリカは，フィリピン・グアム島をスペインに代わって支配することになった。

ウ　1919年のヴェルサイユ条約の結果，ドイツから剥奪されたサイパン島などのマリアナ諸島やパラオ諸島は，その後，国際連盟の委託によってアメリカの委任統治領となった。

　(1)　ア＝正，イ＝正，ウ＝誤

　(2)　ア＝誤，イ＝正，ウ＝誤

　(3)　ア＝誤，イ＝誤，ウ＝正

　(4)　ア＝正，イ＝誤，ウ＝正

問2　次のア～エの説明とa～dの人名について，その組合せとして正しいものを，あとの(1)～(4)の中から1つ選べ。

【説明】

ア　1921年，クーデタによってイランの実権を握り，1925年にカージャール朝に替わるパフレヴィー朝を開いた。

イ　第一次世界大戦後，スルタン制を廃止し，1923年にはトルコ共

和国初代大統領に就任，カリフ制廃止など政教分離にもとづく急激な近代化を進めた。

ウ　1927年にインドネシア国民党を創立してオランダからの独立運動を指導，インドネシア共和国初代大統領に就任した。

エ　アラビア半島をほぼ統一し，1932年，ワッハーブ派イスラーム教を国教とするサウジアラビア王国を発足させた。

【人名】

a　スカルノ　　b　イブン＝サウード　　c　ムスタファ＝ケマル
d　レザー＝ハーン

	ア	イ	ウ	エ
(1)	c	d	b	a
(2)	c	d	a	b
(3)	d	c	b	a
(4)	d	c	a	b

解答　問1　(2)　　問2　(4)

解説　問1　ア　ハワイ諸島×→アラスカ　　リンカン×→アンドルー・ジョンソン　　ウ　アメリカ×→日本　　問2　cはケマル＝パシャ，ケマル＝アタテュルクともいわれている。

━━━━━━━━━━━━━━ 例題2 ━━━━━━━━━━━━━━

次の史料Ⅰ，Ⅱ，Ⅲは，第一次世界大戦から第二次世界大戦の間に成立した条約あるいは協定である。これらに関して，あとの(1)～(6)の問いに答えよ。なお，史料は一部省略したり表記を改めてある。

史料Ⅰ　第一条　締約国は互に太平洋方面に於ける其の島嶼たる属地及び島嶼たる領地に関する其の権利を尊重すべきことを約す

　第四条　…ロンドンに於いて締結せられたる大ブリテン国及び日本国間の協約はこれと同時に終了するものとす

史料Ⅱ　第一条　支那以外の締約国は左の通り約定す

　一，支那の主権，独立並領土的及行政的保全を尊重すること

　三，支那の領土を通して一切の国民の商業及工業に対する機会均等主義を有効に樹立維持する為各尽力すること

史料Ⅲ　ドイツ，<u>連合王国</u>，フランスおよびイタリアは，ズデーテン，ドイツ人地域のドイツへの割譲に関して，すでに原則的に到達した一致を考慮し，この割譲を規定する以下の条件およびそれに伴う処置について同意した。さらに本協定によって4国はそれぞれ，その実施を確実にするために必要な処置について責任を負うものである。

1　〔ズデーテンの〕引渡しは10月1日より開始される。

2　連合王国，フランスおよびイタリアはつぎのことに同意する。すなわち，引渡しは現存施設をなんら破壊することなく，10月10日までに完了すること。および(　　)政府は，それらの施設に損傷を与えることなく引渡しを実行する責任をもつこと。

(1)　史料Ⅰ，Ⅱの両条約は，1921年に始まった国際会議で調印されたものである。この会議の開催を提唱したのは誰か。

(2)　史料Ⅰの条約名を答えよ。

(3)　史料Ⅱの条約で，日本の中国進出は第一次世界大戦前の状態に後退した。第一次世界大戦中の日本の中国進出について，簡潔に説明せよ。

(4)　史料Ⅲの協定が調印された都市はどこか，都市名を答えよ。

(5)　ドイツに対し，史料Ⅲの協定に象徴される宥和政策をとった，下線部の国の首相は誰か。

(6)　史料Ⅲ中の(　　)にあてはまる国名を答えよ。

解答　(1)　ハーディング　　(2)　四カ国条約　　(3)　日本は日英同盟を口実にドイツに宣戦し，ドイツの租借地である膠州湾(青島)を占領した。さらに中国の袁世凱政府に対し，山東半島のドイツ利権の継承など二十一カ条の要求をつきつけ，承認させた。

　　　　(4)　ミュンヘン　　(5)　ネヴィル＝チェンバレン　　(6)　チェコスロヴァキア

解説　(1)・(2)　第一次世界大戦後，列強の海軍拡張競争は拡大し，各国の財政を圧迫するまでになった。このため1921年にアメリカ大統領ハーディングの提案により，アメリカ，イギリスなどの主要国がワシントンで会議を開き，海軍軍縮を定めたワシントン海軍軍備制限条約や太平洋の領土における各国の権益を尊重する四カ

国条約，さらには，中国の領土保全などを定めた九カ国条約が結ばれた。なお，四カ国条約締結の結果，日英同盟は自動的に破棄された。　(3)　第一次世界大戦中，ヨーロッパ諸国がアジアを省みる余裕がなかったことを背景に，日本は対華二十一カ条の要求を袁世凱政府に突きつけた。なお，史料Ⅱは九カ国条約である。(4)・(5)・(6)　オーストリア併合を達成したナチス＝ドイツは次にズデーテン地方に矛先を向け，このことがきっかけになりヨーロッパは一時戦争の危機が叫ばれた。そのため，イタリアのムッソリーニの仲介によってミュンヘン会談が開催され，戦争の危機は一時的に回避された。史料Ⅲは，そのときに結ばれたミュンヘン協定である。また，この会談においてイギリスの保守党のネヴィル＝チェンバレン首相，フランスのダラディエ首相はドイツとの戦争を恐れ宥和政策をとった。

例題3

産業革命と帝国主義について述べた次の文を読み，下の問いに答えよ。

18世紀に①世界で最初に産業革命を経験したイギリスは一時「（　Ａ　）」と呼ばれて他国の産業を圧迫したが，やがて機械の輸出解禁とともに②他国にも産業革命が波及し，欧米諸国を中心に資本主義体制が成立していった。

19世紀，③主要国の資本主義が発展し相互の競争が激しくなると，植民地の重要度が高まってきた。1880年代以降，④諸列強はアジア・アフリカに殺到し，植民地や勢力圏を打ち立てた。この動きが帝国主義である。

1　文中の（　Ａ　）に入る適切な語句を書け。
2　下線部①について，イギリスで最初に産業革命が起こった要因の1つに広大な海外市場が確保されていたことがあげられる。北アメリカ，インドにおけるイギリスとフランスの勢力争いについて，次の2つの語句を使って説明せよ。なお説明文中には，使用した語句に下線を引くこと。

〔　フレンチ＝インディアン戦争　　プラッシーの戦い　〕

3 下線部②について，日本が産業革命に突入した時期を次のあ〜えから1つ選び，記号で答えよ。

あ　18世紀後半　　い　19世紀前半　　う　19世紀後半

え　20世紀前半

4 下線部③について，第2次産業革命を経た国の資本主義の発展という視点から，植民地獲得の目的を書け。

5 下線部④について，次の第一次世界大戦前の国際関係図を見て，問いに答えよ。

(1) 「あ」は両国の世界政策の対立を示している。それぞれが推進した世界政策の名を書け。

(2) 「い」は1905年と1911年に両国がある地域の支配をめぐって争った事件を示している。その事件の名を書け。

(3) 「う」はバルカン方面への勢力伸張をめぐるドイツ，オーストリア＝ハンガリーとロシアとの主張の対立を示している。双方の主張を書け。

(4) 19世紀末から第一次世界大戦にかけて国際対立の中心にはドイツが位置するようになるが，その背景にはドイツの指導者の交代にともなう外交政策の転換がある。この外交政策の転換について，指導者名を明示して説明せよ。

解答　1　世界の工場　　2　七年戦争に際して，イギリスは，北アメリカではフレンチ＝インディアン戦争で，インドではプラッシーの戦いでフランスを破って両地域における優位を確立した。

3　う　　4　資源供給地や輸出市場，資本の投下先を確保するた
め。　　5　(1)　イギリス：3C政策　　　ドイツ：3B政策
(2)　モロッコ事件　　　(3)　ドイツ，オーストリア＝ハンガリー：
パン＝ゲルマン主義　　　ロシア：パン＝スラヴ主義　　　(4)　複雑
な同盟関係による列強の勢力均衡とフランスの孤立化によってド
イツの安全をはかったビスマルクを辞職させた皇帝ヴィルヘルム２
世が，資本主義の急速な発達を背景に強引な帝国主義政策を推進
した。

解説　1　イギリスの経済学者ジェヴォンズが表現した用語。
　　5　(2)　モロッコ事件とは，ドイツ皇帝ヴィルヘルム２世が1905
年タンジールに上陸し，フランスのモロッコ進出に反対して列国
会議の開催を要求した。その結果1906年アルヘシラス会議が開か
れたが，列国がフランスを支持したのでドイツの主張は入れられ
なかった。その後も独・仏の対立はやまず，1911年ドイツはアガ
ディールに軍艦を派遣して威嚇したが，結局独仏協定により，ド
イツはフランス領のコンゴの一部の獲得を代償に，フランスのモ
ロッコ保護権を認めた。　　(3)　パン＝ゲルマン主義(ドイツ中心)
とパン＝スラヴ主義(ロシア中心)の対立に加え，ドイツの3B政
策とイギリスの3C政策が衝突するバルカン半島は「ヨーロッパの
火薬庫」と呼ばれていた。

■■■■■■■■■■■■■■■■■■　例題4　■■■■■■■■■■■■■■■■■■

第一次世界大戦後のヨーロッパの新国際秩序となったヴェルサイユ体
制について，パリ講和会議から国際連盟成立までの事象を中心に，ヨー
ロッパやソ連，アメリカ合衆国などの動きについて説明せよ。ただし，
解答の際は＜指定語句＞を必ず用い，＜指定語句＞にはそれぞれに下
線を付すこと。
＜指定語句＞　民族自決　　　ヴェルサイユ条約　　　東ヨーロッパ
　　　　　　　孤立主義　　　反ソ反共

解答　第一次世界大戦の戦後処理は，1919年のパリ講和会議に始まった。
　　その基本原則は，アメリカ合衆国のウィルソン大統領が大戦中に

259

発表した十四カ条であり，その主な内容は，秘密外交の廃止，軍備縮小，<u>民族自決</u>，国際平和機構の設立などであった。しかし戦勝国は，植民地などの既得権益を手放さなかったため，アジアやアフリカに<u>民族自決</u>の原則は適用されなかった。一方，敗戦国ドイツには過酷な内容の<u>ヴェルサイユ条約</u>を課して再起を封じた。また，社会主義革命を成功させたソ連を排除する意図もあり，<u>民族自決</u>の原則によって新たに誕生した<u>東ヨーロッパ</u>の独立国は，ドイツを包囲するだけでなく，ソ運に対する防壁の役割も担っていた。ヴェルサイユ体制を補完するものとして，ウィルソン提案の国際連盟が設置されたが，提唱国アメリカは<u>孤立主義</u>のために参加できず，ドイツとソ連も排除されたため，実質的には，イギリスとフランスが主導するものとなった。このようにヴェルサイユ体制とは，国際協調を目標に掲げながらも，イギリスとフランスの利益を最優先し，対ドイツ制裁や<u>反ソ反共</u>体制が中心となっていた。

解説 第一次世界大戦終結の1918年から第二次世界大戦が勃発する1939年までの戦間期においては，ヴェルサイユ体制で決定した諸事項のほころびが噴出する時期でもあった。たとえば，民族自決が適用されなかったアジア・アフリカのうち，インドではイギリスによる支配が継続され，ガンディーらによる抵抗運動が発生した。また，ドイツは厳しい制裁の結果，自力での立ち直りが絶望的であり，社会不安がヒトラーとファシズムを生み出すことになった。さらに，戦争を抑止するはずの国際連盟が，アメリカの不在や制裁事項が経済制裁に限定されていたことなどから，日本・ドイツなどの脱退を生み出し機能不全に陥った。こういった反省をさらに踏まえたうえで，第二次世界大戦後の世界秩序の形成が模索されることになった。

高校地歴(世界史) 第二次世界大戦と冷戦

ポイント

　「第二次世界大戦と冷戦」については冷戦に関する設問が多いので，冷戦の構造と経過，対立と融和の過程，各地で起こった代理戦争の詳細，東側陣営の崩壊と冷戦終結，などをおさえることが肝要となる。東西陣営に属さなかった，いわゆる第三勢力についての学習も怠ってはならない。平和五原則やアジア＝アフリカ会議，非同盟諸国首脳会議についても学習しておく。

　他には，国際連合や軍縮などについての出題が見られた。前者については設立までのプロセス及び各機関の呼称・役割や平和維持活動，後者については国際的に結ばれた各種の軍縮条約及び核兵器に対する平和運動が中心となっている。

　また，最近の傾向として冷戦後の展開を問う出題が増えている。冷戦崩壊と民族紛争の頻発，テロリズムの活発化と各国の対策，アフガニスタン・イラクで起こった戦争，地域的経済統合の進行などが主な内容になっているので，「アラブの春」・南スーダンの独立など時事問題にも注意を払っておくことが不可欠である。

　現代史は覚える事項がとても多く，また世界の一体化が進んだために地域間の繋がりを強く意識しなければならないのが特徴である。ゆえにタテ(時間)とヨコ(地域)の座標位置をしっかりと把握しながら，学習を進められたい。そのためには年表・地図などを活用することが大切であるし，あるいは自分で使いやすいように作成または整理したりすることも有効な学習の方法である。

□第二次世界大戦中の連合国の首脳会談

会談	時期	参加国			内容
大西洋上会談	1941.8	米	英		大西洋憲章(国際平和機構の再建など)
カサブランカ会談	1943.1	米	英		シチリア島への上陸作戦を決定
カイロ会談	1943.11	米	英	中	日本の領土削減，朝鮮独立など

261

テヘラン会談	1943.11	米	英	ソ	第二戦線，北仏上陸作戦の協議など
ヤルタ会談	1945.2	米	英	ソ	ドイツ分割，ソ連の対日宣戦など
ポツダム会談	1945.7	米	英	ソ	日本の無条件降伏勧告，戦犯処罰など

□鉄のカーテン　チャーチルがアメリカのフルトンでの演説で使用した
　言葉。バルト海のシュテッティンからアドリア海のトリエステまで，
　「鉄のカーテン」が下ろされ，その東側にソ連が排他的な勢力圏を構築
　していると非難し，冷戦を象徴する表現として多用された。

□冷戦の動向

西暦	アメリカ・西欧(資本主義)	ソ連・東欧(社会主義)
1945	国際連合成立	
1947	トルーマン＝ドクトリン/マーシャルプラン	コミンフォルム結成
1948		ベルリン封鎖(〜49)
1949	北大西洋条約機構(NATO)成立 ドイツ連邦共和国成立	ドイツ民主共和国成立
1950	朝鮮戦争(〜53)	
1954	ジュネーブ休戦協定	
1955		ワルシャワ条約機構成立
1959	フルシチョフ訪米	
1961		ベルリンの壁構築
1962	キューバ危機	
1963	米・英・ソ 部分的核実験禁止条約調印	
1965	ベトナム戦争(〜75)	
1968		ソ連，チェコスロバキア侵入
1972		東西ドイツ基本条約
1979	米ソ第2次戦略兵器制限交渉(SALTⅡ)調印	ソ連，アフガニスタン侵攻(〜89)
1985		ペレストロイカ
1989	ブッシュ　マルタ会談　ゴルバチョフ	ベルリンの壁撤去・東欧諸国の民主化始まる
1990		東西ドイツ統一
1991		ワルシャワ条約機構・ソ連解体

□朝鮮戦争

1948	南に韓国(李承晩大統領)成立	北に北朝鮮(金日成首相)成立
1950.6	朝鮮戦争勃発(北朝鮮軍が侵攻)	
	北朝鮮軍, ソウルを占領し釜山付近まで南下	
9	国連軍が仁川に上陸し, 北上して平壌を占領	
10	中国人民義勇軍参戦→ 戦況が膠着化	
1953.7	北緯38度の板門店で休戦協定(北朝鮮・中国連合軍×国連軍) (現在も休戦中である)	

□ベトナムの情勢

インドシナ戦争	1945. 9	ベトナム民主共和国が独立宣言(ホー=チ=ミン大統領)
	1946.12	インドシナ戦争勃発(フランスが軍事侵攻)
	1949. 6	フランスがベトナム国樹立(首都サイゴン, バオ=ダイ主班)
	1954. 5	ディエンビエンフーの戦い(フランス軍の根拠地陥落)
	7	ジュネーブ休戦協定(フランス軍撤退, アメリカは反対姿勢)
		北緯17度線を暫定軍事境界線として平和回復
	1955.10	アメリカの支援でベトナム共和国成立
		(首都サイゴン, ゴ=ディン=ジエム大統領, 南北統一選挙拒否)
	1960.12	南ベトナム解放民族戦線結成
	1964. 8	トンキン湾事件(アメリカ軍が北ベトナムに攻撃されたと発表)
ベトナム戦争	1965. 2	北爆開始(トンキン湾事件を口実にベトナム戦争勃発)
	1970. 4	米軍と南ベトナム軍がカンボジアへ侵攻(補給路遮断の為)
	1971. 2	米軍と南ベトナム軍がラオスへ侵攻(戦局打開の為)
	1973. 1	ベトナム(パリ)和平協定
	3	アメリカ軍が全面撤退
	1975. 4	サイゴン陥落(南ベトナム政府の崩壊)
	1976. 7	ベトナム社会主義共和国成立(南北統一達成)

□平和五原則　1954年のネルー・周恩来会談で提唱。①領土・主権の尊重, ②相互不侵略, ③内政不干渉, ④平等互恵, ⑤平和共存。なお, ネルーはインドの初代首相, 周恩来は中華人民共和国の初代首相。

□アジア＝アフリカ会議　1955年, インドネシアのバンドンで開かれ, アジア・アフリカの29ヵ国が参加した会議。平和十原則を採択。

□非同盟諸国首脳会議　東西陣営のどちらにも属さず, 反植民地主義,

平和共存などを第三の勢力として標榜する国々の首脳が集まる会議。
第1回会議は1961年にユーゴスラビアのベオグラードで開催され，25
カ国首脳が参加した。以後，数年おきに開かれて現在に至る。

□パレスチナ問題

年代	事　　項
1948	**イスラエル建国(初代首相ベングリオン)** (前年の国連でのパレスチナ分割決議に基づき，入植ユダヤ人が建国を宣言)
1948 ～49	**第1次中東戦争(パレスチナ戦争)** 周辺アラブ諸国がイスラエルを攻撃 　　　→米英の支援を受けたイスラエルが勝利
1956	**第2次中東戦争(スエズ戦争)** スエズ運河国有化を宣言したエジプトへイスラエルと英仏軍が侵攻 　　　→エジプトが勝利
1964	**パレスチナ解放機構(PLO)結成** 　　　→議長アラファト，イスラエルに抵抗闘争
1967	**第3次中東戦争(六日戦争)** イスラエルが周辺アラブ諸国を先制攻撃 　　　→イスラエル勝利，エジプトのシナイ半島を占領
1973	**第4次中東戦争** エジプト・シリアがイスラエルに侵攻 　　　→アラブ側が石油戦略を発動するも，勝敗つかず
1979	**エジプト・イスラエル平和条約(㊈カーター大統領，㊍サダト大統領，㋑ベギン首相)** アメリカの仲介で締結，シナイ半島が返還(1982) 　　　→エジプトのサダト大統領は2年後に暗殺
1993	**パレスチナ暫定自治協定(㊟アラファト議長，㋑ラビン首相)** アメリカの仲介でパレスチナ自治政府が成立 　　　→自治政府の領域はガザ地区とヨルダン川西岸地区， 　　　　内部対立やイスラエルとの紛争が頻発
2012	**パレスチナ，国連オブザーバー国家へ昇格** 国連総会で賛成多数で可決

□軍拡と軍縮

軍拡	軍縮
1945 アメリカ，**原爆を実戦で使用** 1949 ソ連が核実験	
	1950 ストックホルム＝アピール
1952 イギリスが核実験 1954 **第五福竜丸事件**	
	1955 ラッセル－アインシュタイン宣言 **第1回原水爆禁止世界大会** 1957 第1回パグウォッシュ会議 1959 南極条約調印
1960 フランスが核実験	1963 **部分的核実験禁止条約**調印
1964 中国が核実験	1970 **核拡散防止条約発効** 1972 SALT Ⅰ調印 生物兵器禁止条約採択
1974 インドが核実験	1978 第1回国連軍縮特別総会 1987 **INF全廃条約**調印 1991 START Ⅰ調印 1993 化学兵器禁止条約調印 1996 **包括的核実験禁止条約採択**
1998 パキスタンが核実験	1999 対人地雷全面禁止条約発効 2003 **戦略攻撃力削減条約(モスクワ 条約)発効**
2006 北朝鮮が核実験	2010 **クラスター爆弾削減条約(オス ロ条約)発効** 2011 **新戦略兵器削減条約(新START) 発効** 2014 **武器貿易条約発効** 2019 INF全廃条約失効

例題1

次の文の（　A　）～（　P　）の中に適語を入れ，あとの各問いに答えよ。

　独ソ戦の開始後，チャーチルとF.ローズヴェルトは大西洋憲章を発表し，①戦後の民主主義と国際協調の実現などについての構想を明らかにした。1945年4～6月の（　A　）会議で国際連合憲章が採択され，10

266

　月に正式に国際連合が成立した。しかし，国際連合結成にみられた国際協力の気運は戦後まもなく冷却し，アメリカとソ連の対立がはじまった。東欧諸国では共産党を中核とする連立政権がつくられ，ソ連の影響力が増大した。アメリカは，（　B　）とトルコへの②共産主義の進出を防ぐため，1947年3月にトルーマン＝ドクトリンを発表し，いわゆる「（　C　）政策」をとり，両国への援助を開始した。また，同年6月アメリカの国務長官はヨーロッパ経済復興援助計画として（　D　）を提示した。これに対し，ソ連は東欧6か国の共産党とフランス・（　E　）の共産党で，③（　F　）(共産党情報局)を結成して対抗した。こうして戦後のヨーロッパは東西「二つの世界」が対立する情勢となり，戦後世界の東西対立は④「冷戦」と命名された。

　　大戦後のアジアでは，各地域で独立運動がいっそう高まった。インドでは1947年7月，イギリスの労働党内閣（　G　）首相のもとでインド独立法が制定され，1947年にインドとパキスタンがイギリス連邦内の自治領として分離独立した。両者は1950年にインド共和国，1956年にパキスタン＝イスラーム共和国として完全独立したが，藩王国であった（　H　）の帰属をめぐって1947年から武力衝突がくり返された。英領セイロンも1948年にイギリス連邦内の自治領として独立，1972年にはスリランカ共和国と改称した。しかし，仏教徒で多数を占める（　I　）人と少数派でヒンドゥー教徒の（　J　）人との対立がおこり，しばしば内戦状態になった。

　　仏領インドシナでは，日本占領下で（　K　）の指導するベトナム独立同盟(ベトミン)が1945年にベトナム民主共和国の独立を宣言したが，フランスがこれを認めず，1949年には（　L　）を首長とするベトナム国を発足させ，⑤インドシナ戦争は長期化した。1954年に⑥ジュネーヴ休戦協定が結ばれ，ベトナムは北緯（　M　）線を境として，北側にはベトナム民主共和国が，南側には（　N　）を大統領とするベトナム共和国が樹立されて，冷戦構造に組み込まれた。

　　フィリピンは，1946年フィリピン共和国として独立した。1951年8月に米比相互防衛条約が締結され，1954年には⑦東南アジア条約機構(SEATO)に加盟して，西側陣営に組み込まれた。

　オランダ領東インドでは，大戦後の1945年に(　O　)の指導のもと，インドネシア共和国の成立を宣言した。そして，それを認めないオランダとの武力闘争に勝利して，1949年独立を達成した。1955年には(　P　)にアジア，アフリカの29カ国の代表を集めて(　P　)会議(アジア＝アフリカ会議)が開催された。

　英領マレー(マレー連合州)は1957年にマラヤ連邦として正式に独立したあと，1963年にはシンガポール，サバ，サラワクを加えて⑧<u>マレーシア連邦</u>を結成した。

問1　下線部①について，次の問いに答えよ。

　(1)　1944年8～10月，米・英・ソ・中の代表が集まり，国際連合憲章の草案を作成した。この会議の名称を答えよ。

　(2)　1944年7月，連合国側代表が大戦後の国際金融・経済協力構築のためブレトン＝ウッズで協議をした。この会議の合意により設立が決定され，1945年12月に発足した国際連合の2つの専門機関の名称を答えよ。

問2　下線部②について，次の文はチャーチルの「フルトン演説」の一部である。(　a　)～(　c　)に適語を入れよ。

　　バルト海の(　a　)からアドリア海の(　b　)まで，大陸を縦断して(　c　)が降ろされました。この線の向こうには中部・東部ヨーロッパの旧国家のすべての首都があります。…(中略)…

　　彼らはすべて，なんらかのかたちでソヴィエトの影響力のもとに従属しているだけでなく，多くの場合に強力でしかもますます高まりつつあるモスクワからの支配の手段に従わされているのです。…〈以下略〉…

問3　下線部③について，民族主義的偏向と農業政策の非ソ連方式を理由に，1948年に共産党情報局を除名された国家はどこか。国家名を答えよ。

問4　下線部④について，『冷戦－アメリカ外交政策の研究』を著したアメリカのジャーナリストはだれか。人物名を答えよ。

問5　下線部⑤について，1954年フランス軍の根拠地が陥落して戦局が決定したが，この陥落したフランス軍の根拠地とはどこかを答えよ。

問6　下線部⑥について，ベトナムのほかに，この協定で国際的に独立が承認された国家名を2つ答えよ。

問7　下線部⑦について，東南アジア条約機構に加盟しなかった国家はどこか。次のア〜オから1つ選び，記号で答えよ。

ア　フランス　　　　イ　ニュージーランド　　　ウ　パキスタン

エ　インドネシア　　オ　タイ

問8　下線部⑧について，"ルック＝イースト"政策を主張し，1981年，マレーシア首相に就任した人物はだれか。人物名を答えよ。

解答　A　サンフランシスコ　　B　ギリシア　　C　封じ込め

D　マーシャル＝プラン　　E　イタリア　　F　コミンフォルム

G　アトリー　　H　カシミール　　I　シンハラ　　J　タミル

K　ホー＝チ＝ミン　　L　バオ＝ダイ　　M　17度　　N　ゴ＝ディン＝ジエム　　O　スカルノ　　P　バンドン

問1　(1)　ダンバートン＝オークス会議　　(2)　国際通貨基金(IMF)・国際復興開発銀行(IBRD，世界銀行)　　問2　a　シュテッティン(ステッティン)　　b　トリエステ　　c　鉄のカーテン　　問3　ユーゴスラヴィア　　問4　ウォルター＝リップマン

問5　ディエンビエンフー　　問6　ラオス・カンボジア

問7　エ　　問8　マハティール

解説　問1　(1)　1944年8月21日〜10月7日にかけてワシントン旧市街のジョージタウンの一角にあるダンバートン＝オークス邸で行われたのでこの名前がついた。　問2　1946年3月5日の演説。社会主義圏と資本主義圏との境界線を指して用いられる。

問3　ティトーの抵抗運動が大戦末期に自力解決したことから，ユーゴスラヴィアは戦後ソ連に対しても自立的な姿勢を示した。そのため，ユーゴスラヴィアは1948年コミンフォルムから除名され，東欧社会主義圏から離れて独自の道を進んだ。　問4　ウォルター＝リップマンは，ドイツ系ユダヤ人移民の子孫としてニューヨークに生まれる。ウィルソン大統領のアドヴァイザーを務め，平和に関する14か条の原案作成に関わる。マッカーシズムとベトナム戦争に対し，鋭い批判をおこない，ジョンソン政権と「リッ

プマン戦争」と呼ばれる激しい論争をおこした。　問6　1953年カンボジアは完全独立を達成し，シハヌークのもとで中立政策を進めた。ラオスも53年独立したが左右の対立による内戦が始まった。

■■■■■■■■■■ **例題2** ■■■■■■■■■■

以下の文章を読み，問いに答えよ。

　第二次世界大戦後，米ソを中心とした東西陣営による冷戦が繰りひろげられ，両国は最大の核保有国として核兵器の開発をすすめた。そのような中，東側陣営では1956年にソ連が西側との平和共存路線を示したが，ソ連と中国との関係が悪化していった。

問　下線部について，中ソ対立が中華人民共和国のアメリカ合衆国など西側諸国への接近を促した結果，中華人民共和国の国際社会における位置付けはどのように変化したか，次の語句を必ず用いて，説明せよ。

　　語句　　　代表権

|解答| 国際連合における中国の代表権を，台湾に代わって中華人民共和国が獲得した。

|解説| スターリン批判を契機とした中ソ対立は，1959年の中ソ技術協定の破棄によって，1958年から始まっていた大躍進政策の失敗とともに中国経済に大きな痛手を与えた。このため中国が西側との関係改善を望んだ一方で，ベトナム戦争の泥沼化に苦しんでいたアメリカ合衆国はベトナム民主共和国の後ろ盾であった中国との関係改善を通じてベトナム和平を模索した。結果，両者の思惑が一致して，1971年に国際連合における代表権が中華民国から中国人民共和国に交代させられて，中国の国際的発言権が強まった。

━━━━━ **例題3** ━━━━━

次の略年表を見て，下の各問いに答えよ。

年代	ヨーロッパ	アフリカ	アジア	日 本
1945 〜 1954	ドイツ東西分裂 (1949)	① ↕	朝鮮戦争勃発 (1950)	（ ア ）平和条約締結(1951)
1955 〜 1964		アジア・アフリカ会議 (1955) ② （ イ ）(OAU)結成 (1963)	日ソ共同宣言調印 (1956)	
1965 〜 1974	拡大EC発足 (1973)	③ ↕	ヴェトナム戦争勃発 (1965)	沖縄復帰 (1972)
1975 〜	（ ウ ）の壁崩壊 (1989)	④ ↕		日中平和友好条約締結 (1978)

問1 略年表中の（ ア ）〜（ ウ ）に適する語句をそれぞれ答えよ。

問2 1947年3月，全世界に共産主義の封じ込め政策を宣言したアメリカ大統領の名を答えよ。

問3 エンクルマを指導者として，ガーナが独立した時期を，略年表中の①〜④から1つ選び，記号で答えよ。

問4 1973年にECに加盟した3国として該当しない国を，次のア〜エから1つ選び，記号で答えよ。

　　ア　スペイン　　　イ　イギリス　　　ウ　アイルランド

　　エ　デンマーク

問5 日ソ共同宣言の内容として誤っているものを，次のア〜エから1つ選び，記号で答えよ。

　　ア　ソ連の賠償請求権の放棄

　　イ　ソ連による日本の国連加盟の支持

　　ウ　平和条約締結後の日本への北方4島の返還

　　エ　平和条約締結交渉の継続

271

| 解答 | 問1　ア　サンフランシスコ　　イ　アフリカ統一機構 |

解答 問1　ア　サンフランシスコ　　イ　アフリカ統一機構
ウ　ベルリン　　問2　トルーマン　　問3　②　　問4　ア
問5　ウ

解説 問2　この年，トルーマン大統領はあらゆる場所でソ連の影響を阻止することを宣言し，ギリシアとトルコへの援助を表明した。(＝トルーマン・ドクトリン)　　問3　1957年に英連邦内の独立国となった。　　問4　1973年にイギリス・アイルランド・デンマークが加盟して拡大ECとなり，更に1986年にはスペイン・ポルトガルも加盟した。　　問5　北方領土について，日本は固有の領土として4島の返還を要求していたが，ソ連は国後島・択捉島の帰属については解決済みとの立場をとり，平和条約の締結は持ち越された。1956年に鳩山一郎首相は領土問題を棚上げにして，色丹島・歯舞諸島を平和条約締結後に日本に引き渡すということで共同宣言に署名した。

第 5 章

高校公民
（公共）

高校公民（公共） 現代社会の特質と課題

ポイント

　今回の学習指導要領の改訂によって新設された「公共」は，人間と社会の在り方についての見方・考え方を働かせ，現代の倫理，社会，文化，政治，法，経済，国際関係などに関わる諸課題を追究したり解決したりする活動を通して，グローバル化する国際社会に主体的に生きる平和で民主的な国家及び社会の有為な形成者に必要な公民としての資質・能力を育成することを目標としている。

　「現代社会の特質と課題」では，主に現代社会の諸問題を取り扱う。一口に諸問題といっても内容は多彩だが，従来の学習指導要領「現代社会」では，少子高齢化に代表される人口問題，社会保障の意義と課題，労働法と労働問題などがよく出題されている。他にも，情報化社会の進展と課題，行政の肥大化と効率化，我が国の食料の供給・安全の問題，男女共同参画社会への推進も取り上げられている。これらには，時事的内容も多分に含まれているので，ニュースをこまめにチェックし，新しい展開や統計が出てくれば，その都度頭の中のノートを書き換えるつもりで学習を行うと効果的だろう。また，参考書などでの勉強を進めながら，時折，図書館や書店などへ行って時事問題を扱った近刊の書籍も読むようにすれば尚更時事に強くなることだろう。

　そして教員採用試験である以上，教職教養の学習は不可欠である。少なくとも最新の学習指導要領には必ず目を通しておくべきである。また，「実際にどのような授業を行うのか，教師としての観点から意見を述べよ」という設問も出ているので，受験者としての学習だけではなく，教師としての立場からの考え方も予め自分なりにまとめておくとよいだろう。

□**社会保障**　かつて貧困や生活不安などの問題は個人の責任と見なされ国家は関与しなかったが，19世紀頃から一定の保障を行う制度の整備が国内外で始まった。我が国では高度経済成長期に制度の拡充が進められ，1973年には老人医療無料化などが実現して「**福祉元年**」を迎えた。しかし，この年に起こった第1次石油危機によって財政基盤が大きく揺らぎ，社会保障政策の見直しを余儀なくさせられることになった。

□**日本の社会保障制度**

出典：『資料　新総合政・経』（東京書籍）

□**二階建て方式**　日本の年金制度の特徴。一階は全国民共通の基礎年金(国民年金)とし，二階部分に厚生年金を上乗せする方式。

□**社会保険庁**　厚生労働省の外局で保険に関する業務を主に行う。業務上の不祥事が多数露呈したことにより，2008年に政府管掌の健康保険を分離し，2010年には日本年金機構という新組織に業務を移行して，社会保険庁は廃止されることになった。

□日本の少子高齢化

資料：2020年までは総務省「国勢調査」（2015年及び2020年は不詳補完値による。），2021年は総務省「人口推計」（2021年10月1日現在（令和2年国勢調査を基準とする推計）），2025年以降は国立社会保障・人口問題研究所「日本の将来推計人口（平成29年推計）」の出生中位・死亡中位仮定による推計結果から作成。

注1：2015年及び2020年の年齢階級別人口は不詳補完値によるため，年齢不詳は存在しない。2021年の年齢階級別人口は，総務省統計局「令和2年国勢調査」（不詳補完値）の人口に基づいて算出されていることから，年齢不詳は存在しない。2025年以降の年齢階級別人口は総務省統計局「平成27年国勢調査　年齢・国籍不詳をあん分した人口（参考表）」による年齢不詳をあん分した人口に基づいて算出されていることから，年齢不詳は存在しない。なお，1950～2010年の年少人口割合の算出には分母から年齢不詳を除いている。ただし，1950年及び1955年において割合を算出する際には，下記の注釈における沖縄県の一部の人口を不詳には含めないものとする。

注2：沖縄県の1950年70歳以上の外国人136人（男55人，女81人）及び1955年70歳以上23,328人（男8,090人，女15,238人）は65～74歳，75歳以上の人口から除き，不詳に含めている。

注3：百分率は，小数点第2位を四捨五入して，小数第1位までを表示した。このため，内訳の合計が100.0%にならない場合がある。

出典：『少子化社会対策白書　令和4年版』（内閣府）

□**高齢化**　WHOと国連の定義では，65歳以上人口の割合が7%を超えると**高齢化社会**，14%を超えると**高齢社会**，21%を超えると**超高齢社会**となる。我が国の場合，2022年現在で29.0%となっている。

□**ノーマライゼーション**　高齢者も若者も，障害者もそうでない者も，全て人間として普通の生活を送るため，ともに暮らし，ともに生きる社会こそノーマルであるという考え方あるいは運動。

□**バリアフリー**　障害者や高齢者が安心して暮らせるようにするため，障壁(バリア)となるものを撤去した状態のこと。現在，国や地方で制度的拡充がそれぞれ図られている。

□日本の出生数

資料：厚生労働省「人口動態統計」を基に作成。

出典：『少子化社会対策白書　令和4年版』（内閣府）

□合計特殊出生率　1人の女性が生涯に産む子どもの数の平均。日本の場合は，2021年で1.30。長期的に人口を維持できる数値(人口置換水準)とされる2.08を下回っているので，人口減少が懸念されている。

□政府の少子化対策

エンゼルプラン(1995年度～1999年度)	1994年12月	保育所拡大や多様な保育サービスの充実など保育対策が中心。「緊急保育対策等5か年事業」も策定。
新エンゼルプラン(2000年度～2004年度)	1999年12月	従来のエンゼルプランと緊急保育対策等5か年事業を見直したもの。これまでの保育関係に加え，雇用，母子保健，相談，教育等の事業も加えた幅広い内容。
子ども・子育て応援プラン(2005年度～)	2004年12月	少子化社会対策大綱に基づき，青年の就労支援や地域・企業が子育てを支援する風土醸成など社会的な整備。
新たな大綱(子ども・子育てビジョン)(2010年1月～2015年3月)	2010年1月	少子化社会対策基本法に基づく新たな大綱。子ども・子育て支援施策を行う際の3つの大切な姿勢「生命(いのち)と育ちを大切にする」，「2　困っている声に応える」，「3　生活(くらし)を支える」を示すとともに，これらを踏まえ，「目指すべき社会への政策4本柱」と「12の主要施策」に従い，具体的な取組を進めることとされた。
子ども・子育て関連3法	2012年8月	幼児期の学校教育・保育，地域の子ども・子育て支援を総合的に推進。「1　認定こども園，幼稚園，保

		育所を通じた共通の給付(「施設型給付」)及び小規模保育等への給付(「地域型保育給付」)の創設」,「2 認定こども園制度の改善(幼保連携型認定こども園の改善等)」,「3 地域の実情に応じた子ども・子育て支援(利用者支援, 地域子育て支援拠点, 放課後児童クラブなどの「地域子ども・子育て支援事業」)の充実。
子ども・子育て支援新制度 (2015年4月〜)	2015年 4月	子ども・子育て関連3法に基づく。幼児教育・保育・地域の子ども・子育て家庭を対象に, 幼児教育, 保育, 地域の子ども・子育て支援の質・量の拡充を図る。市町村が, 地方版子ども・子育て会議の意見を聴きながら, 子ども・子育て支援事業計画を策定し, 実施する。
ニッポン一億総活躍プラン (2016年6月〜)	2016年 6月	「希望出生率1.8」の実現に向け, 若者の雇用安定・待遇改善, 多様な保育サービスの充実, 働き方改革の推進, 希望する教育を受けることを阻む制約の克服等の対応策を掲げ, 2016年度から2025年度の10年間のロードマップを示す。
子育て安心プラン (2017年6月〜)	2017年 6月	女性就業率の上昇に伴い, 保育の受け皿を整備。待機児童の解消と, 待機児童ゼロを維持しつつ, 5年間で「M字カーブ」の解消を目指す。
子ども・子育て支援法の一部を改正する法律等の成立 (2019年5月〜)	2019年 5月	幼児教育の負担軽減を図るため実施された。原則3歳から(幼稚園は満3歳から)5歳までの子どもを対象に, 2015年の「子ども・子育て支援制度」における教育・保育の場に加え, 企業主導型保育(国・公・私立)の利用費を無償とする。
新たな大綱(第4次大綱)の策定 (2020年5月〜)	2020年 5月	「希望出生率1.8」の実現を目指し「結婚・子育て世代が将来にわたる展望を描ける環境をつくる」,「多様化する子育て家庭の様々なニーズに応える」,「地域の実情に応じたきめ細かな取組を進める」,「結婚, 妊娠・出産, 子供・子育てに温かい社会をつくる」,「科学技術の成果など新たなリソースを積極的に活用する」の5つの基本的な考え方に基づく。
新子育て安心プラン (2021年度 〜2024年度)	2020年 12月	4年間で約14万人分の保育の受け皿を整備するほか,「1 地域の特性に応じた支援」,「2 魅力向上を通じた保育士の確保」,「3 地域のあらゆる子育て資源の活用」を柱として, 各種取組を推進。
こども基本法 (2023年4月〜)	2023年 4月	日本国憲法及び児童の権利に関する条約の精神にのっとり, 全てのこどもが将来にわたって幸福な生活を送ることができる社会の実現を目指し, こども政策を総合的に推進することを目的とする。こども施策の基本理念のほか, こども大綱の策定やこども等の意見の反映などについて定めている。

□**大衆社会**　現代社会の特徴とされる，大衆が支配的である社会のこと。
普通選挙によって大衆が政治に参加する制度や社会を**大衆民主主義**と
いう。

市 民	教養と財産を持つ，近代市民社会の中核的存在。
公 衆	公共問題に積極的な関心を持つ理性的な存在。
群 衆	匿名の存在である個人の密集体。暗示にかかりやすく，非合理的な行動をとり，爆発的なエネルギーを持つ。
大 衆	原子化した個人の総称で，多様性がありながら異質的であり，また密集的にも分散的にもなる存在。受動性・非合理性・情緒性を持ち，マスメディアによって結びつけられるのが特徴。

□**世論**　社会で一般的な合意に達しているとみられる意見。

□**マスメディア**　マス・コミュニケーション(マスコミ)の媒体のこと。
大衆に大量の情報を伝達する役割を担い，新聞や雑誌などの印刷媒体
と，ラジオ・テレビなどの非印刷媒体とがある。国民に様々な情報を
提供し，国民相互の意見発表・形成の場をつくるという重要な役割を
持つが，大量の情報の氾濫や情報の一方通行といった課題も抱える。
大衆への影響力はかなり強く，「第四の権力」と称される。

□**オピニオン・リーダー**　集団の意思形成に大きな影響力をもつ人。ま
たは，世論の形成に大きな影響を与える文筆家，学者，ジャーナリスト，
評論家などをいう。

□**アナウンス効果**　予測や計画などの公表が，人々の行動に影響を与え，
当初の予想と異なった結果になってしまうこと。マスメディアによる
選挙報道が典型的である。

□**ＩＴ革命**　情報通信革命のこと。1990年代における**インターネット**の
世界的な普及によって情報伝達のあり方が大きく変わり，更には社会
の構造をも変えてしまったことをいう。

□**デジタルデバイド**　情報格差のこと。情報機器の有無や情報技術の利
用機会の多寡などにより，情報を得られる者と得られない者との間に
生じる不平等不均衡をいう。

□**知的財産権**　知的所有権・無体財産権ともいう。発明・意匠・著作な
どの知的活動によって形成された無形の経済的価値に対する権利。

□**夜警国家**　経済は自由放任であるべきという考えのもと，国家の役割を秩序の維持や国家の防衛など最小限のものに限った国家観を指す。

□**福祉国家**　**社会国家**ともいい，夜警国家と対比される言葉。国民の福祉の増進と確保を政治目標とするためにこう呼ばれる。完全雇用と社会保障制度の充実のために政府の役割が大きくなるのが特徴。しかし，財政負担が非常に大きくなって経済に悪影響を及ぼす傾向がある。

□**大きな政府**　財政規模が非常に大きな政府のこと。政府が社会政策を強力に推進し，積極的に経済への介入を行うためにこうなる。財政赤字や経済の非効率化，行政機構の肥大化といった弊害をもたらすため，1970年代末から「小さな政府」への転換を進める動きが出てきた。

□**小さな政府**　経済活動への積極的な介入を行わず，財政規模を小さく抑えようとする政府のこと。**アダム＝スミス**が提唱した「安価な政府」に通じる。20世紀後半から欧米諸国や日本で「小さな政府」への転換の動きが現れたが，福祉切り捨て，格差拡大との批判がある。

□**行政国家**　行政権が他の二権に優越している現象が起こっている国家をいう。政治の高度化・専門化にともなう行政機能の拡大が背景にある。立法府は大綱のみを定め，具体的な内容は行政府(行政官僚)に委ねられるという**委任立法**が増えるようになったり，許認可権や行政指導による行政の裁量権が拡大するようになったりする。

□**オンブズマン**　国民や住民の立場から行政を監視する専門員のこと。スウェーデンで始まった制度で，行政監察官などと訳される。我が国でも一部の地方自治体に設けられており，また民間団体が市民オンブズマンとして行動している例も多い。

□**労働基本権と法体制**

憲法	内　容	関　係　法
憲法第27条第1項	勤労の権利	職業安定法，雇用保険法，雇用対策法，男女雇用機会均等法，障害者雇用促進法など
同条第2項	勤労条件の基準	**労働基準法**，最低賃金法，労働安全衛生法，育児・介護休業法など
同条第3項	児童酷使の禁止	**労働基準法**，児童福祉法など
憲法第28条	労働三権	**労働組合法**，**労働関係調整法**，国家公務員法，地方公務員法，スト規制法など

※枠内の太字は労働三法。

□**男女雇用機会均等法**　1985年制定。女子差別撤廃条約の批准を受けて法制化され，1997年の改正により，男女の平等待遇が努力義務から禁止規定に強化され，事業主のセクハラ(セクシャルハラスメント)の防止義務，2006年の改正では，男女双方に対する差別の禁止，差別規定の強化，間接差別の禁止の導入，妊娠・出産を理由とした不利益取扱いの禁止等が新たに加わった。また2016年の改正では，不利益取扱いの禁止に加えて防止義務が，2019年の改正では職場におけるセクハラ被害を相談した労働者に対する不利益な取扱いを禁止した。

□**男女共同参画社会基本法**　1999年制定。「男女が，社会の対等な構成員として，自らの意思によって社会のあらゆる分野における活動に参画する機会が確保され，もって男女が均等に政治的，経済的，社会的及び文化的利益を享受することができ，かつ，共に責任を担うべき社会」を男女共同参画社会と定義し，国・地方に施策の制定を求めている。

□**行政監察官制度**　行政機関に資料の提出を求めたり，立ち入り調査などを行って，行政の監察を行う制度。国レベルでは総務省行政評価局が中心となって機能し，地方レベルでは行政相談委員の制度が設けられているが，オンブズマン制度と比べると権限が弱くなっている。

□**情報公開制度**　政府や地方自治体が保有する各種の情報について，請求があった場合に開示する制度。「知る権利」や行政の説明責任とも関係があり，1980年代から地方自治体で情報公開条例を制定する動きが始まり，1999年には国によって**情報公開法**が定められた。

■■■■■■■■■■■ **例題1** ■■■■■■■■■■■

次の文章を読み，あとの(1)～(4)の問いに答えよ。

　少子化に伴う人口減少社会の到来により，生産年齢人口も減少している。そこで多様な働き方を可能にするため，働く人の立場や視点から「働き方改革」が政府によって提唱されている。それでは，労働環境をめぐる動きはこれまでどのようなものがあったのだろうか。

　産業革命が起こったイギリスでは19世紀初めに，（　A　）の導入で失業の危機にさらされた労働者がラッダイト運動を起こした。アメリカでは世界恐慌時のニューディール政策の下で，ワグナー法が制定され

た。しかし第二次世界大戦後の1947年には，労働運動の(B)を意図
してタフト・ハートレー法が制定された。日本では戦後，日本国憲法
によって労働三権が確立され，それを保障するために労働三法が制定
された。その結果，労働組合を中心とした「春闘」により，賃金上昇
など労働環境の改善が進められた。一方で，女性の社会進出は1960年
代から増加しているものの，男女間格差や①女性の社会進出を抑制する
諸課題が顕在化するようになった。2000年代に起きた戦後最長の景気
回復は，中国など新興国や②アメリカへの輸出に支えられたものであっ
た。また，それまでの好況期と比較して経済成長率が低く，③「実感な
き景気回復」といわれている。

　労働と権利，いずれか一方ばかりに偏るのではなく，経済成長と健
康で豊かな生活の両立や，多様な働き方の選択ができるよう，「ワーク・
ライフ・バランス」が政労使三者の間で模索されている。

(1)　文章中の(A)，(B)にあてはまる語句の組合せとして最も
　　適切なものを，ア～エのうちから1つ選び，記号で答えよ。
　　ア　A－移民労働者　　　　B－推進
　　イ　A－移民労働者　　　　B－規制
　　ウ　A－機械　　　　　　　B－推進
　　エ　A－機械　　　　　　　B－規制

(2)　下線部①について，男女雇用機会均等法が2016年に改正され，事
　　業主にはどのような措置が義務付けられたか。その措置の内容を説
　　明せよ。

(3)　下線部②について，1980年代のアメリカにみられるように，財政
　　赤字と経常収支赤字が併発している状態を何と呼ぶか答えよ。

(4)　下線部③について，内閣府の定義における景気動向指数に影響を
　　与える指標のうち，特に景気の変化に先立って動くとされる指標に含
　　まれるものはどれか。ア～エのうちから1つ選び，記号で答えよ。
　　ア　家計消費支出　　イ　完全失業率　　ウ　東証株価指数
　　エ　有効求人倍率

解答　(1)　エ　　(2)　女性を含めた多くの人材の活用や，仕事と家庭生
　　　　活との両立を支援するため，妊娠や出産を理由とした，上司や同

僚からのハラスメントの防止措置を事業主に義務付けた。

(3)　双子の赤字　　(4)　ウ

解説 (1)　A　ラッダイト運動とは，熟練労働者による機械打ち壊し運動のこと。　B　ワグナー法では，労働者の団結権や団体交渉権を認められたが，米ソ冷戦を背景に制定されたタフト・ハートレー法によって，労働運動への規制が強まった。　(2)　妊娠・出産，育児を理由にした職場などでのいやがらせ行為は，マタニティ・ハラスメント(マタハラ)と呼ばれ，社会問題化している。このため，2016年の法改正により，マタハラ防止措置が義務化された。(3)　ドル高は，アメリカにとって輸出に不利となるが，輸入品の国内価格は安くなる。また，この当時のアメリカは，レーガノミクスによる減税，軍事費拡大のために国債が大量発行されており，これが金利上昇と一層のドル高を招いた。　(4)　景気動向指数には，先行指数，一致指数，遅行指数の3つがある。東証株価指数のほか，新規求人数や実質機械受注などが先行指数とされている。なお，アとイは遅行指数，エは一致指数である。

■■■■■■■■■■■■■■■■■■■■■■■ 例題2 ■■■■■■■■■■■■■■■■■■■■■■■

次の文を読み，下の問1〜問6に答えよ。

　現代は，国際化が進展し，交通手段や通信技術の発達により，①ヒト・モノ・カネ・情報などが国境を越えて移動する（　A　）の時代である。例えば大震災などの時の②NGOの活動にも見られ，地球規模での一体化の流れが一層強まっている。

　その一方で，一体化の流れに逆行するような，国際紛争や③民族紛争，人種差別などの問題が依然として存在し，多くの人々の生活を脅かしている。これらは一国で解決することは難しく，④世界全体で取り組んでいかなければならない問題である。

　現代のような（　A　）の時代には，自国の生活習慣や文化に誇りを持ちながらも，それだけを絶対視する（　B　）に陥らず，他国の習慣や文化を尊重する⑤異文化理解を深めていくことが重要である。

問1　（　A　），（　B　）にあてはまる語句を，ア〜オからそれぞれ選べ。

　　ア　マイノリティ　　イ　ボーダレス　　ウ　エスノセントリズム
　　エ　エスニシティ　　オ　ディスクロージャー

問2　下線部①に関して，1986年に交渉開始が宣言されたウルグアイ・
　　ラウンドでは，自由貿易の拡大を目指して新しい貿易ルールをつく
　　る交渉が行われた。この交渉において合意された内容を3つ書け。

問3　下線部②について，1971年にフランスの医師ベルナール＝クシュ
　　ネルらによって設立され，70か国を超える地域に医師や看護師，助
　　産師らを派遣して，危機に瀕した人々の救援活動を行っている民間
　　の医療・人道援助団体の名称を書け。

問4　下線部③の一つに北アイルランド紛争がある。この紛争の背景に
　　なっている宗教的な対立について，簡潔に書け。

問5　下線部④にかかわって，次の文は1948年に国連総会で採択され
　　た，あらゆる国家，国民の基本的人権についての規範を示した宣言
　　の一部である。この文を読み，(1), (2)に答えよ。

　　第1条　すべての人間は，生れながらにして(　a 　)であり，かつ，
　　　尊厳と権利とについて平等である。人間は，(　b 　)と良心とを授
　　　けられており，互いに同胞の精神をもって行動しなければならな
　　　い。

　　第3条　すべて人は，(　c 　), (　a 　)及び身体の安全に対する権利
　　　を有する。

　　(1)　(　a 　)～(　c 　)にあてはまる語句を，漢字2字でそれぞれ書
　　　け。

　　(2)　宣言の名を書け。

問6　下線部⑤に関して，アメリカの文化人類学者ルース＝ベネディク
　　トは「菊と刀」の中で，西洋文化と日本文化とをどのように説明し
　　ているか，次の語句を用いて説明せよ。

　　〔　恥の文化　〕

解答　問1　A　イ　　B　ウ　　問2　・サービス貿易・知的財産権な
　　ど広範な分野における国際的ルールの確立　　・農業分野におけ
　　る関税化，輸出補助金の削減など自由化の促進　　・紛争解決手
　　続きの大幅な強化(世界貿易機関(WTO)の設立)　　問3　国境な

き医師団　　問4　北アイルランドのカトリック系住民が，イギリスからの分離・独立を求めてプロテスタント系住民と対立した。問5　(1)　a　自由　　　b　理性　　c　生命　　　(2)　世界人権宣言　　　問6　ベネディクトは，西洋文化が神の教えに背くことを罪と考える「罪の文化」であるのに対して，日本文化は他人から非難を受ける行為をさけようとする「恥の文化」であると説いた。

解説　問1　アは少数民族，エは民族集団が示す特性，オは企業が必要な情報を開示すること。　　問2　2002年1月に新たな多角的貿易交渉(ドーハ・ラウンド)がスタートした。　　問3　1999年にノーベル平和賞を受賞した医師のNGO組織である。　　問4　1998年に北アイルランド和平協定の合意が成立した。　　問5　さらに1976年に法的拘束力を持たせた「国際人権規約」が発効した。問6　日本のことわざ「旅の恥はかき捨て」がこのことを表している。

━━━━━━━━━━ **例題3** ━━━━━━━━━━

次の各問いに答えよ。

(1)　我が国の公的介護保険制度および介護休暇制度の仕組みに関する記述として誤っているものを，次の①～④から1つ選べ。

①　介護保険料は，40歳から納め始め，64歳で払い終える。

②　介護保険は，特定疾病が原因で介護が必要になった場合には，40歳であっても給付の対象となる。

③　介護保険のサービスの利用にあたっては，各区市町村に要介護認定を申請し，認定を受けた後，ケアプランに基づき，サービスを利用する。

④　育児・介護休業法には，介護が必要な家族1人につき，1年度に5日まで，対象家族が2人の場合は1年度に10日まで，介護休業や年次有給休暇とは別に休暇を取得できる介護休暇制度が定められている。

(2)　生殖技術の発達について述べた文として最も適当なものを，次の1

～4のうちから1つ選べ。

① 出生前診断によって，胎児の健康状態だけでなく，異常の有無を診断することができる。これに関しては，生命の選別ではないかという指摘があり，日本では着床前診断は認められているが出生前診断は禁止されている。

② リプロダクティブ＝ヘルス／ライツ(性と生殖に関する権利)とは，「子どもをもつか，もたないか」，「もつとしたらいつ，何人の子どもをもつか」を女性がみずから決定することができる権利をいう。妊娠中絶や受胎調節の権利も含まれていると解釈される。

③ 体外受精とは，精子を人為的に子宮に注入して卵子と受精させる技術であり，人工授精とは，女性の体外で精子と卵子を受精させ，受精卵を作る技術である。

④ 出産できない女性のために出産後に子を渡す約束で子を妊娠(出産)することを代理懐胎(代理出産)という。代理懐胎(代理出産)は，日本でも認められるようになった。

(3) 情報社会について述べた文として適当でないものを，次の1～4のうちから1つ選べ。

① コンピュータやインターネットを使いこなせる者とそうでない者との間に，雇用の機会や収入の差がうまれている。情報能力の違いからうまれるこのような格差をデジタル・デバイドという。デジタル・デバイドは，国際社会において新たな南北問題をうみ出している。

② プライバシーとは，私的なことがらに関する自己決定権，あるいは他人や社会による干渉を受けない私的な領域のことである。情報化の進展にともない，自分に関する情報にだれがアクセスしてよいかを自分で決めることのできる権利(自己情報コントロール権)をさすようになった。

③ ネチケットは，ネットワークとエチケットからつくられた造語である。インターネット利用者の間で共有されねばならないとされる慣習，礼儀，してはいけない行為などをさす。一般社会と同様，ネットワーク社会においても最低限，守らなければならないもの

がある，という考えにもとづいている。

④ 個人情報保護法は，個人情報の利用と個人の権利の保護の両立
を目的として2003年に制定された。行政機関の保有する個人情報
の取り扱いについての基本的事項を定めており，民間の事業者は
適用されない。

|解答| (1) ① (2) ② (3) ④

|解説| (1) 40歳から64歳は第2号被保険者だが，65歳以降も第1号被
保険者として介護保険料を支払う。 (2) ①は，着床前診断より
出生前診断のほうが広く行われている。日本においては，着床前
診断は一定の条件を満たした場合にのみ認められている。③は，
体外受精と人工授精の説明が逆。④について，日本での代理出産
は，法整備が進んでいないため原則的には行わないことになって
いる。 (3) ④の個人情報保護法は，個人情報を取り扱うすべて
の事業者に適用される。法人・個人の別や営利・非営利の別は問
わない。

■■■■■■■■■■ 例題4 ■■■■■■■■■■

次の文章を読んで，あとの各問いに答えよ。

社会保障制度の源は，イギリスの公的扶助とドイツの社会保険にあ
る。イギリスでは，1601年に（ ア ）が社会保障の先駆けとして制定
された。一方，19世紀後半になると，激しくなった労使の対立を緩和
するために，労働者に対する社会保険制度が，ドイツの（ イ ）によっ
てつくられたが，この制度は①「アメとムチの政策」と呼ばれた。

こうした中，社会保障制度に大きな転機をもたらしたのは，1930年
代の大不況である。アメリカではニューディール政策の一環として
1935年に（ ウ ）が制定された。そして，第二次世界大戦後，イギリ
スでは，1942年の（ エ ）に基づき②総合的な社会保障制度が実現され
た。

日本における社会保障制度は，第二次世界大戦後，憲法第25条の
③生存権の規定によってその基本理念が確立し，社会保険をはじめとす
る④4つの制度から成り立っている。

　しかし，現在の日本では，急速に⑤少子化，⑥高齢化が進んでおり，⑦解決すべき課題も多い。

(1)　(ア)～(エ)に適する語句を入れよ。

(2)　下線部①の「ムチ」にあたる法律は何か答えよ。

(3)　下線部②を表すスローガンは何か答えよ。

(4)　下線部③について，憲法第25条の規定は，国のとるべき政策上の方針を定めたものであって，実際に生活に困っている国民が，国に対して何らかの給付を請求することができるというような，具体的な権利を保障するものではない，とする見解があるが，これを何というか答えよ。

(5)　下線部④について，社会保険以外の3つの制度を答えよ。

(6)　下線部⑤を表す数値で，(a)「一人の女性が一生の間に平均して出産する子供の数」，(b)その数値がいくつを下回ると人口が減少に向かうといわれているか，それぞれ答えよ。

(7)　下線部⑥について，我が国の社会保障制度の改正内容を示した次のA～Dを，実施された順に並び替えよ。

　A　国民年金を基礎年金とし，厚生年金と共済組合年金を報酬比例年金として基礎年金に上積みする，いわゆる二階建て方式となった。

　B　介護の必要な家族のいる労働者が，3ヶ月を限度に休職して介護に当たることができる介護休業制度が始まった。

　C　国と地方自治体で負担していた高齢者の医療費を一部，患者の自己負担とすることなどを内容とする老人保健制度が始まった。

　D　40歳以上の国民を対象に保険料を徴収し，介護が必要になったときに，その程度に応じて一定の金額を限度に公費で介護サービスを提供する介護保険が始まった。

(8)　下線部⑦について，公的年金の財政方式のうちの賦課方式に関する記述として適切なものを，次のA～Dから1つ選べ。

　A　現役期のうちに保険料を拠出し，運用された基金を年金給付の財源とするため，世代間の所得の移転を想定しておらず，財政収支上各世代が独立している。

B　その年の年金給付総額を，在職中の被保険者・雇用者・国が各々の負担割合に応じて拠出するもので，高齢化が進行すると，現在働いている被保険者の負担が大きくなる。

C　高齢化の進行等により人口構成の変化が生じても，各世代が年金の負担・給付に関して影響を受けないという利点がある。

D　予測しえないインフレといった不確実性への対応や，年金制度創設時にすでに高齢に達していた世代には年金給付が与えられないなどの課題がある。

(9)　「ノーマライゼーション」について，「高齢者」「障害」「バリアフリー」という言葉を使って説明せよ。

解答　(1)　ア　（エリザベス）救貧法　　イ　ビスマルク　　ウ　社会保障法　　エ　ベバリッジ報告　　(2)　社会主義者鎮圧法
(3)　「ゆりかごから墓場まで」　　(4)　プログラム規定説
(5)　公的扶助・社会福祉・公衆衛生　　(6)　(a)　合計特殊出生率　　(b)　2.07(2.08)　　(7)　C→A→B→D　　(8)　B
(9)　若者も高齢者も，障害のある人もない人も，バリアフリーを徹底させることによって一緒に生活していくこと。

解説　社会保障の歴史と，日本の場合についての設問である。
(1)　ア　エリザベス1世が制定。　イ　ドイツ帝国の鉄血宰相。
エ　経済学者ベバリッジがイギリス政府に提出した報告書。
(3)　ベバリッジ報告をもとに，戦後の労働党政権が推進した社会保障政策の標語。膨大な財政支出が問題となって，後にサッチャー保守党政権で見直された。　　(4)　憲法第25条の生存権をめぐる最高裁の見解。　　(5)　この四本柱はすべて覚えておきたい。
(6)　(b)　統計によって推定が異なるが，大体2.07〜2.08とされている。　　(7)　A　1986年施行。　B　1999年施行。　C　1983年施行。　D　2000年施行。　　(8)　年金の財政方式は大きく2つに分かれている。各年度にわたって納められた保険料を積み立てた原資から支給するのが積立方式。その年度の現役労働者が納めた保険料から支給するのが賦課方式。Aは積立方式，Bは賦課方式の説明。C・Dは積立方式の長所と短所。

高校公民（公共） 環境問題への取り組み

ポイント

　環境問題は現代社会にとって焦眉の急というべき懸案であり，近年ますます関心が高まっている。そのためか，教員採用試験でも取り上げられる頻度が増している。出題の傾向としては地球的規模からみた環境問題と，日本の立場からみた環境問題に大別され，いずれも網羅的に学習することが必要である。

　まず，地球的規模の環境問題について，オゾン層破壊，酸性雨，森林破壊，砂漠化，海洋汚染などが典型的な内容となっているが，最も多く出題されているのはやはり地球温暖化である。それぞれについて発生の原因をしっかり把握しておくことが大事である。それとともに，国際的または国内的にどのような取り組みが進められているか，過去から現在に至るまでに開かれた国際会議の名称やその決定，及び条約や協定などの内容なども押さえるようにしたい。環境問題は現在進行中の問題なので，ニュースなどのチェックを怠らず，最新の動向を反映した設問にも対応できるようにしよう。

　日本の環境問題については，まず公害の歴史を学ぶべきだろう。我が国の公害問題の原点とされる足尾銅山の事例から，高度経済成長期の四大公害，そしてその反省から順次整備が進められてきた環境対策の子細などが主な内容となる。また，現在の我が国の環境問題への取り組み，資源・エネルギーの供給・消費の現状などを学ぶようにしたい。ここでも時事を押さえておくことが欠かせない。新しい動きの報道や数字の発表には常に目を光らせておくようにしよう。

□地球温暖化　人間活動に伴う温室効果ガスが大気中に放出されることによって，地表の温度が上昇すること。

□温室効果ガス　CO_2(二酸化炭素)，メタン，フロンなど，大気の熱収支に働いて地球の平均気温を上昇させる効果のある気体。

世界の年平均気温偏差

トレンド=0.76（℃/100年）　　　　　　　　　　気象庁

□二酸化炭素　二酸化炭素(CO_2)排出量の国別割合(2019年)

インド 6.3%　ロシア 5.8%

EU(27か国) 7.0%　日本 2.8%

355億t　中国 30.5%　アメリカ合衆国 13.4%　その他34.2%

（『世界国勢図会』2023/24より作成）

□気候変動枠組条約　1992年6月の地球サミットで採択され，1994年3月に発効。この条約は，「大気中の温室効果ガスの濃度を，気候系に対して危険な人為的影響を及ぼさない水準に安定させる」ことが目的。

□京都議定書　1997年12月に京都で開かれた，気候変動枠組条約第3回締約国会議(COP3)で採択された温室効果ガス排出量の削減計画。

対象ガス	二酸化炭素・メタン・一酸化二窒素・代替フロン等3ガス
吸収源	森林などの吸収源による二酸化炭素吸収量を算入
基準年	1990年(代替フロン等3ガスは1995年としてもよい)
約束期間	2008〜12年の5年間
数値約束	先進国全体で少なくとも5％削減を目指す 日本△6％，米国△7％，EU△8％等

□**パリ協定**　京都議定書にかわり，2020年以降の温室効果ガス削減の目標を定めた国際的枠組み。2015年にパリで開かれた気候変動枠組み条約第21回締約国会議で決められた(2016年発効)。

	京都議定書	パリ協定
削減目標	先進国全体で温室効果ガス5.2%削減	気温上昇を2℃未満にする(1.5度未満へ努力)
対象国	法的拘束は先進国のみ	途上国含むすべての国
削減方法	クリーン開発メカニズム，共同実施，排出量取引	各国が5年ごとに現行目標を上回る削減目標を提出

□**オゾン層破壊**　人工的につくられたフロンガスが大量に放出され，成層圏のオゾン層を破壊する現象。南極や北極の上空でオゾンホールの拡大が確認されている。

□**モントリオール議定書**　1987年にカナダのモントリオールで採択。フロンガスの規制が目的。日本も参加し，翌年にオゾン層保護法を制定した。以後も国際的な規制が強められていき，1995年には先進国で特定フロンガスの生産を全廃することが決められた。

□**酸性雨**　石油・石炭など化石燃料の燃焼により排出された硫黄酸化物や窒素酸化物が大気中で変化し，強い酸性の雨を降らせる現象。森林の枯死，水質の変化，生態系への悪影響などを引き起こす。

□**森林破壊**

1990年と2015年を比較した森林面積の増減 (国別)

純減少
■ 50万ha以上
▨ 10〜50万ha
▨ 1〜10万ha
微増減
□ 1万ha未満
純増加
▨ 1〜10万ha
▨ 10〜50万ha
■ 50万ha以上

資料：国連食糧農業機関 (FAO)「世界森林資源評価2015」
出典：『平成30年版　環境・循環型社会・生物多様性白書』(環境省)

□**砂漠化**　過放牧・過耕作によって土地の保水力が弱まるという人為的
な要因と，雨が降りにくいという気候的な要因が相互に関連し，砂漠
が広がること。

□**海洋汚染**　陸地からの汚染物質の流入や廃棄物の投棄によって海洋が
汚染されること。油の漂着や流出による汚染の件数が最も多い。赤潮
などが発生することもあり，海洋全体の生態系が乱れ，水産資源に悪
影響が出ている。

□**地球環境問題の相互関係**

出典：『資料　新総合政・経』（東京書籍）

□四大公害裁判

	新潟水俣病(第二水俣病)	四日市ぜんそく	イタイイタイ病	水俣病
提訴日/原告数	1967年6月12日/76人	1967年9月1日/12人	1968年3月9日/33人	1969年6月14日/138人
被告	昭和電工	昭和四日市石油，三菱油化，三菱化成，三菱モンサント，中部電力，石原産業	三井金属鉱業	チッソ
発生地域	1964年頃から70年にかけ新潟県阿賀野川流域	1961年頃から三重県四日市市のコンビナート周辺	大正時代から富山県神通川流域	1953年頃から60年にかけて熊本県水俣湾周辺
被害症状	手足のしびれ，目や耳が不自由になり死亡	気管支など呼吸器が侵され，ぜんそく発作が襲う	骨がもろくなり，「痛い痛い」と叫んで死んでいく	手足のしびれ，目や耳が不自由になり死亡
原因	工場排水中の有機水銀に汚染された魚介類の摂取(メチル水銀中毒)	亜硫酸ガスの排出により大気が汚染され，その空気を吸うことで呼吸器に支障	鉱山からたれ流されたカドミウムに汚染された食べ物を摂取	工場排水中の有機水銀に汚染された魚介類の摂取(メチル水銀中毒)
請求額	5億2,267万4,000円	2億58万6,300円	6,200万円(第1審) 1億5,120万円(控訴審)	15億8,825万円
おもな争点	因果関係，故意・過失責任	複合公害における因果関係，共同不法行為，故意・過失責任，損害算定法	因果関係	故意・過失責任
裁判所	新潟地方裁判所	津地方裁判所四日市支部	富山地裁(第1審) 名古屋高裁(控訴審)	熊本地方裁判所
判決日	1971年9月29日	1972年7月24日	1971年6月(第1審) 1972年8月9日(控訴審)	1973年3月20日
判決内容(法的根拠)	原告(被害者)側全面勝訴/疫学的因果関係の推認で立証されるとして，被告側の企業責任を追求(民法第709条［不法行為])	原告(被害者)側全面勝訴/コンビナートの各企業の共同不法行為(民法第709，719条［不法行為，共同不法行為])	第1審・原告側全面勝訴→被告側控訴控訴審・被告側敗訴/疫学的因果関係の証明で損害賠償が可能(鉱業法第109条［無過失責任規定])	原告(被害者)側全面勝訴/工場排水は事前の安全確認が必要でそれを怠った企業責任を認める(民法第709条［不法行為])
判決額	2億7,779万円	8,821万円	5,700万円(1審) 1億4,820万円(控訴審)	9億3,730万円

出典:『2005資料　現代社会』(清水書院)

□**公害の類型**　大気の汚染・水質の汚濁・土壌の汚染・騒音・振動・地盤の沈下・悪臭の7つ(環境基本法第2条第3項)。

□**環境ホルモン**　内分泌攪乱物質のことで，環境の中にあって体の各器官の働きを調整するホルモン(=内分泌物質)の働きを乱す化学物質をいう。ごく微量でも影響が出る上，生殖異常によって影響が世代を越える可能性も大きい。

□**ダイオキシン類**　塩素系のプラスチックなどを燃焼させると生じる猛

毒性の物質。自然状態では大量に発生しないが，ごみの焼却場や産業廃棄物の処理場の周辺から検出され，大きな社会問題となっている。

□**アスベスト**　石綿ともいう。繊維状の鉱物で，耐熱性や耐摩耗性に優れているため，工業や建築で広く使われてきた。しかし，これを吸引すると深刻な健康被害が生じるため，使用製造がほぼ禁止された。

□**汚染者負担の原則**　PPP(Polluter Pays Principle)ともいう。公害被害者の救済は，汚染者がその費用を負担するという原則。

□**環境アセスメント　環境影響評価**ともいう。環境に影響を及ぼすおそれのある事業に関して，事前に調査・予測・評価を行い，地域住民などの意見を踏まえて環境保全を講じること。日本では，1997年に環境アセスメント法(環境影響評価法)が成立した。

□**3R (3つのR)**

— **Reduce**
　　→リデュース
　　　＝廃棄物の発生抑制

— **Reuse**
　　→リユース
　　　＝再利用

— **Recycle**
　　→リサイクル
　　　＝再資源化

出典：経済産業省啓発ポスター

□**循環型社会形成推進基本法**

2000年に成立。資源循環という視点に立ち，廃棄物処理の優先順位を，

| 発生抑制 | → | 再使用 | → | 再生利用 | → | 熱回収 | → | 適正処分 | と初

めて法定化した。この基本法に対応する個別法として，様々なリサイクル法が次々に制定されている。

図　3R+Renewableのイメージ

出典：『環境・循環型社会白書　令和5年版』（環境省）

━━━━━━ 例題1 ━━━━━━

地球環境問題に関する国際条約の内容と条約名の組合せとして最も適
当なものを，下の1～6から1つ選べ。

A　遺伝子組みかえ生物などの国境を越える移動について定めた。

B　有害廃棄物の国境を越える移動およびその処分の規制を定めた。

C　遺伝子資源の利用と公正な利益配分などを定めた。

　　ア　名古屋議定書　　イ　バーゼル条約　　ウ　カルタヘナ議定書

　　1　A-ア　　　B-イ　　　C-ウ

　　2　A-ア　　　B-ウ　　　C-イ

　　3　A-イ　　　B-ア　　　C-ウ

　　4　A-イ　　　B-ウ　　　C-ア

　　5　A-ウ　　　B-ア　　　C-イ

　　6　A-ウ　　　B-イ　　　C-ア

解答　6

解説　アの名古屋議定書は，遺伝資源の利用と公正な利益配分について

296

定めたもので，2010年に採択された。海外の動植物や微生物に含まれる遺伝資源を利用し，医薬品や食品等を開発した場合，その利益を資源の提供国側にも公平に配分することなどを定めた。イのバーゼル条約は，正式には「有害廃棄物の国境を越える移動及びその処分の規制に関するバーゼル条約」という。1980年代，ヨーロッパからアフリカへ有害廃棄物の不法輸出が相次いだことから，1989年に採択された。ウのカルタヘナ議定書は，生物多様性の保全や自然環境等への悪影響を防止するため，遺伝子組みかえ生物等の国境を越える移動について定めたもので，2000年に採択された。

---------- 例題2 ----------

様々な地球環境問題とその取り組みについて述べた文として誤りを含むものを，次の①～⑤から1つ選べ。

① 酸性雨については，モントリオール議定書が採択され，硫黄酸化物や窒素酸化物の排出削減に向けた取り組みが進められている。

② 渡り鳥の生息地として重要な湿地とその動植物を保護することを目的としたラムサール条約の登録湿地に，日本の釧路湿原が指定されている。

③ 地球温暖化防止のための政策として，環境税を設定している国が複数ある。

④ 地球温暖化の対策として，温室効果ガスの削減目標を定めた京都議定書があり，ロシアが批准したため，発効した。

⑤ 有害廃棄物の越境移動により発展途上国などにもたらされる汚染被害を防ぐことを目的に，バーゼル条約が締結された。

解答 ①

解説 ①の「モントリオール議定書」はフロンガスの生産禁止に関する取り決めで，酸性雨ではない。「酸性雨」とはpH5.6以下の雨をいう。

■■■■■■■■■■■■■■■■■■■■■ 例題3 ■■■■■■■■■■■■■■■■■■■■■

1997年に開催された気候変動枠組条約第3回締約国会議で採択された「京都議定書」及び我が国の地球温暖化対策に関する記述として適切なものは，次の1～4のうちのどれか。

1　アメリカ合衆国は議定書に署名はしたものの離脱し，また経済発展が著しい中国にも削減義務がないために，議定書を批准し削減義務を保有する国の二酸化炭素総排出量は世界の総排出量の約30％にとどまっている。

2　「産業部門」及び「運輸(貨物自動車及び公共交通機関等)」部門に対しては，厳しく削減義務を課しているが，近年排出量の増加が著しいオフィスビル・商業施設等・家庭等における電力使用による排出量を示す「業務その他」「家庭」「運輸(自家用乗用車)」各部門に対しては，削減義務を課していないため，効果を疑問視する見方もある。

3　日本は，温室効果ガスを1990年を基準として8％削減するというEU諸国と同じ世界最高数値約束を設定したが，日本が提唱した，目標を上回って削減した分を排出権として他国に売る排出権取引制度は，地球環境保護の理念に合わないとして取り止められた。

4　先進国と同じように途上国にも2008年～2012年までに1990年の総排出量と比べて全体で5.2％削減するという具体的な削減目標を定めたため，途上国側から強い反発が出て，議定書から離脱する途上国が相次いでいる。

解答　1

解説　2　削減義務は課されている。　3　日本の削減義務は6％。
4　途上国に対して削減義務は課されなかった。京都議定書拘束期間(2020年)以降における国際協力の枠組みを話し合うCOP21(2015年，パリ)の結果，パリ協定が締結され，世界の平均気温の上昇を産業革命以前の2℃未満に抑制(1.5℃未満に押さえるよう努力)することが決められた。

■■■■■■■■■■■■■■■■■■■■■ 例題4 ■■■■■■■■■■■■■■■■■■■■■

次の表は，環境に関する会議，条約，宣言などをまとめたものである。

この表を見て，あとの問1〜問8に答えよ。

1972年　6月	a「国連人間環境会議」が〔　ア　〕で開催。「人間環境宣言」を採択。
1979年11月	b「長距離越境大気汚染条約」を西ヨーロッパ諸国が締結。
1985年　3月	cUNEPの会議がオーストリアで開催。 「オゾン層保護のためのウィーン条約」を採択。
1987年　9月	d「オゾン層破壊防止のための国際会議」がカナダで開催。
1992年　6月	e「国連環境開発会議(地球サミット)」が〔　イ　〕で開催。
1994年　6月	f「国際砂漠化防止会議」第5回実質会合の開催。
1997年12月	「気候変動枠組条約」第3回締約国会議 (COP3) が日本で開催。 g「京都議定書」の採択。
2015年11月	気候変動枠組条約第21回締約国会議がフランスで開催。

問1　表中の空欄〔　ア　〕〔　イ　〕に適当な国名を書き入れよ。

問2　下線部aの会議のスローガンを，次の①〜③から1つ選び番号で答えよ。

① Sustainable Development　　② Our Common Future

③ Only One Earth

問3　下線部bの条約は酸性雨のモニタリングや酸性雨の原因となる硫黄の排出削減などが規定されている。右の円グラフは日本に沈着する硫黄酸化物の発生源と考えられる国・地域の割合を示したものである(1995年)。グラフ中のA〜Eは次に示す①〜⑤のいずれかの国・地域である。A，B，Cに該当する国名・地域名を①〜⑤から1つ選び番号で答えよ。

（国立環境研究所資料より作成）

① 日本　　② 台湾　　③ 韓国・北朝鮮　　④ 中国

⑤ 東南アジア

秋田県の社会科

問4　下線部cの正式名称を答えよ。

問5　下線部dに関連して，1982年に世界で初めて，上空オゾン量の大幅な減少が確認された場所はどこか答えよ。

問6　下線部eの会議と最も関連の深い内容を，次の①〜④から番号で選べ。

① 「気候変動に関するノールトベイク宣言」の採択

② 「有害廃棄物の越境移動およびその処分の規制に関するバーゼル条約」の採択

③ 「持続可能な開発に関するヨハネスブルグ宣言」の採択

④ 「生物多様性条約」，「アジェンダ21」等の文書合意

問7　下線部fに関連して，灌漑のためのカラクーム運河建設により干上がり，面積が著しく縮小した湖の名称を答えよ。

問8　下線部gにおいて，日本に義務づけられた内容を具体的な数値を用いて，簡潔に答えよ。

解答　問1　ア　スウェーデン　イ　ブラジル　問2　③
問3　A　④　B　①　C　③　問4　国連環境計画
問5　南極大陸　問6　④　問7　アラル海　問8　2008年から12年までの間に，1990年比6%以上温室効果ガスを削減する。日本は京都議定書に1998年に署名し，2002年に締結した。

解説　問1　国連人間環境会議以降，各国は国連と連携して環境悪化を防止するための活動を行っている。　問2　国連人間環境会議では「かけがえのない地球」(Only One Earth)をキャッチフレーズとした。　問3　酸性雨被害の大きな問題点は，酸性物質を発生させている場所と，被害が生じている場所が異なることである。問4　UNEP(ユネップ)は1972年に設立された国連機関，本部はナイロビ。　問5　南極上空のオゾンホールはフロンなどの規制により小さくなっている。　問6　アジェンダ(agenda)とは「議題」の意。　問7　アラル海に流入する河川のアムダリア川，シルダリア川は途中で灌漑用水として多量に使用されている。
問8　先進国全体では5%以上を削減目標としている。アメリカは7%(後に離脱)，EUは8%を表明している。

300

第 6 章

学習指導要領

学習指導要領 中学社会

ポイント

●改訂のポイント

①授業時数について

　今回の学習指導要領改訂によって，地理的分野の授業時数が115単位時間(5単位時間減)に，歴史的分野の授業時数が135単位時間(5単位時間増)に改められた。なお公民的分野の授業時数は100単位時間で，増減はない。

②主体的・対話的で深い学びについて

　中央教育審議会答申(平成28年12月21日)では，「何ができるようになるか」という学習の意義を明確にするという方針から，全ての教科を①知識及び技能，②思考力，判断力，表現力等，③学びに向かう力，人間性等の3つの柱で整理するという方針が示された。この内容は中学校学習指導要領(平成29年3月告示)第1章第1の3に反映されている。

　また学習指導要領の「第3　指導計画の作成と内容の取扱い」1(1)に示されているように，今回から生徒の主体的・対話的で深い学びの実現を図ることが全教科にわたり示されている。答申では，社会科における学びに対する視点について，以下の通り示されている。

「主体的な学び」の視点

・主体的な学びについては，児童生徒が学習課題を把握しその解決への見通しを持つことが必要である。そのためには，単元等を通した学習過程の中で動機付けや方向付けを重視するとともに，学習内容・活動に応じた振り返りの場面を設定し，児童生徒の表現を促すようにすることなどが重要である。

「対話的な学び」の視点

・対話的な学びについては，例えば，実社会で働く人々が連携・協働して社会に見られる課題を解決している姿を調べたり，実社会の人々の話を聞いたりする活動の一層の充実が期待される。しかしながら，

話合いの指導が十分に行われずグループによる活動が優先し内容が深まらないといった課題が指摘されるところであり，深い学びとの関わりに留意し，その改善を図ることが求められる。

「深い学び」の視点

・これらのことを踏まえるとともに，深い学びの実現のためには，「社会的な見方・考え方」を用いた考察，構想や，説明，議論等の学習活動が組み込まれた，課題を追究したり解決したりする活動が不可欠である。具体的には，教科・科目及び分野の特質に根ざした追究の視点と，それを生かした課題(問い)の設定，諸資料等を基にした多面的・多角的な考察，社会に見られる課題の解決に向けた広い視野からの構想(選択・判断)，論理的な説明，合意形成や社会参画を視野に入れながらの議論などを通し，主として用語・語句などを含めた個別の事実等に関する知識のみならず，主として社会的事象等の特色や意味，理論などを含めた社会の中で汎用的に使うことのできる概念等に関わる知識を獲得するように学習を設計することが求められる。このような観点から，例えば特に小・中学校における主権者教育の充実のため，モデル事業による指導法の改善や単元開発の実施，新しい教材の開発・活用など教育効果の高い指導上の工夫の普及などを図ることも重要である。

●教科の目標

社会的な見方・考え方を働かせ，課題を追究したり解決したりする活動を通して，広い視野に立ち，グローバル化する国際社会に主体的に生きる平和で民主的な国家及び社会の形成者に必要な公民としての資質・能力の基礎を次のとおり育成することを目指す。

(1) 我が国の国土と歴史，現代の政治，経済，国際関係等に関して理解するとともに，調査や諸資料から様々な情報を効果的に調べまとめる技能を身に付けるようにする。

(2) 社会的事象の意味や意義，特色や相互の関連を多面的・多角

> 的に考察したり，社会に見られる課題の解決に向けて選択・判断したりする力，思考・判断したことを説明したり，それらを基に議論したりする力を養う。
>
> (3)　社会的事象について，よりよい社会の実現を視野に課題を主体的に解決しようとする態度を養うとともに，多面的・多角的な考察や深い理解を通して涵養される我が国の国土や歴史に対する愛情，国民主権を担う公民として，自国を愛し，その平和と繁栄を図ることや，他国や他国の文化を尊重することの大切さについての自覚などを深める。

　社会科において育成を目指す資質・能力については，中央教育審議会答申(平成28年12月21日)にて「公民としての資質・能力」を育成することを目指すとされ，(1)が「知識・技能」，(2)が「思考力・判断力・表現力等」，(3)が「学びに向かう力・人間性等」を反映した内容となるよう整理された。

　中央教育審議会答申によると，社会的な見方・考え方とは「課題を追究したり解決したりする活動において，社会的事象等の意味や意義，特色や相互の関連を考察したり，社会に見られる課題を把握して，その解決に向けて構想したりする際の視点や方法」であり，小，中，高等学校と校種の段階や分野・科目の特質を踏まえた「見方・考え方」をそれぞれ整理でき，その上で，「社会的な見方・考え方」をそれらの総称としたとされている。

●各分野の目標

　各分野の目標は，従前の4項目から成り立つ構成から，「知識及び技能」，「思考力，判断力，表現力等」，「学びに向かう力，人間性等」の3つの柱を反映させた3項目から成り立つ構成に改められた。

〔地理的分野〕

> 社会的事象の地理的な見方・考え方を働かせ，課題を追究したり解決したりする活動を通して，広い視野に立ち，グローバル化

する国際社会に主体的に生きる平和で民主的な国家及び社会の形
形成者に必要な公民としての資質・能力の基礎を次のとおり育成
することを目指す。

(1)　我が国の国土及び世界の諸地域に関して，地域の諸事象や地
　域的特色を理解するとともに，調査や諸資料から地理に関する
　様々な情報を効果的に調べまとめる技能を身に付けるようにす
　る。

(2)　地理に関わる事象の意味や意義，特色や相互の関連を，位置
　や分布，場所，人間と自然環境との相互依存関係，空間的相互
　依存作用，地域などに着目して，多面的・多角的に考察したり，
　地理的な課題の解決に向けて公正に選択・判断したりする力，
　思考・判断したことを説明したり，それらを基に議論したりす
　る力を養う。

(3)　日本や世界の地域に関わる諸事象について，よりよい社会の
　実現を視野にそこで見られる課題を主体的に追究，解決しよう
　とする態度を養うとともに，多面的・多角的な考察や深い理解
　を通して涵養される我が国の国土に対する愛情，世界の諸地域
　の多様な生活文化を尊重しようとすることの大切さについての
　自覚などを深める。

　答申では，社会的事象の地理的な見方・考え方とは「社会的事象を，
位置や空間的な広がりに着目して捉え，地域の環境条件や地域間の結び
付きなどの地域という枠組みの中で，人間の営みと関連付け」ることと
整理されている。

〔歴史的分野〕

　社会的事象の歴史的な見方・考え方を働かせ，課題を追究した
り解決したりする活動を通して，広い視野に立ち，グローバル化
する国際社会に主体的に生きる平和で民主的な国家及び社会の形
成者に必要な公民としての資質・能力の基礎を次のとおり育成す
ることを目指す。

> (1)　我が国の歴史の大きな流れを，世界の歴史を背景に，各時代の特色を踏まえて理解するとともに，諸資料から歴史に関する様々な情報を効果的に調べまとめる技能を身に付けるようにする。
>
> (2)　歴史に関わる事象の意味や意義，伝統と文化の特色などを，時期や年代，推移，比較，相互の関連や現在とのつながりなどに着目して多面的・多角的に考察したり，歴史に見られる課題を把握し複数の立場や意見を踏まえて公正に選択・判断したりする力，思考・判断したことを説明したり，それらを基に議論したりする力を養う。
>
> (3)　歴史に関わる諸事象について，よりよい社会の実現を視野にそこで見られる課題を主体的に追究，解決しようとする態度を養うとともに，多面的・多角的な考察や深い理解を通して涵養される我が国の歴史に対する愛情，国民としての自覚，国家及び社会並びに文化の発展や人々の生活の向上に尽くした歴史上の人物と現在に伝わる文化遺産を尊重しようとすることの大切さについての自覚などを深め，国際協調の精神を養う。

　答申では，社会的事象の歴史的な見方・考え方とは「社会的事象を，時期，推移などに着目して捉え，類似や差異などを明確にしたり，事象同士を因果関係などで関連付けたり」することと整理されている。

〔公民的分野〕

> 　現代社会の見方・考え方を働かせ，課題を追究したり解決したりする活動を通して，広い視野に立ち，グローバル化する国際社会に主体的に生きる平和で民主的な国家及び社会の形成者に必要な公民としての資質・能力の基礎を次のとおり育成することを目指す。
>
> (1)　個人の尊厳と人権の尊重の意義，特に自由・権利と責任・義務との関係を広い視野から正しく認識し，民主主義，民主政治の意義，国民の生活の向上と経済活動との関わり，現代の社会生活及び国際関係などについて，個人と社会との関わりを中心

に理解を深めるとともに，諸資料から現代の社会的事象に関する情報を効果的に調べまとめる技能を身に付けるようにする。

(2)　社会的事象の意味や意義，特色や相互の関連を現代の社会生活と関連付けて多面的・多角的に考察したり，現代社会に見られる課題について公正に判断したりする力，思考・判断したことを説明したり，それらを基に議論したりする力を養う。

(3)　現代の社会的事象について，現代社会に見られる課題の解決を視野に主体的に社会に関わろうとする態度を養うとともに，多面的・多角的な考察や深い理解を通して涵養される，国民主権を担う公民として，自国を愛し，その平和と繁栄を図ることや，各国が相互に主権を尊重し，各国民が協力し合うことの大切さについての自覚などを深める。

答申では，現代社会の見方・考え方とは「社会的事象を，政治，法，経済などに関わる多様な視点(概念や理論など)に着目して捉え，よりよい社会の構築に向けて，課題解決のための選択・判断に資する概念や理論などと関連付け」ることと整理されている。

●各分野の内容の構成について
〔地理的分野〕

従前の学習指導要領では，(1)「世界の様々な地域」と(2)「日本の様々な地域」の2つの大項目が示され，それぞれについて4つずつ指導項目が挙げられていた。

新しい学習指導要領ではA「世界と日本の地域構成」，B「世界の様々な地域」，C「日本の様々な地域」の3領域に再編された。追加されたA「世界と日本の地域構成」は，従前の2つの大項目からなる内容構成を見直し，両大項目の最初に置かれた「世界の地域構成」，「日本の地域構成」を統合して新たな大項目を設け，それを地理的分野の学習の冒頭に位置付けたものである。大項目Aは1つの中項目「(1)　地域構成」，大項目Bは2つの中項目「(1)　世界各地の人々の生活と環境」「(2)　世界の諸地域」，大項目Cは4つの中項目「(1)　地域調査の手法」「(2)　日本の地域的

特色と地域区分」「(3)　日本の諸地域」「(4)　地域の在り方」から構成されている。それぞれの中項目には3～4の指導事項があり，その中に「知識及び技能」に関する内容と「思考力，判断力，表現力等」に関する内容が詳述されている。

　学習の順序については「内容のA，B及びCについては，この順序で取り扱うものとし，既習の学習成果を生かすこと」と明記されていることに留意する。

〔歴史的分野〕

　従前の学習指導要領では，(1)「歴史のとらえ方」，(2)「古代までの日本」，(3)「中世の日本」，(4)「近世の日本」，(5)「近代の日本と世界」，(6)「現代の日本と世界」の6つの指導領域が示され，それぞれについて2～6項目ずつ指導項目が挙げられていた。

　新しい学習指導要領ではA「歴史との対話」，B「近世までの日本とアジア」，C「近現代の日本と世界」の3領域に再編された。A～Cそれぞれ大項目Aは2つの中項目「(1)　私たちと歴史」「(2)　身近な地域の歴史」，大項目Bは3つの中項目「(1)　古代までの日本」「(2)　中世の日本」「(3)　近世の日本」，大項目Cは2つの中項目「(1)　近代の日本と世界」「(2)　現代の日本と世界」から構成されている。それぞれの中項目には2～8の指導事項があり，その中に「知識及び技能」に関する内容と「思考力，判断力，表現力等」に関する内容が詳述されている。

〔公民的分野〕

　従前の学習指導要領では，(1)「私たちと現代社会」，(2)「私たちと経済」，(3)「私たちと政治」，(4)「私たちと国際社会の諸課題」の4つの指導領域が示され今回の改訂でもA～Dはこの構成に変更はない。また，大項目A～Cはそれぞれ2つの中項目で構成されている。中項目には3～6の指導事項があり，それぞれ「知識及び技能」と「思考力，判断力，表現力等」に沿って内容が整理されている。

● 指導計画の作成と内容の取扱いについて

　以下に，旧学習指導要領との比較を示す。なお，下線部は編集部による。

1　(1)

新 単元など内容や時間のまとまりを見通して，その中で育む資質・能力の育成に向けて，生徒の主体的・対話的で深い学びの実現を図るようにすること。その際，分野の特質に応じた見方・考え方を働かせ，社会的事象の意味や意義などを考察し，概念などに関する知識を獲得したり，社会との関わりを意識した課題を追究したり解決したりする活動の充実を図ること。また，知識に偏り過ぎた指導にならないようにするため，基本的な事柄を厳選して指導内容を構成するとともに，各分野において，第2の内容の範囲や程度に十分配慮しつつ事柄を再構成するなどの工夫をして，基本的な内容が確実に身に付くよう指導すること。

旧 1(3)知識に偏り過ぎた指導にならないようにするため，基本的な事項・事柄を厳選して指導内容を構成するものとし，基本的な内容が確実に身に付くよう指導すること。また，生徒の主体的な学習を促し，課題を解決する能力を一層培うため，各分野において，第2の内容の範囲や程度に十分配慮しつつ事項を再構成するなどの工夫をして，適切な課題を設けて行う学習の充実を図るようにすること。

1 (2)

新 小学校社会科の内容との関連及び各分野相互の有機的な関連を図るとともに，地理的分野及び歴史的分野の基礎の上に公民的分野の学習を展開するこの教科の基本的な構造に留意して，全体として教科の目標が達成できるようにする必要があること。

旧 1(1) ※変更なし

1 (3)

新 各分野の履修については，第1，第2学年を通じて地理的分野及び歴史的分野を並行して学習させることを原則とし，第3学年において歴史的分野及び公民的分野を学習させること。各分野に配当する授業時数は，地理的分野115単位時間，歴史的分野135単位時間，公民的分野100単位時間とすること。これらの点に留意し，各学校で創意工夫して適切な指導計画を作成すること。

旧 1(2)各分野の履修については，第1，第2学年を通じて地理的分野と歴史的分野を並行して学習させることを原則とし，第3学年におい

て歴史的分野及び公民的分野を学習させること。各分野に配当する授業時数は，地理的分野120単位時間，歴史的分野130単位時間，公民的分野100単位時間とすること。これらの点に留意し，各学校で創意工夫して適切な指導計画を作成すること。

1 (4)

新 障害のある生徒などについては，学習活動を行う場合に生じる困難さに応じた指導内容や指導方法の工夫を計画的，組織的に行うこと。

旧 ※新設

1 (5)

新 第1章総則の第1の2の(2)に示す道徳教育の目標に基づき，道徳科などとの関連を考慮しながら，第3章特別の教科道徳の第2に示す内容について，社会科の特質に応じて適切な指導をすること。

旧 1(4)第1章総則の第1の2に示す道徳教育の目標に基づき，道徳科などとの関連を考慮しながら，第3章特別の教科道徳の第2に示す内容について，社会科の特質に応じて適切な指導をすること。

2 (1)

新 社会的な見方・考え方を働かせることをより一層重視する観点に立って，社会的事象の意味や意義，事象の特色や事象間の関連，社会に見られる課題などについて，考察したことや選択・判断したことを論理的に説明したり，立場や根拠を明確にして議論したりするなどの言語活動に関わる学習を一層重視すること。

旧 2指導の全般にわたって，資料を選択し活用する学習活動を重視するとともに作業的，体験的な学習の充実を図るようにする。その際，地図や年表を読みかつ作成すること，新聞，読み物，統計その他の資料に平素から親しみ適切に活用すること，観察や調査などの過程と結果を整理し報告書にまとめ，発表することなどの活動を取り入れるようにする。(後略)

2 (2)

新 情報の収集，処理や発表などに当たっては，学校図書館や地域の公共施設などを活用するとともに，コンピュータや情報通信ネットワークなどの情報手段を積極的に活用し，指導に生かすことで，生徒が

主体的に調べ分かろうとして学習に取り組めるようにすること。その際，課題の追究や解決の見通しをもって生徒が主体的に情報手段を活用できるようにするとともに，情報モラルの指導にも留意すること。

旧 2(前略)また，資料の収集，処理や発表などに当たっては，コンピュータや情報通信ネットワークなどを積極的に活用し，指導に生かすことで，生徒が興味・関心をもって学習に取り組めるようにするとともに，生徒が主体的に情報手段を活用できるよう配慮するものとする。その際，情報モラルの指導にも配慮するものとする。

2 (3)

新 調査や諸資料から，社会的事象に関する様々な情報を効果的に収集し，読み取り，まとめる技能を身に付ける学習活動を重視するとともに，作業的で具体的な体験を伴う学習の充実を図るようにすること。その際，地図や年表を読んだり作成したり，現代社会の諸課題を捉え，多面的・多角的に考察，構想するに当たっては，関連する新聞，読み物，統計その他の資料に平素から親しみ適切に活用したり，観察や調査などの過程と結果を整理し報告書にまとめ，発表したりするなどの活動を取り入れるようにすること。

旧 2指導の全般にわたって，資料を選択し活用する学習活動を重視するとともに作業的，体験的な学習の充実を図るようにする。その際，地図や年表を読みかつ作成すること，新聞，読み物，統計その他の資料に平素から親しみ適切に活用すること，観察や調査などの過程と結果を整理し報告書にまとめ，発表することなどの活動を取り入れるようにする。(後略)

2 (4)

新 社会的事象については，生徒の考えが深まるよう様々な見解を提示するよう配慮し，多様な見解のある事柄，未確定な事柄を取り上げる場合には，有益適切な教材に基づいて指導するとともに，特定の事柄を強調し過ぎたり，一面的な見解を十分な配慮なく取り上げたりするなどの偏った取扱いにより，生徒が多面的・多角的に考察したり，事実を客観的に捉え，公正に判断したりすることを妨げることのないよう留意すること。

311

旧 ※新設

3

新 第2の内容の指導に当たっては，教育基本法第14条及び第15条の規定に基づき，適切に行うよう特に慎重に配慮して，政治及び宗教に関する教育を行うものとする。

旧 3 ※冒頭の「第2の」が新たに追加された以外，変更なし

例題1

中学校学習指導要領(平成29年3月告示)「社会」について，各問いに答えよ。

1 中学校社会科の目標について，(①)〜(⑤)に適する語句を漢字で答えよ。ただし同じ記号には同じ語句が入るものとする。

社会的な見方・考え方を働かせ，課題を追究したり解決したりする活動を通して，広い視野に立ち，(①)する国際社会に(②)に生きる平和で民主的な国家及び社会の形成者に必要な公民としての資質・能力の基礎を次のとおり育成することを目指す。

(1) 我が国の国土と歴史，現代の政治，経済，国際関係等に関して理解するとともに，(③)や諸資料から様々な情報を効果的に調べまとめる技能を身に付けるようにする。

(2) 社会的事象の意味や意義，特色や相互の関連を多面的・多角的に考察したり，社会に見られる課題の解決に向けて(④)・判断したりする力，思考・判断したことを説明したり，それらを基に議論したりする力を養う。

(3) 社会的事象について，よりよい社会の実現を視野に課題を(②)に解決しようとする態度を養うとともに，多面的・多角的な考察や深い理解を通して涵養される我が国の国土や歴史に対する愛情，(⑤)を担う公民として，自国を愛し，その平和と繁栄を図ることや，他国や他国の文化を尊重することの大切さについての自覚などを深める。

2 地理的分野の内容「C 日本の様々な地域」の「(3) 日本の諸地域」には，5つの考察の仕方を基にして，地域的特色をとらえさせること

が明記されている。この5つの考察の仕方の中核となるのは,「自然
環境」「(ア)」「産業」「(イ)」「その他の事象」である。
(ア),(イ)にあてはまる語句を書け。

3　次の文章は,地理的分野における内容の取扱いの一部である。
(①)～(③)にあてはまる語句を書け。

・「領域の範囲や変化とその特色」については,我が国の海洋国家と
　しての特色を取り上げるとともに,(①)や北方領土が我が国の
　固有の領土であることなど,我が国の領域をめぐる問題も取り上
　げるようにすること。その際,(②)については我が国の固有の
　領土であり,領土問題は(③)ことも扱うこと。

4　次の文章は,公民的分野の内容「D私たちと国際社会の諸課題」
の一部である。(①)～(③)にあてはまる語句を書け。

・世界平和と人類の福祉の増大
　　(①)と合意,効率と(②),協調,(③)などに着目して,
　課題を追究したり解決したりする活動を通して,次の事項を身に
　付けることができるよう指導する。

5　次の文章は,「第3　指導計画の作成と内容の取扱い」の一部であ
る。(①)～(⑤)にあてはまる語句を書け。

・各分野に配当する授業時数は,地理的分野(①)単位時間,歴史
　的分野(②)単位時間,公民的分野(③)単位時間とすること。

・社会的事象については,生徒の考えが深まるよう様々な見解を提
　示するよう配慮し,多様な見解のある事柄,(④)な事柄を取り
　上げる場合には,(⑤)に基づいて指導するとともに,特定の事
　柄を強調し過ぎたり,一面的な見解を十分な配慮なく取り上げた
　りするなどの偏った取扱いにより,生徒が多面的・多角的に考察
　したり,事実を客観的に捉え,公正に判断したりすることを妨げ
　ることのないよう留意すること。

解答　1　① グローバル化　② 主体的　③ 調査　④ 選択
　　　　⑤ 国民主権　2　ア 人口や都市・村落　イ 交通や通信
　　　3　① 竹島　② 尖閣諸島　③ 存在しない
　　　4　① 対立　② 公正　③ 持続可能性　5　① 115

②　135　　③　100　　④　未確定　　⑤　有益適切な教材

解説 1　①，②は今回の改訂で明記された文言である。④「社会に見られる課題の解決に向けて選択・判断したりする力」は「構想する力」に結びつく。　2　従前の学習指導要領では「歴史的背景」「環境問題や環境保全」「生活・文化」「他地域との結び付き」を中核とした考察も挙げられていたが，改訂に伴い5つに整理された。
3　①竹島，②尖閣諸島については今回の改訂より触れられている。また，尖閣諸島には領土問題は存在しないことを扱うことが明示されている。　4　今回の改訂より，社会科では「〜に着目して」の形で考えられる視点例をそれぞれの内容について例示している。項目名と結びつけて正確に覚えておきたい。
5　①②の授業時数は改訂に伴い改められた。④は義務教育諸学校教科用図書検定基準の第3章【各教科固有の条件】[社会科(「地図」を除く。)]　2を反映させたもので，新設の項目である。

━━━━━━ 例題2 ━━━━━━

次の文は，中学校学習指導要領解説社会編(平成29年7月　文部科学省)の一部である。文中の各空欄に適する語句を答えよ。

(1)　③社会科，地理歴史科，公民科における「見方・考え方」
○「社会的な見方・考え方」は，課題を追究したり解決したりする活動において，(　①　)等の意味や意義，特色や(　②　)を考察したり，社会に見られる課題を把握して，その解決に向けて(　③　)したりする際の視点や方法であると考えられる。そこで，小学校社会科においては，「社会的事象を，位置や空間的な広がり，時期や時間の経過，事象や人々の相互関係などに着目して捉え，比較・分類したり総合したり，地域の人々や国民の生活と関連付けたりすること」を「(　①　)の見方・考え方」として整理し，中学校社会科，高等学校地理歴史科，公民科においても，校種の段階や分野・科目の特質を踏まえた「見方・考え方」をそれぞれ整理することができる。その上で，「社会的な見方・考え方」をそれらの総称とした。
○こうした「社会的な見方・考え方」は，社会科，地理歴史科，公民

科としての(④)を促し，(⑤)を実現するための思考力，判断力の育成はもとより，生きて働く知識の習得に不可欠であること，主体的に学習に取り組む態度や学習を通して涵_{かん}養される自覚や(⑥)等にも作用することなどを踏まえると，資質・能力全体に関わるものであると考えられる。

解答 ① 社会的事象　② 相互の関連　③ 構想　④ 本質的な学び　⑤ 深い学び　⑥ 愛情

解説 これを踏まえ，中学校社会科における「社会的な見方・考え方」は，各分野の特質に応じて整理した。地理的分野では「社会的事象の地理的な見方・考え方」として，「社会的事象を，位置や空間的な広がりに着目して捉え，地域の環境条件や地域間の結び付きなどの地域という枠組みの中で，人間の営みと関連付けて」，歴史的分野では「社会的事象の歴史的な見方・考え方」として，「社会的事象を，時期，推移などに着目して捉え，類似や差異などを明確にしたり，事象同士を因果関係などで関連付けたりして」，その上で公民的分野では「現代社会の見方・考え方」として，「社会的事象を，政治，法，経済などに関わる多様な視点(概念や理論など)に着目して捉え，よりよい社会の構築に向けて，課題解決のための選択・判断に資する概念や理論などと関連付けて」働かせるものとされ，小・中・高等学校の学校種を超えて，社会科，地理歴史科，公民科を貫く「社会的な見方・考え方」の構成要素として整理した。

※学習指導要領及び学習指導要領解説は，文部科学省のHPから閲覧できます。

学習指導要領
（平成29年告示）

学習指導要領解説
（平成29年7月）

学習指導要領　高等学校地理歴史科・公民科

ポイント

●改訂のポイント

①主体的・対話的で深い学びについて

　今回の学習指導要領改訂は，中央教育審議会答申(平成28年12月21日)の内容を受けて行われている。答申で示された「社会科における主体的・対話的で深い学びの視点」については，本書の「中学社会」の節で述べているので，そちらを参照されたい。

②科目構成の見直しについて

　中教審答申を受けて地理歴史科の科目構成を見直し，共通必履修科目としての「歴史総合」と「地理総合」を設置し，選択履修科目として「日本史探究」，「世界史探究」及び「地理探究」を設置した。

　同様に公民科の科目構成も見直し，共通必履修科目としての「公共」を設置し，選択履修科目として「倫理」及び「政治経済」を設置した。

●教科の目標

　各教科の目標は，小学校・中学校と同様に，「知識及び技能」，「思考力，判断力，表現力等」，「学びに向かう力，人間性等」の3つの柱を反映させた3項目から成り立つ構成に改められた。

〔地理歴史科〕

> 　社会的な見方・考え方を働かせ，課題を追究したり解決したりする活動を通して，広い視野に立ち，グローバル化する国際社会に主体的に生きる平和で民主的な国家及び社会の有為な形成者に必要な公民としての資質・能力を次のとおり育成することを目指す。
> (1)　現代世界の地域的特色と日本及び世界の歴史の展開に関して理解するとともに，調査や諸資料から様々な情報を適切かつ効果的に調べまとめる技能を身に付けるようにする。

(2)　地理や歴史に関わる事象の意味や意義，特色や相互の関連を，概念などを活用して多面的・多角的に考察したり，社会に見られる課題の解決に向けて構想したりする力や，考察，構想したことを効果的に説明したり，それらを基に議論したりする力を養う。

(3)　地理や歴史に関わる諸事象について，よりよい社会の実現を視野に課題を主体的に解決しようとする態度を養うとともに，多面的・多角的な考察や深い理解を通して涵養（かん）される日本国民としての自覚，我が国の国土や歴史に対する愛情，他国や他国の文化を尊重することの大切さについての自覚などを深める。

　中央教育審議会答申によると，「社会的事象の地理的な見方・考え方」は「社会的事象を，位置や空間的な広がりに着目して捉え，地域の環境条件や地域間の結び付きなどの地域という枠組みの中で，人間の営みと関連付け」るものとして整理されている。また「社会的事象の歴史的な見方・考え方」は「社会的事象を時期，推移などに着目して捉え，類似や差異などを明確にしたり事象同士を因果関係などで関連付けたり」するものとして整理されている。

〔公民科〕

　社会的な見方・考え方を働かせ，現代の諸課題を追究したり解決したりする活動を通して，広い視野に立ち，グローバル化する国際社会に主体的に生きる平和で民主的な国家及び社会の有為な形成者に必要な公民としての資質・能力を次のとおり育成することを目指す。

(1)　選択・判断の手掛かりとなる概念や理論及び倫理，政治，経済などに関わる現代の諸課題について理解するとともに，諸資料から様々な情報を適切かつ効果的に調べまとめる技能を身に付けるようにする。

> (2)　現代の諸課題について，事実を基に概念などを活用して多面的・多角的に考察したり，解決に向けて公正に判断したりする力や，合意形成や社会参画を視野に入れながら構想したことを議論する力を養う。
>
> (3)　よりよい社会の実現を視野に，現代の諸課題を主体的に解決しようとする態度を養うとともに，多面的・多角的な考察や深い理解を通して涵養<ruby>涵<rt>かん</rt></ruby>養される，人間としての在り方生き方についての自覚や，国民主権を担う公民として，自国を愛し，その平和と繁栄を図ることや，各国が相互に主権を尊重し，各国民が協力し合うことの大切さについての自覚などを深める。

　中央教育審議会答申によると，「人間と社会の在り方についての見方・考え方」は「社会的事象等を，倫理，政治，法，経済などに関わる多様な視点(概念や理論など)に着目して捉え，よりよい社会の構築や人間としての在り方生き方についての自覚を深めることに向けて，課題解決のための選択・判断に資する概念や理論などと関連付け」るものとして整理されている。

●各科目のポイント

〔地理総合〕

【概要】

・共通必履修科目で，標準単位数は2単位である。

・旧学習指導要領(平成21年3月告示)の地理Aの内容を中心に一部地理Bの引き継ぎつつ，内容を一新した。

・科目の特徴は，以下の3点である。

　①持続可能な社会づくりを目指し，環境条件と人間の営みとの関わりに着目して現代の地理的な諸課題を考察する科目

　②グローバルな視座から国際理解や国際協力の在り方を，地域的な視座から防災などの諸課題への対応を考察する科目

　③地図や地理情報システム(GIS)などを用いることで，汎用的で実践的な地理的技能を習得する科目

【科目の内容構成】

大項目		中項目
A　地図や地理情報システムで捉える現代世界	(1)	地図や地理情報システムと現代世界
B　国際理解と国際協力	(1)	生活文化の多様性と国際理解
	(2)	地球的課題と国際協力
C　持続可能な地域づくりと私たち	(1)	自然環境と防災
	(2)	生活圏の調査と地域の展望

　A「地図や地理情報システムで捉える現代世界」は、「地理総合」の学習の導入として中学校までの学習成果を踏まえ、現代世界の地域構成を主な学習対象とし、その結び付きを地図やGISを用いて捉える学習などを通して、汎用的な地理的技能を習得することを主なねらいとしている。旧学習指導要領「地理B」の「(1)様々な地図と地理的技能」より内容を移行した。

　B「国際理解と国際協力」は、Aの学習成果を踏まえ、世界の特色ある生活文化と地球的課題を主な学習対象とし、特色ある生活文化と地理的環境との関わりや地球的課題の解決の方向性を捉える学習などを通して、国際理解や国際協力の重要性を認識することを主なねらいとしている。

　C「持続可能な地域づくりと私たち」は、A及びBの学習成果を踏まえ、国内外の防災や生活圏の地理的な課題を主な学習対象とし、地域性を踏まえた課題解決に向けた取組の在り方を構想する学習などを通して、持続可能な地域づくりを展望することを主なねらいとしている。

〔地理探究〕

【概要】

・選択履修科目で、標準単位数は3単位である。

・旧学習指導要領(平成21年3月告示)の地理Bの内容を中心に内容を改善した。

・「地理総合」で身に付けた学習の成果を活用し現代世界に求められるこれからの日本の国土像を探究する科目

【科目の内容構成】

大項目	中項目
A 現代世界の系統地理的考察	(1) 自然環境
	(2) 資源，産業
	(3) 交通・通信，観光
	(4) 人口，都市・村落
	(5) 生活文化，民族・宗教
B 現代世界の地誌的考察	(1) 現代世界の地域区分
	(2) 現代世界の諸地域
C 現代世界におけるこれからの日本の国土像	(1) 持続可能な国土像の探究

　A「現代世界の系統地理的考察」は，「地理総合」の学習成果を踏まえ，現代世界における地理的な諸事象を主な学習対象とし，その空間的な規則性，傾向性や関連する課題の要因を捉えるなどの学習を通して，現代世界の諸事象の地理的認識とともに，系統地理的な考察の手法を身に付けることを主なねらいとしている。

　B「現代世界の地誌的考察」は，Aの学習成果を踏まえ，現代世界を構成する諸地域を主な学習対象とし，選択した地域の地域性と諸課題を捉える学習などを通して，現代世界の諸地域の地理的認識を深めるとともに，現代世界の諸地域を地誌的に考察する方法を身に付けることを主なねらいとしている。

　C「現代世界におけるこれからの日本の国土像」は，A及びBの学習成果を踏まえ，現代世界における日本の国土を主な学習対象とし，我が国が抱える地理的な諸課題の解決の方向性や将来の国土の在り方を構想する学習などを通して，持続可能な国土像を探究することを主なねらいとしている。旧学習指導要領「地理B」の「(3)現代世界の地誌的考察　ウ　現代世界と日本」の内容を大項目として拡充した。

〔歴史総合〕

【概要】

・共通必履修科目で，標準単位数は2単位である。

・旧学習指導要領(平成21年3月告示)の世界史A，日本史Aの内容を

中心に一部世界史Ｂ，日本史Ｂを引き継ぎつつ，内容を一新した。

・科目の特徴は，以下の３点である。

　①世界とその中における日本を広く相互的な視野から捉えて，近現代の歴史を理解する科目

　②歴史の推移や変化を踏まえ，課題の解決を視野に入れて，現代的な諸課題の形成に関わる近現代の歴史を考察する科目

　③歴史の大きな転換に着目し，単元の基軸となる問いを設け，資料を活用しながら，歴史の学び方(「類似・差異」「因果関係」に着目する等)を習得する科目

【科目の内容構成】

大項目	中項目	
A　歴史の扉	(1)	歴史と私たち
	(2)	歴史の特質と資料
B　近代化と私たち	(1)	近代化への問い
	(2)	結び付く世界と日本の開国
	(3)	国民国家と明治維新
	(4)	近代化と現代的な諸課題
C　国際秩序の変化や大衆化と私たち	(1)	国際秩序の変化や大衆化への問い
	(2)	第一次世界大戦と大衆社会
	(3)	経済危機と第二次世界大戦
	(4)	国際秩序の変化や大衆化と現代的な諸課題
D　グローバル化と私たち	(1)	グローバル化への問い
	(2)	冷戦と世界経済
	(3)	世界秩序の変容と日本
	(4)	現代的な諸課題の形成と展望

　Ａ「歴史の扉」では，歴史総合の導入として，中学校社会科歴史的分野の大項目Ａ「歴史との対話」を踏まえ，高校の歴史学習への動機付けと以後の学習に必要な歴史学習の基本的な技能や学び方を身に付ける項目として設定した。

　Ｂ「近代化と私たち」では，産業社会と国民国家の形成を背景として，人々の生活や社会の在り方が変化したことを扱い，世界とその中における日本を広く相互的な視野から捉えて考察し，現代的な諸課題

の形成に関わる近代化の歴史を理解できるようにすることをねらいとしている。

　C「国際秩序の変化や大衆化と私たち」では，政治，外交，経済，思想や文化などの様々な面で国際的な結び付きが強まり，国家間の関係性が変化したことや個人や集団の社会参加が拡大したことを背景として，人々の生活や社会の在り方が変化したことを扱い，世界とその中における日本を広く相互的な視野から捉えて考察し，現代的な諸課題の形成に関わる国際秩序の変化や大衆化の歴史を理解できるようにすることをねらいとしている。

　D「グローバル化と私たち」では，科学技術の革新を背景に人・商品・資本・情報等が国境を越えて一層流動するようになり，人々の生活と社会の在り方が変化したことを扱い，世界とその中における日本を広く相互的な視野から捉えて考察し，現代的な諸課題の形成に関わるグローバル化の歴史を理解できるようにするとともに，考察，構想して探究し，現代的な諸課題を理解できるようにすることをねらいとしている。

〔日本史探究〕

【概要】
・選択履修科目で，標準単位数は3単位である。
・旧学習指導要領(平成21年3月告示)の日本史Bの内容を中心に内容を改善した。
・「歴史総合」で習得した歴史の学び方を活用して，我が国の歴史に関わる諸事象の意味や意義，伝統と文化の特色等を考察し，現代の日本の課題を探究する科目

【科目の内容構成】

大項目	中項目
A　原始・古代の日本と東アジア	(1)　黎明期の日本列島と歴史的環境
	(2)　歴史資料と原始・古代の展望
	(3)　古代の国家・社会の展開と画期(歴史の解釈，説明，論述)

	(1) 中世への転換と歴史的環境
B 中世の日本と世界	(2) 歴史資料と中世の展望
	(3) 中世の国家・社会の展開と画期(歴史の解釈, 説明, 論述)
	(1) 近世への転換と歴史的環境
C 近世の日本と世界	(2) 歴史資料と近世の展望
	(3) 近世の国家・社会の展開と画期(歴史の解釈, 説明, 論述)
	(1) 近代への転換と歴史的環境
D 近現代の地域・日本と世界	(2) 歴史資料と近代の展望
	(3) 近現代の地域・日本と世界の画期と構造
	(4) 現代の日本の課題の探究

　A「原始・古代の日本と東アジア」では，人類が日本列島で生活を営み始めた時代から平安時代までを扱い，原始・古代がどのような時代であったかを東アジア世界の動向と関連付けて考察し，総合的に捉えて理解できるようにすることをねらいとしている。

　B「中世の日本と世界」では，平安時代末から戦国時代までを扱い，中世がどのような時代であったかを東アジアやユーラシアの動向と関連付けて考察し，総合的に捉えて理解できるようにすることをねらいとしている。

　C「近世の日本と世界」では，安土桃山時代から江戸時代までを扱い，近世がどのような時代であったかを世界の動向と関連付けて考察し，総合的に捉えて理解することをねらいとしている。

　D「近現代の地域・日本と世界」では，近世の幕末期から現代までを扱う。今回の改訂で設置された「歴史総合」の学習を踏まえた，世界の情勢の変化とその中における日本の相互の関係や，日本の近現代の歴史を，多面的・多角的に考察し理解すること，それらを踏まえて，現代の日本の課題を考察，構想することをねらいとしている。ここでは，主題を踏まえた学習の展開をねらいとして，近現代を一つのまとまりとして大項目を構成した。日本史探究の大項目Dにおいては，科目「歴史総合」や，大項目A，B及びCの前近代の学習の成果を踏まえ，学習内容の相互の関係性や連続性，変化などに留意するとともに，学

習を通じて獲得した概念や，育成された思考力等を一層活用すること
を想定した構成としている。高等学校の歴史学習のまとめとして，歴
史に関わる諸事象相互の関係性や，地域と日本，世界との関係性など
を整理して構造的に理解すること，さらに現代の日本の諸課題につい
て多面的・多角的に考察して理解するとともに，歴史的経緯や根拠を
踏まえて構想することをねらいとしている。

〔世界史探究〕
【概要】
・選択履修科目で，標準単位数は3単位である。
・旧学習指導要領(平成21年3月告示)の世界史Bの内容を中心に内容
　を改善した。
・「歴史総合」で習得した歴史の学び方を活用して，世界の歴史の大き
　な枠組みと展開に関わる諸事象の意味や意義等を考察し，地球世界
　の課題を探究する科目
【科目の内容構成】

大項目	中項目	
A　世界史へのまなざし	(1)	地球環境から見る人類の歴史
	(2)	日常生活から見る世界の歴史
B　諸地域の歴史的特質の形成	(1)	諸地域の歴史的特質への問い
	(2)	古代文明の歴史的特質
	(3)	諸地域の歴史的特質
C　諸地域の交流・再編	(1)	諸地域の交流・再編への問い
	(2)	結び付くユーラシアと諸地域
	(3)	アジア諸地域とヨーロッパの再編
D　諸地域の結合・変容	(1)	諸地域の結合・変容への問い
	(2)	世界市場の形成と諸地域の結合
	(3)	帝国主義とナショナリズムの高揚
	(4)	第二次世界大戦と諸地域の変容
E　地球世界の課題	(1)	国際機構の形成と平和への模索
	(2)	経済のグローバル化と格差の是正
	(3)	科学技術の高度化と知識基盤社会
	(4)	地球世界の課題の探究

A「世界史へのまなざし」では，世界史探究の導入として，人類の生存基盤をなす自然界に見られる諸事象や日常生活に見られる諸事象を扱い，地球環境と人類の歴史との関わりや，身の回りの諸事象と歴史との関わりを考察し，世界史を時間と空間の相で理解することをねらいとしている。

B「諸地域の歴史的特質の形成」では，歴史的に形成された諸地域の多様性を，諸資料を比較したり，関連付けたりして読み解き，多面的・多角的に考察し表現する活動を通して，諸地域の歴史的特質の形成を理解することをねらいとしている。

C「諸地域の交流・再編」では，諸地域の複合的・重層的なつながりを，諸資料を比較したり，関連付けたりして読み解き，多面的・多角的に考察し表現する活動を通して，諸地域の交流・再編を構造的に理解することをねらいとしている。

D「諸地域の結合・変容」では，地球規模での一体化と相互依存のさらなる強まりを，諸資料を比較したり，関連付けたりして読み解き，多面的・多角的に考察し表現する活動を通して，諸地域の結合・変容を構造的に理解することをねらいとしている。

E「地球世界の課題」では，「地球世界の課題」を扱い，諸資料を比較したり，関連付けたりして読み解き，探究する活動を通して，歴史的に形成された地球世界の課題を理解することをねらいとしている。

〔公共〕
【概要】
・共通必履修科目で，標準単位数は2単位である。
・原則として入学年次及びその次の年次の2か年のうちに履修させることとされている。
・旧学習指導要領(平成21年3月告示)の共通必履修科目であった現代社会は廃止された。
・家庭科，情報科や総合的な探究の時間等と連携して，現代社会の諸課題を捉え考察し，選択・判断するための手掛かりとなる概念や理論を，古今東西の知的蓄積を踏まえて習得するとともに，それらを

活用して自立した主体として，他者と協働しつつ国家・社会の形成に参画し，持続可能な社会づくりに向けて必要な力を育む科目

【科目の内容構成】

大項目	中項目
A　公共の扉	(1)　公共的な空間を作る私たち
	(2)　公共的な空間における人間としての在り方生き方
	(3)　公共的な空間における基本的原理
B　自立した主体としてよりよい社会の形成に参画する私たち	
C　持続可能な社会づくりの主体となる私たち	

　A「公共の扉」は，社会に参画する自立した主体とは，孤立して生きるのではなく，地域社会などの様々な集団の一員として生き，他者との協働により当事者として国家・社会などの公共的な空間を作る存在であることを学ぶとともに，古今東西の先人の取組，知恵などを踏まえ，社会に参画する際の選択・判断するための手掛かりとなる概念や理論などや，公共的な空間における基本的原理を理解し，大項目B及びCの学習につなげることを主なねらいとしている。なお，この大項目を構成する三つの項目については，「(1)公共的な空間を作る私たち」が，公共的な空間を作り出していく自立した主体について学ぶ項目であること，また，現実社会の諸課題を見いだし，考察，構想する際に活用する選択・判断の手掛かりとなる考え方や公共的な空間における基本的原理を学ぶ「(2)公共的な空間における人間としての在り方生き方」及び「(3)公共的な空間における基本的原理」が，これ以降の学習の基礎となる内容を含む項目であることなどの特色がある。そこで，小・中学校社会科の学習などの成果を生かすとともに，この大項目以降に学ぶ内容の基盤を養うよう，項目(1)，(2)，(3)はこの順で扱う必要がある。

　B「自立した主体としてよりよい社会の形成に参画する私たち」は，自立した主体としてよりよい社会の形成に参画することに向けて，現実社会の諸課題に関わる具体的な主題を設定し，大項目のAで身に付けた選択・判断の手掛かりとなる考え方や公共的な空間における基本

326

的原理などを活用して，人間と社会の在り方についての見方・考え方を働かせ，他者と協働して主題を追究したり解決したりする学習活動を通して，人間としての在り方生き方についての理解を深めつつ，法，政治及び経済などに関わるシステムの下で活動するために必要な知識及び技能，思考力，判断力，表現力等を身に付けることを主なねらいとしている。

　C「持続可能な社会づくりの主体となる私たち」は，持続可能な地域，国家・社会，及び国際社会づくりに向けた役割を担う，公共の精神をもった自立した主体となることに向けて，共に生きる社会を築くという観点から課題を見いだし，社会的な見方・考え方を総合的に働かせ，現代の諸課題を探究する活動を通して，その課題の解決に向けて事実を基に協働して考察，構想し，妥当性や効果，実現可能性などを指標にして，論拠を基に自分の考えを説明，論述できるようにすることを主なねらいとしている。その際，「この科目のまとめとして位置付け，社会的な見方・考え方を総合的に働かせ，Aで身に付けた選択・判断の手掛かりとなる考え方や公共的な空間における基本的原理などを活用するとともに，A及びBで扱った課題などへの関心を一層高めるよう指導すること」(内容の取扱い)が必要である。これまでに習得した「知識及び技能」に基づいて学習が展開されるため，他の大項目とは異なり，「知識及び技能」についての具体的な内容は示していない。課題の探究に当たっては，「個人を起点として，自立，協働の観点から，多様性を尊重し，合意形成や社会参画を視野に入れながら探究できるよう指導すること」(内容の取扱い)が必要である。以上のような大項目のねらいと趣旨を踏まえ，この大項目における学習が，これまでの「公共」の学習を基にした深い学びとなり，科目の目標が実現されるよう，適切かつ十分な授業時数を配当する必要がある。

〔倫理〕
【概要】
・選択履修科目で，標準単位数は2単位である。
・旧学習指導要領(平成21年3月告示)の「倫理」の内容を中心に内容

を改善した。

・「公共」で育まれた資質・能力を活用し，思索を深める科目

【科目の内容構成】

大項目	中項目
A　現代に生きる自己の課題と人間としての在り方生き方	(1)　人間としての在り方生き方の自覚
	(2)　国際社会に生きる日本人としての自覚
B　現代の諸課題と倫理	(1)　自然や科学技術に関わる諸課題と倫理
	(2)　社会と文化に関わる諸課題と倫理

　A「現代に生きる自己の課題と人間としての在り方生き方」は，「(1)人間としての在り方生き方の自覚」において，人間の存在や価値に関わる基本的な課題について思索する活動を通して，また「(2)国際社会に生きる日本人としての自覚」において，国際社会に生きる日本人としての自覚を深め，日本人としての在り方生き方について思索する活動を通して，他者と共によりよく生きる自己の確立を目指し，現代に生きる自己の課題と人間としての在り方生き方に関心をもち，自己探求と自己実現に努め，良識ある公民としての自覚を深めることができるようにすることをねらいとしている。このねらいに基づき，この大項目は現代に生きる自己の課題と人間としての在り方生き方について思索を深めるために手掛かりとなる多様な視点(概念や理論など)に着目して，人間としての在り方生き方についての見方・考え方を働かせ，様々な人生観，世界観ないし価値観を理解できるようにすることが大切である。その際，着目する多様な視点(概念や理論など)は，とりわけ「倫理」の学習においては，その意義が一様ではなく，それ自体が多様な意義をもちうることに留意する必要がある。

　この大項目の学習は，大項目の「B　現代の諸課題と倫理」における現代の諸課題との関わりにおいて人間としての在り方生き方について自覚を深める学習に結び付いて，望ましい人格の形成に努める実践的意欲を高めたり，良識ある公民として必要な資質・能力を育てたりすることにつながる学習である。したがって，この大項目では，生徒が人間としてよりよく生きる上での課題を自ら発見し，探究していこう

328

とする意欲を喚起する必要がある。

B「現代の諸課題と倫理」は，大項目Aの学習を基盤として，現代の諸事象に関わる倫理的諸課題の中から課題を選択し，生徒が主体的に課題を探究する学習へと発展させることができるようにし，これらの課題を探究する活動を通して，他者と共によりよく生きる自己を形成しようとする態度を育て，現代の倫理的諸課題の解決を探るために必要な，論理的に思考し，思索を深め，説明したり対話したりする力を身に付けることができるようにするとともに，現代に生きる人間としての在り方生き方について自覚を深めることができるようにすることを主なねらいとしている。

〔政治・経済〕

【概要】

・選択履修科目で，標準単位数は2単位である。

・旧学習指導要領(平成21年3月告示)の「政治・経済」の内容を中心に内容を改善した。

・「公共」で育まれた資質・能力を活用し，社会の在り方を発展的に学習し，社会形成に向かう科目

【科目の内容構成】

大項目	中項目
A　現代日本における政治・経済の諸課題	(1)　現代日本の政治・経済
	(2)　現代日本における政治・経済の諸課題の探究
B　グローバル化する国際社会の諸課題	(1)　現代の国際政治・経済
	(2)　グローバル化する国際社会の諸課題の探究

A「現代日本における政治・経済の諸課題」では，社会の在り方についての見方・考え方を働かせ，現実社会の諸事象を通して現代日本の政治・経済に関する概念や理論などを習得させるとともに，習得した概念や理論などを活用しながら，他者と協働して持続可能な社会の形成が求められる現代日本社会の諸課題の解決に向けて政治と経済とを関連させて多面的・多角的に考察，構想し，よりよい社会の在り方

についての自分の考えを説明，論述することができるようにすること
を主なねらいとしている。

　B「グローバル化する国際社会の諸課題」では，社会の在り方につい
ての見方・考え方を働かせ，現実社会の諸事象を通して現代の国際政
治・経済に関する概念や理論などを習得させるとともに，習得した概
念や理論などを活用しながら，他者と協働して持続可能な社会の形成
が求められる国際社会の諸課題の解決に向けて政治と経済とを関連さ
せて多面的・多角的に考察，構想し，よりよい社会の在り方について
の自分の考えを説明，論述することができるようにすることを主なね
らいとしている。

例題1

次の文は，高等学校学習指導要領(平成30年3月告示)で示された地理
歴史科の目標である。文中の各空欄に適する語句を答えよ。

　社会的な見方・考え方を働かせ，課題を追究したり解決したりす
る活動を通して，広い視野に立ち，（　ア　）する国際社会に主体的に
生きる平和で（　イ　）な国家及び社会の有為な形成者に必要な公民
としての資質・能力を次のとおり育成することを目指す。

(1)　現代世界の（　ウ　）と日本及び世界の歴史の展開に関して理解
　するとともに，調査や諸資料から様々な情報を適切かつ効果的に
　調べまとめる技能を身に付けるようにする。

(2)　地理や歴史に関わる事象の意味や意義，特色や相互の関連を，
　概念などを活用して多面的・（　エ　）に考察したり，社会に見られ
　る課題の解決に向けて構想したりする力や，考察，構想したこと
　を効果的に説明したり，それらを基に議論したりする力を養う。

(3)　地理や歴史に関わる諸事象について，よりよい社会の実現を視
　野に課題を主体的に解決しようとする態度を養うとともに，多面
　的・（　エ　）な考察や深い理解を通して涵養される（　オ　）として
　の自覚，我が国の国土や歴史に対する愛情，他国や他国の文化を
　尊重することの大切さについての自覚などを深める。

解答 ア グローバル化　イ 民主的　ウ 地域的特色
エ 多角的　オ 日本国民

解説 地理歴史科全体の目標は頻出事項なので丸暗記しておきたい。また誤字に気をつけなければならない問題でもある。

━━━━━━━━━━ 例題2 ━━━━━━━━━━

次の文は，高等学校学習指導要領(平成30年3月告示)で示された公民科の目標の一部である。文中の各空欄に適する語句を答えよ。

(1) 選択・(ア)の手掛かりとなる概念や理論及び倫理，政治，経済などに関わる現代の諸課題について理解するとともに，諸資料から様々な情報を適切かつ効果的に調べまとめる技能を身に付けるようにする。

(2) 現代の諸課題について，事実を基に概念などを活用して多面的・多角的に考察したり，解決に向けて公正に判断したりする力や，(イ)や社会参画を視野に入れながら構想したことを議論する力を養う。

(3) よりよい社会の実現を視野に，現代の諸課題を主体的に解決しようとする態度を養うとともに，多面的・多角的な考察や深い理解を通して涵養される，人間としての在り方生き方についての自覚や，(ウ)を担う公民として，自国を愛し，その平和と繁栄を図ることや，各国が相互に主権を尊重し，各国民が協力し合うことの大切さについての自覚などを深める。

解答 ア 判断　イ 合意形成　ウ 国民主権

解説 平成30年度の改訂より，(1)が「知識及び技能」，(2)が「思考力，判断力，表現力等」，(3)が「学びに向かう力，人間性等」を反映した内容となるよう整理された。

━━━━━━━━━━ 例題3 ━━━━━━━━━━

次の文は，高等学校学習指導要領(平成30年3月告示)の地理歴史科の各科目の目標である。文中の各空欄に適する語句を答えよ。

〔地理総合〕

○　地理に関わる諸事象に関して，世界の生活文化の多様性や，（　ア　），地域や地球的課題への取組などを理解するとともに，地図や（　イ　）などを用いて，調査や諸資料から地理に関する様々な情報を適切かつ効果的に調べまとめる技能を身に付けるようにする。

〔地理探究〕

○　地理に関わる事象の意味や意義，特色や相互の関連を，位置や分布，場所，人間と自然環境との（　ウ　）関係，空間的（　ウ　）作用，地域などに着目して，（　エ　）的，地誌的に，概念などを活用して多面的・多角的に考察したり，地理的な課題の解決に向けて構想したりする力や，考察，構想したことを効果的に説明したり，それらを基に議論したりする力を養う。

〔歴史総合〕

○　近現代の歴史の変化に関わる諸事象について，（　オ　）の実現を視野に課題を主体的に追究，解決しようとする態度を養うとともに，多面的・多角的な考察や深い理解を通して涵養される日本国民としての自覚，我が国の歴史に対する（　カ　），他国や他国の文化を尊重することの大切さについての自覚などを深める。

〔日本史探究〕

○　我が国の歴史の展開に関わる事象の意味や意義，（　キ　）と文化の（　ク　）などを，時期や年代，（　ケ　），比較，相互の関連や現在とのつながりなどに着目して，概念などを活用して多面的・多角的に考察したり，歴史に見られる課題を把握し解決を視野に入れて構想したりする力や，考察，構想したことを効果的に説明したり，それらを基に議論したりする力を養う。

〔世界史探究〕

○　世界の歴史の大きな枠組みと展開に関わる事象の意味や意義，（　ク　）などを，時期や年代，（　ケ　），比較，相互の関連や（　コ　）とのつながりなどに着目して，概念などを活用して多面的・多角的に考察したり，歴史に見られる課題を把握し解決を視

野に入れて構想したりする力や，考察，構想したことを効果的に説明したり，それらを基に議論したりする力を養う。

解答 ア 防災 イ 地理情報システム ウ 相互依存
エ 系統地理 オ よりよい社会 カ 愛情 キ 伝統
ク 特色 ケ 推移 コ 現代世界

解説 「地理総合」が(1)，「地理探究」が(2)，「歴史総合」が(3)，「日本史探究」が(2)，「世界史探究」が(2)より出題されている。それぞれ混同しないよう整理しておきたい。

例題4

次の文は，高等学校学習指導要領(平成30年3月告示)の公民科の各科目の目標である。文中の各空欄に適する語句を答えよ。

●公共
　現代の諸課題を捉え考察し，選択・判断するための手掛かりとなる概念や理論について理解するとともに，諸資料から，(ア)などとして活動するために必要となる(イ)を適切かつ効果的に調べまとめる技能を身に付けるようにする。

●倫理
　(ウ)人間として他者と共によりよく生きる自己の生き方についてより深く思索する力や，現代の倫理的諸課題を解決するために倫理に関する概念や理論などを活用して，(エ)に思考し，思索を深め，説明したり対話したりする力を養う。

●政治・経済
　よりよい社会の実現のために現実社会の諸課題を主体的に解決しようとする態度を養うとともに，多面的・多角的な考察や深い理解を通して涵養（かん）される，国民主権を担う公民として，自国を愛し，その平和と(オ)を図ることや，我が国及び国際社会において国家及び社会の形成に，より積極的な役割を果たそうとする(カ)などを深める。

解答 ア 倫理的主体　イ 情報　ウ 自立した　エ 論理的
　　　　オ 繁栄　カ 自覚

解説 「公共」が(1),「倫理」が(2),「政治・経済」が(3)より出題されている。それぞれ混同しないよう整理しておきたい。

例題5

次の文は,『高等学校学習指導要領(平成30年告示)解説　地理歴史編』の「第1章第2節　地理歴史科改訂の趣旨及び要点」の一部である。これらを参考に,下線部の地理領域科目における「見方・考え方」を働かせる際に着目する視点を生かして,生徒が考察,構想した結果,獲得する知識の例として適当なものを,あとの①〜⑩から5つ選べ。

> …地理歴史科における「社会的な見方・考え方」は,各科目の特質に応じて整理した。地理領域科目では「社会的事象の地理的な見方・考え方」として,「社会的事象を,位置や空間的な広がりに着目して捉え,地域の環境条件や地域間の結び付きなどの地域という枠組みの中で,人間の営みと関連付け」,歴史領域科目では「社会的事象の歴史的な見方・考え方」として,「社会的事象を時期,推移などに着目して捉え,類似や差異などを明確にしたり事象同士を因果関係などで関連付けたりし」て働かせるものとされ,小・中・高等学校の学校種を超えて社会科,地理歴史科,公民科を貫く「社会的な見方・考え方」の構成要素として整理した。
> 　　　　　　　　　　　…(略)…
> 　…「社会的事象の地理的な見方・考え方」を構成する視点には,「位置や分布,場所,人間と自然環境との相互依存関係,空間的相互依存作用,地域」などがあり,…(略)…適宜適切にそれらの視点に着目することが大切である。

① 元禄文化は有力商人を背景に発展した。一方で,化政文化は旗本から町人まで広まった。

② 大豆が南米で大量に生産されるのは,気候条件,サバナの農地転用,品種改良などによる。

③　東京都の沿岸部は埋立地が広がり，工場，商業施設，住居などに利用されている。

④　人権思想の広がりは，工業化に伴う労働運動が起こった18 ～ 19世紀以降に見られた。

⑤　発展途上国の多くで，首都への機能の集中が進み，地方からの人口移動が進んでいる。

⑥　19世紀後半のアイルランドのジャガイモ飢饉は，アメリカ合衆国への移民を増大させた。

⑦　情報通信機器の世界的な普及拡大は，20世紀後半以降の技術革新などを背景にしている。

⑧　よりよい公共空間の形成には，他者の立場を尊重した合意形成のプロセスが必要である。

⑨　1970年代には，第四次中東戦争の結果として石油危機が起こった。

⑩　大都市周辺に広がる農業地域は，大都市で消費される野菜類を生産している。

解答　②，③，⑤，⑦，⑩

解説　①，④，⑥，⑨は歴史領域科目，⑧は公民領域科目に該当する視点である。なお，見方・考え方を働かせる際に着目する視点は，地理領域科目における位置や分布など，多様にあることに留意する。また，学習における追究の過程において，これらの視点を必要に応じて組み合わせて用いることが大切となる。

=========== 例題6 ===========

次の各問いに答えよ。

(1)　高等学校学習指導要領(平成30年3月告示)「公民」の「第3款　各科目にわたる指導計画の作成と内容の取扱い」において，「公共」を履修させる年次についてどのように規定されているか，書け。

(2)　高等学校学習指導要領(平成30年3月告示)「公民」の「第3款　各科目にわたる指導計画の作成と内容の取扱い」において，「倫理」，「政治・経済」の履修についてどのように規定されているか，書け。

335

解答 (1) 原則として入学年次及びその次の年次の2か年のうちに履修させる。 (2) 全ての生徒に履修させる科目である「公共」を履修した後に選択科目である「倫理」及び「政治・経済」を履修できる。

解説 各科目の履修については，必修科目である「公共」を履修した後，選択科目である「倫理」「政治・経済」を履修させることとなっている。そのため，「公共」は原則として，入学年次及びその次の年次の2か年のうちに全ての生徒に履修させることとなっている。よって，この教科の基本的な構造に留意するとともに，各学校で創意工夫しながら，適切な指導計画を作成することが必要となる。

※学習指導要領及び学習指導要領解説は，文部科学省の HP から閲覧できます。

学習指導要領
（平成 30 年告示）

学習指導要領解説
（平成 30 年 7 月）

地理歴史編　公民編

●書籍内容の訂正等について

　弊社では教員採用試験対策シリーズ（参考書，過去問，全国まるごと過去問題集），公務員試験対策シリーズ，公立幼稚園・保育士試験対策シリーズ，会社別就職試験対策シリーズについて，正誤表をホームページ（https://www.kyodo-s.jp）に掲載いたします。内容に訂正等，疑問点がございましたら，まずホームページをご確認ください。もし，正誤表に掲載されていない訂正等，疑問点がございましたら，下記項目をご記入の上，以下の送付先までお送りいただくようお願いいたします。

> ① 　書籍名，都道府県（学校）名，年度
>   （例：教員採用試験過去問シリーズ　小学校教諭 過去問　2026年度版）
> ② 　ページ数（書籍に記載されているページ数をご記入ください。）
> ③ 　訂正等，疑問点（内容は具体的にご記入ください。）
>   （例：問題文では"ア〜オの中から選べ"とあるが，選択肢はエまでしかない）

〔ご注意〕
○ 電話での質問や相談等につきましては，受付けておりません。ご注意ください。
○ 正誤表の更新は適宜行います。
○ いただいた疑問点につきましては，当社編集制作部で検討の上，正誤表への反映を決定させていただきます（個別回答は，原則行いませんのであしからずご了承ください）。

●情報提供のお願い

　協同教育研究会では，これから教員採用試験を受験される方々に，より正確な問題を，より多くご提供できるよう情報の収集を行っております。つきましては，教員採用試験に関する次の項目の情報を，以下の送付先までお送りいただけますと幸いでございます。お送りいただきました方には謝礼を差し上げます。
（情報量があまりに少ない場合は，謝礼をご用意できかねる場合があります）。

◆あなたの受験された面接試験，論作文試験の実施方法や質問内容
◆教員採用試験の受験体験記

- -

送付先	○電子メール：edit@kyodo-s.jp ○FAX：03-3233-1233（協同出版株式会社　編集制作部 行） ○郵送：〒101-0054　東京都千代田区神田錦町2-5 　　　　　協同出版株式会社　編集制作部 行 ○HP：https://kyodo-s.jp/provision（右記のQRコードからもアクセスできます）

　※謝礼をお送りする関係から，いずれの方法でお送りいただく際にも，「お名前」「ご住所」は，必ず明記いただきますよう，よろしくお願い申し上げます。

教員採用試験「参考書」シリーズ

秋田県の
社会科 参考書

編　集　Ⓒ 協同教育研究会

発　行　令和 6 年 7 月 25 日

発行者　小貫　輝雄

発行所　協同出版株式会社
　　　　〒 101 − 0054
　　　　東京都千代田区神田錦町 2 − 5
　　　　　電話　03 − 3295 − 1341
　　　　　振替　東京 00190 − 4 − 94061

印刷所　協同出版・POD 工場

落丁・乱丁はお取り替えいたします